U0676511

李涛 著

社会转型中的当代青年婚姻心理研究

中国社会科学出版社

图书在版编目（CIP）数据

社会转型中的当代青年婚姻心理研究 / 李涛著 . —北京：中国社会科学出版社，2021. 12

ISBN 978 – 7 – 5203 – 9060 – 6

Ⅰ. ①社…　Ⅱ. ①李…　Ⅲ. ①青年—婚姻—社会心理学—研究
Ⅳ. ①C913. 13

中国版本图书馆 CIP 数据核字（2021）第 181983 号

出 版 人　赵剑英
责任编辑　刘亚楠
责任校对　刘成聪
责任印制　张雪娇

出　　版　中国社会科学出版社
社　　址　北京鼓楼西大街甲 158 号
邮　　编　100720
网　　址　http://www.csspw.cn
发 行 部　010 – 84083685
门 市 部　010 – 84029450
经　　销　新华书店及其他书店

印　　刷　北京君升印刷有限公司
装　　订　廊坊市广阳区广增装订厂
版　　次　2021 年 12 月第 1 版
印　　次　2021 年 12 月第 1 次印刷

开　　本　710 × 1000　1/16
印　　张　16. 25
插　　页　2
字　　数　233 千字
定　　价　99. 00 元

目　　录

第一章　社会转型中青年的“边际人”心态

每一对婚姻的发展，每一个家庭的产生，都不是孤立的，都是处在一个具体的历史阶段中，处在一个特定的社会结构之中，与当时具体的社会、政治、经济、文化等因素密切相关。开展青年人的婚姻心理研究，就必须对当时的社会、政治、经济、文化和社会心态等背景进行分析，否则就无法真正理解青年人婚姻心理发生的缘起。当下的中国青年是处于十字路口的一代人，他们左手是历史——绵延数千年的中国传统思想；右手是现代——互联网上的纷繁复杂的各种思潮。传统与现代的冲突与融合、矛盾与接纳、对立与统一等同时塑造着中国青年的世界观、人生观、价值观。

这一代青年在成长过程中，中国发生了令世人瞩目的变化，经济的转型使中国的经济实力和综合国力不断增强，人们的生活水平日益提升；生活质量的进一步改善带来生活方式和思想观念的改变。跨越式的发展让中国在短短的数十年时间内取得了过去数百年间都未有过的重大成就，也形成了千百年未有之大变局，中国人的生活条件和生存质量正处于近代以来最好的发展时期。

“在中国社会宏观的经济与社会结构发生变化的同时，中国人的微观价值观和社会心态同样发生了前所未有的嬗变”（周晓虹，2011）。在中国的社会转型过程中，经济迅猛发展，全球化步伐不断加快；文化急剧膨胀，对外文化交往日益频繁，人民的国际化视野和多元化意识逐步确立。在引进国外先进的技术和资本的同时，西方的一些思想观念也极大地冲击着中国人的思想。在这种超常规的、高浓缩的现代化进程中，已经延续了数千年的习俗观念被撕裂，传统的思想观念在商品经济的价值观念影响下，逐渐开始自我否定和更新，人们的价值标准、人生态度、思维方式都急剧变革，中国人生活的方方面面都产生了颠覆性的新变化。

当代中国青年出生于改革开放之后，伴随着国家的工业化、现代化、城市化进程，中国从农耕社会到工业社会再到信息社会，生活环境和社会环境产生了巨大的变化。“社会变迁主要在四个方面对青年一代产生重大影响：第一，社会经济体制由计划经济向市场经济转型；第二，社会流动增加和社会分化加剧；第三，社会价值观念的现代化与多元化；第四，人口生育政策带来的人口结构变化。”（风笑天，2013）中国青年在东西方文化和价值观的冲突中成长，他们的血液里流淌着传统文化的基因，日新月异的社会变革也带来观念上的不断更新，这种文化的交替碰撞和社会规范的变迁使中国青年成为典型的“边际人”。

“边际人”是指处在新旧文化交替或民族文化与外来文化冲突与选择互动过程之中的一种转型人格，是社会文化变迁过程中人的价值心理双重化的产物，它实质上是原有价值观念倾向矛盾冲突的结果。（孙玉杰，1994）边际人受到传统价值和新的现代价值的双重支配，他们的思想观念大部分还是传统的，但行为却是现代的，因此思想和行为时不时地会产生冲突。叶南客（1990）认为，边际人的概念有三重含义：“一是事物的边界处、边缘处；二是两个事物间的转折点；三是‘边际’不只是一个转折点，还表现为双轨制转型中的冲突区或过渡带。”在周晓虹（1996）看来：“边际人”相对来说是更文明的人类。因为在“边际人”的思想中，原有的文化与新文化碰撞而产生的道德混乱正是文化的变迁和融合的表现。“边际人”会成为眼界更加开阔、智力更加聪明、具有更加公正和更有理性观点的个人。

当代中国青年所面临的社会转型既包括政治、经济、文化、社会等宏观方面的转变，也包括人们的心理结构、生活方式、价值观等微观方面的变化；世界的全球化使青年人的思想和意识更加多元化。青年人思想活跃、吸收能力强，对于社会的新变化、新观念和外来文化的新思潮反应迅速。青年人作为连接“传统”和“现代”的人，置身于中国农耕文明文化传统的同时，又接受了网络社会的信息爆炸，青年人的行为受到“双重价值系统”的支配，他们享受着现代化带来的快乐，但同时背负着传统的桎梏。

孙玉杰（1994）认为，中国青年在人格结构和社会心态、价值心理的变化上表现出明显的“边际人”特征，他们的价值标准多样化、价值观念的多元化、价值取向的功利化和实用化，呈现出以自我为主体的意识特点。周晓虹（2011）将中国人对急速社会变迁的一种精神感悟称为“中国体验”，认为其“具有鲜明的边际性或两极化特征”。这种边际性表现为“传统与现代的颉颃、理想与现实的落差、城市与乡村的对峙、东方与西方的冲突，以及积极与消极的共存”。边际人由于受所处的文化环境的塑造逐步形成双重人格，其人格具有边际性、过渡性、易变性和矛盾性特点（姜兴中，2012）。青年人的“边际人”社会心理和人格特征体现在他们的工作和生活中，作用于他们的婚姻家庭，对他们的个体发展和家庭关系产生了巨大的影响。

中国的婚姻家庭已经从农业社会的血亲主位、父子轴心、男性专权的传统家庭，向信息社会的婚姻主位、夫妻轴心、两性平等的现代家庭转化，追求婚姻自由与平等是主要内容。（张志永，2011）翟学伟（2017）从关系向度上将中国人的婚姻分为爱情婚姻和缘分婚姻。他认为爱情婚姻是指由个体的自主性与彼此的吸引力所建立的夫妻关系；缘分婚姻是指由外在的天然性所构成的般配而建立的夫妻关系。爱情婚姻将爱情作为维系夫妻之间婚姻生活的基础，强调夫妻相爱、相守与捍卫家庭生活；缘分婚姻则基于天地造化孕育生命直至将生命看作天命的认识，需要媒妁之言来说合两人，再通过一系列具体的操作程序（如合八字）来证明两人之间的姻缘。爱情婚姻注重个人内在性，注重自我感受，强调双方感情的交流和沟通，通过行为向对方表达自己的爱意，时时需要保鲜，追求富有激情的婚姻关系；缘分婚姻强调关系外在性，注重般配，追求婚姻的稳定性，是平静地过日子，愿意牺牲自己的利益，更多地考虑家庭中其他人的期待与感受。中西方文化的流变决定了中国人的婚姻多为缘分婚姻，西方人的婚姻多为爱情婚姻。“如果说当今的中国年轻人已经认定爱情是婚姻的基础，那么他们在谈恋爱时是浪漫的，紧密的，可一旦结婚，大多便会带缘分婚姻，彼此很快就松弛下来。”（翟学伟，2017）

目前中国处于婚龄的青年群体多数为独生子女，从小是家庭的中心和关注的焦点，在观念及行为上有其鲜明的群体特征：个性更加自我，受教育程度较高，结婚年龄推迟，价值观多元化，消费观超前等（刘文等，2013）。黄洪基等人（2009）对已开展的有关青年人的研究进行梳理，总结出“80 后”群体的十大特征：（1）价值观上表现出强烈的个体性，注重自我。（2）接受新事物的意识和能力非常强。（3）思维独立、具有批判精神。（4）相信事实。充满丰富的想象力和创造力。（5）有较强的法律意识和自我保护意识。（6）热心社会活动，有较强的公民意识。（7）更容易接受环保理念，践行“乐活”的生活方式———以环保、健康为理想的生活方式。（8）娱乐化。希望事物是有趣的、新颖的。（9）开阔的国际视野。（10）具有现代人格。追求互利、双赢和效益、务实、理性的观念。他们同时也认为“80 后”总体上以个人为中心，不通人情世故。在群体特征方面存在四大缺陷——缺乏学习兴趣、勤劳节俭意识差、在人际交往中容易伤害别人、克服困难的意志力较弱。

当代青年人从小在自主自由的环境中成长，他们的自我意识强，注重个人在婚姻家庭中的平等地位、自由、个人权利和人格尊严。青年人对于精神层面的追求比父辈们更高。他们在父辈的婚姻关系下成长，在童年时见证了父母的婚姻模式，见到了父辈婚姻中的幸福，也目睹了一些父辈不幸的婚姻，因此当他们走入婚姻生活中时，他们会极力避免重蹈覆辙，希望在自己的婚姻生活中对自己的幸福负责，不会轻易地压抑自己的感情，也不愿意委屈和牺牲自己，他们想要幸福的婚姻，不愿意要凑合着的、貌合神离的婚姻。青年人的婚姻表现出与传统婚姻不同的新现象，如“闪婚”“闪离”“试婚”“同性婚”等各种婚姻现象。青年人注重追求个人利益，自主性和独立性较强，关注自身的物质需要；竞争意识和平等意识强；他们不再将家族放在首位，取而代之的是个人情感需求至上。“婚姻家庭也开始重视每个成员的需要和利益，为个人的身心健康成长和个性的自由发展创造条件，形成了‘以人为本’和‘个人与家庭兼顾’的现代婚姻家庭观念。”（闫玉，2008）青年人的婚姻不会再按传统观念维持，但是他们在追求自由时会受到现实的羁绊，处在传统与现代的交织中，体现出典型的“边际人”心态。这种“边际人”心态对青年人的婚姻影响具体表现在以下几个方面。

一　女性自我意识的觉醒与传统的男性专权的颉颃

在我国传统的婚姻家庭中，男性一直作为一家之主，居于绝对的主导地位。“从夫居”的传统习俗让女性在夫家陌生的生活环境里难以被重视；农耕生活中女性力量的劣势等因素导致中国女性的社会地位较低。现在，中国飞速发展的城镇化，让大量的人口开始选择生活在城镇里。许多年轻人离开土地，在城市里成家、工作、生活，婚姻家庭生活也随之产生变化，最典型的变化是女性的家庭地位的提高。

女性的社会地位和权利直接影响着国民的生活质量。中国女性的受教育程度在不断地提高，她们积极地参与到社会工作中去，获得了一定的社会地位，进而极大地提高了她们在婚姻和家庭中的地位。中国女性在工作中发挥着“半边天”的作用，在家庭中主导着家庭的氛围，影响着家庭成员的主观幸福感。王冰和刘萍（2007）对“80后”中国女性婚姻观念进行了研究，发现在婚姻主权、择偶标准、婚姻目的、家庭观念、婚姻质量等方面的新变化：首先，在婚姻主权上表现为婚姻自主性和民主性增加；第二，在择偶标准上注重追求“要合得来”，婚后生活方式更加多元、精彩；第三，在婚姻目的上，女性会参与社会工作，家庭与工作同时兼顾；第四，在家庭观念上追求平等，夫妻共同承担婚姻的权利和义务；最后，在婚姻质量上对感情的要求更高、变化周期更快，感情受外界的影响较大。平等、爱情成为青年人婚姻的主旋律。

（一）从附庸到独立，女性的家庭婚姻地位极大提升

传统观念中，“男主外，女主内”“男尊女卑”“男主女从”“三从四德”“男强女弱”“夫为妻纲”等观念造成了我国家庭生活和社会生活中的男女不平等。男性掌握家庭的主导权，是家庭财富的所有者，主宰家庭的一切事务。女性是男性的附属物，既没有家庭事务的话语权，也没有家庭内资源的控制权。女性在经济上、政治上的基本权利都被剥夺，她们没有选择权，只能逆来顺受，也没有抗争的勇气和能力。婚姻关系，丈夫可以娶妻纳妾，妻子只能从一而终；丈夫可以嫖娼纵欲，妻子只能守贞守节。女性仅仅是传宗接代的工具，如果她不能给家族生育出儿子，她甚至会失去她的家庭身份，也不可能继续保持她的婚姻。

在社会飞速发展与进步的今天，中国青年女性的受教育程度不断提高，女性就业率也不断提高，据中国劳动保障部门最新数据显示，“我国超过70%的妇女参与经济社会建设，女性成为城乡发展的重要力量。”（黄桂霞，2019）女性参与社会工作后，她们的收入水平、社会地位等各个方面都在不断提高，思想觉悟和社会履历都在不断丰富，在经济和心理上对男性的依赖程度不断下降。在婚姻家庭生活中，女性在家庭中不仅拥有话语权，也拥有决定权。在家庭的角色分配中，女性地位上升，且婚后保持经济独立的比例也在增加，这体现出当代女性经济能力、独立自主能力都有所提升。（冯春苗等，2018）女性在家庭的决策、子女教育、经济等方面，与男性平等地决定家庭事务。

（二）女性自我意识的觉醒

在传统的婚姻中，所有人都希望女人扮演好一个好妻子、好母亲、好儿媳的角色，希望她们能满足每个家庭成员的需要，可是没有人关心她们活得是否开心；没有人把她们当成一个也有自己的需求和梦想的活生生的人。甚至女性自己都在婚姻中忘记了自己，以牺牲自己去扮演好其他各种角色为荣。

在计划生育政策的影响下，独生子女中的女性从出生即被赋予与男性同等的地位，女性与男性一样平等地成长，她们不再压抑自己的需要，可以重视自己的感受，勇敢地表现自己的才能。

在一次综艺节目中，“Papi 酱”（姜逸磊）分享过自己认为的人生重要关系排序：自己→伴侣→孩子→父母。这番言论掀起了热议，很多人批评 Papi 酱：认为她把父母放在最后是“不孝”；孩子那么小需要照顾，孩子的排名应该提前；把自己放在最前面是自私自利的表现。但 Papi 酱表示，她希望每个爸爸、妈妈、孩子，都可以这样排，各自都把自己放在第一位，这样才是对每个人最长久且最好的选择。“不管是做父母，还是做子女，首先都要把自己的生活过好，这样对于你爱的对方来说，才是让人放心的。”

Papi 酱的观点可以说表达了新一代中国女性的心声，生动地反映了中国青年女性的自我认知和对自己的人生定位，这是对中国传统女性低下的社会地位的一种反思。中国女性的独立精神和自我意识在不断地发展，在婚姻中的影响作用也越来越大，婚姻的主动权不再是男人所专有，女人也一样可以平等地拥有这个权利。我国旧式的婚姻是以男权为中心，将女人“物化”，男人可以“休妻”，女人却没有离婚的权利。随着女性自我意识的觉醒，她们开始解除身上的枷锁，重视自己在婚姻中的地位和权利，开始重视自己的利益和幸福。在婚姻生活中，女性一旦感觉不幸福、失去对婚姻的信心，就会理智地提出离婚。目前我国离婚纠纷一审审结案件中，73.4%的案件原告的性别为女性，也就是说七成离婚由女性提出（腾讯网，2019）。从中可以看出女性的社会家庭地位的改变，女性不但不依附男人，如果男性在家庭里不能满足女性的婚姻期待，达不到女性对婚姻的设想初衷，那么他们可能遭遇“被离婚”，婚姻可能面临解体。这是女性社会地位的一种进步，也是时代发展不可逆转的趋势。

（三）重压之下的女性角色意识焦虑

信息社会中，计算机成为自动化社会的基础，知识经济成为社会主流，服务业取代制造业成为经济活动的主力。这种情形下，男性的力量优势已没有了市场，女性的细致和精巧在工作中越来越受欢迎。女性的解放程度和社会的接纳程度不断提高，女性参与社会工作的程度也越来越高。中国女性走出家庭，已经成为中国经济发展的新动力。与母亲那一辈相比，她们拥有较高的经济地位和社会地位，她们注重生活品质，追求人格的独立。在家庭婚姻生活中不再是依附、生育的工具，而是作为一个平等的独立个体，与男性共同经营婚姻家庭。据 2019 年的调研数据显示，81.7% 的女性受访者计划在 5 年内置业。在一线城市中，女性自己独立买房的占比为 42.7%，当代女性的经济实力不容小觑。

“角色分配是当代中国青年婚姻中最首要的影响因素，但当前青年的角色心理与社会发展的客观要求不相适应。”（冯春苗，2018）由于传统性别文化的惯性制约，在婚姻家庭生活中依然是男性居主导地位，女性处于从属地位，存在着男女事实上的不平等，女性的付出大于男性。在家庭中，由于女性在生育和养育等等方面的先天条件，她们在职场付出正常的劳动之后，回家还需要抚育孩子，承担家务。许多男性在工作劳累了一天之后可以回家把自己瘫在沙发上放松，但女性却得马不停蹄地做饭、洗衣、做清洁、照顾孩子、辅导作业。过去，女性作为一名全职主妇，她只要做好家庭内部的活儿就可以了，但现在她必须工作家庭两不误，承受着工作和家庭的双重压力，这双重的压力是中国女性难以承受之重！

均衡的婚姻心理结构是由工具性与表意性两部分组成。社会对性别角色的期望不同，在婚姻中的性别期望里，男性需要表现的是精神的张力，发挥的是工具性功能，要在社会和工作中征服、发展。女性更多地被要求起到平衡的作用，发挥的是表意性功能，表现为安宁、稳定。男性承受着巨大的社会压力，他需要女性的抚慰和精神激励，男性把家庭当作释放紧张、宣泄情感的港湾；婚姻对女性的期望和要求就是负向减震、正向激励的作用。理想的婚姻心理结构应是均衡的，这两种功能既为互补又能互换，夫妻相互扶持、相互依赖。

而当前的社会现实是，在女性参与社会工作之后，工作与家庭的冲突使女性的社会性焦虑增长超过了男性，女性在家庭中也需要得到安抚和精神激励。男性依然沿袭传统的工具性表现模式，缺乏发展自己表意性功能的自觉，夫妻的家庭表意性功能出现缺失，冲突和压力就会充斥婚姻生活，对婚姻质量和婚姻满意度造成严重影响。

现代婚姻的理想状态是双方都能发挥各自的工具性和表意性的功能，互为支撑，共同成长，共同经营自己的婚姻。婚姻中“男女平等”的内涵是男女人格上的独立及权利和义务的均等，而不是形式上满足女性的平等愿望，实质上男性没有任何的改变，继续压榨和无视女性的家庭劳动的付出。在现代婚姻生活中，应该由传统的“依附型”婚姻模式向“合作型”婚姻模式转变，夫妻应该依据男女素质不同、夫妻结合类型、结构的不同，对夫妻权利和义务给予合理的配置，使婚姻和家庭的利益最大化，促进家庭的建设和发展。

二　性观念的颠覆：从生殖到享受快乐

性在人们的婚姻中起着连接两人情感的重要作用，是增进夫妻感情的调和剂，是婚姻稳定的伦理保障。当代青年的性观念发生了颠覆性的变化：性不再以生殖为目的，而是以享受快乐为目的。青年人性观念的积极变化，是生活质量提高的体现，是社会文明进一步发展的结果。

传统婚姻观念中的“性欲即罪恶”是唯生殖论的性道德观，认为两性性行为的目的在于它的生殖功能，是为了传宗接代。任何出于生理欲望、追求感官快乐、满足感情需要的性行为，都是下流罪恶的行为，是一种不道德的行为。“性欲为恶”的观念，造成了封建时代的性保守、性愚昧和性禁锢，阻碍了中国古代性科学的发展。禁欲主义的盛行，病态的性压抑造成人性扭曲和心理变态，严重影响了人的性生理和性心理健康正常发展（安云凤，2005）。

其实我国传统性文化对两性在性行为方面的认知是双重标准。女性被要求压抑其性欲，如果表现出其性诱惑性，就会被视为“红颜祸水”；而男性的性欲则被认为是正常的，甚至在制度上会予以保障，除妻子之外，男性可以纳妾、嫖娼，合法地满足自己的欲望。中国夫妻之间的性关系一直是不平等的，女性必须满足和迎合丈夫的性需求，生殖是女性的性活动目的，女性的性满足和性快乐是一件可耻的事情。“在近代西学东渐的冲击之下，受科学民主思想的影响，女性性观念虽然有所改变，但性压抑和性禁锢仍然是女性性观念的主流。”（闫玉、姚玉香，2013）西方性解放思潮对中国人的性观念冲击很大，人们的性观念尤其是青年人的性观念从封闭走向开放，不再“谈性色变”，开始从认知和行为上接受“性解放”的思想。婚姻中性意识的觉醒，体现在两个方面：一是性和生育相对分离，传宗接代和生儿育女不再是性行为的根本目的，性是夫妻间表达爱意、追求身心快乐的一种合理又合法的行为方式。二是女性的性贞操观念日渐淡薄，对婚前性行为已经能够接受，不再强调女性在结婚时必须是处女。

王东和张慧霞（2008）从性脚本理论出发，从性脚本的群体层次对“80后”的性别意识、性观念和态度、性知识等方面进行实证研究，发现青年人在性脚本上表现出一定的特殊性。首先，男女平等意识更强烈。其次，在婚姻与性的态度上，开放性更大。“性”独立性较大，对婚前性行为认同度更高，性不必以婚姻为前提。“性”的自由度增大，对婚外性行为更加包容，强调性对婚姻的意义和价值。再次，更强调“性”的平等权利。最后，性安全意识增强，对艾滋病等性病知识了解更多。

尽管“性”在过去一直是令人难以启齿的，即使是夫妻之间也很少进行有关性的沟通和交流。随着我国社会文明的不断进步，青年人对性在婚姻中的作用持理性而开放的态度，开始逐渐摆脱封建的旧观念，接受科学和文明的新的性观念。夫妻间对于性问题的沟通变得更从容，更注重性生活的质量。首先，生育不再成为夫妻性爱的唯一目的，这意味着婚姻中个体的情感满足和生理快乐成为重要部分，性给人带来生理和心理的双重愉悦与满足。其次，在传统观念中女性对于性生活是被动的承受者，是为了满足丈夫的欲望而性，是为了生育而性，不是为了享受性快乐。女性社会地位的提高和自我意识的觉醒，使女性对自我的认识更清晰，注重自我的满足，更愿意在性问题上讨论和表达自己的意见。最后，男女都将性生活质量作为衡量婚姻生活质量的一个重要的标尺，积极交流和沟通，重视性活动给个体带来的快乐。夫妻对于性问题的沟通和交流更坦诚、更人性化。夫妻间的性爱真正成了情感和灵魂的交流，而不是婚姻的附加物和客观义务。夫妻对性的积极沟通和交流，可以消除冲突、增进感情。“性已成为调节当代青年婚姻关系的一个重要因素，性生活质量成为衡量婚姻质量的重要标准，青年人普遍认为和谐的性生活是维系婚姻的重要因素。”（冯春苗等，2018）

但是“享受快乐”的性观念所带来的另一个影响是“性放纵”。为了追求自我的性满足，传统的性伦理和性规范受到了猛烈冲击，许多人会践踏婚姻，性在婚姻中的地位被大大地夸张和扭曲，为了追求盲目的自我满足，性越轨现象不断出现，婚外性关系发生的频率较高，“一夜情”“第三者”等情况破坏了婚姻承诺，对婚姻质量和婚姻满意度产生负面影响。夫妻性爱的排他性使这种行为不被道德和社会所允许，导致婚姻破裂，造成了离婚率上升，影响到婚姻家庭的幸福，影响到子女的健康成长以及社会的和谐稳定。

三　传统生育观的弱化与现代养育观的强化

“传宗接代”“养儿防老”是中国人延续数千年的生育观和养育观，生育儿子可以让自己的血脉相传、香火永继；同时，儿子是一种财富，是为了保障晚年生活而进行的早期投资。

计划生育政策改变了中国人的生育观，“只生一个好”的生育观念被广泛接受。在城市中，大多数人响应政策只生一个孩子。2016年，我国的生育政策进行了调整，二孩政策开始全面实施，可是现实中的生育高峰并没有如专家的预期到来，中国人已经形成的少生观念并没有改变。2021 年 5 月，政府进一步优化生育政策，实施一对夫妻可以生育三个子女的政策及配套支持措施。三胎政策开放，目的是改善我国人口结构、应对人口老龄化国家战略、保持我国人力资源禀赋优势。也许假以时日，人们的生育观念会改变，但是目前，从世界的人口生育趋势看，低生育的观念依然持续。

生育观的变化进而对养育观产生了巨大的影响。由于孩子较少，人们会将所有资源投入孩子身上，在养育方面投入全部的时间和精力，务求给孩子提供最好的生活和教育条件，让孩子能够顺利成才，其结果是养育的压力和竞争愈演愈烈。

（一）从多生到独生再到少生：生育观念的变化

“多子多福”“不孝有三，无后为大”这些观念曾在传统婚姻中是决定婚姻存亡的至关重要的因素。男性是血脉的延续者，已婚女性如果生不出孩子，无法为家族传宗接代、延续香火，就被认为没有必要留在家里，也不配得到家族庇护。那时青年男女结婚之后的首要任务是生孩子，由于生活条件和医疗水平的低下，无法确保每一个孩子都能顺利地长大成人，要确保家族的香火不断，只有多生孩子才能达到目的。为了养育多个子女，父母就必须努力劳作才能保证家庭的生活必需，子女成为婚姻的沉重负担，身为父母，无暇顾及自己的感受，只有勉力合作，把子女抚养长大。对于大部分的夫妻来说，仅仅是生存就已经耗费了他们全部的精力，更遑论夫妻感情、花前月下的浪漫！及至儿女长大成人，父母又要为他们成家娶亲，等到儿孙满堂，夫妻已经垂垂老矣！父母的责任就是生儿育女，然后将他们养大成人，婚姻只是达到这一结果的手段。

当代的社会环境和经济压力也对人们的生育观产生影响，许多人选择少生孩子，是因为随着社会的进步，已经将许多原来依靠家庭承担的如养老、医疗等功能转变成一种社会职责，传统的“养儿防老”不再是生育孩子的目的。同时经济压力也对人们的生育观产生影响，抚养孩子需要投入大量的时间和精力，教育成本和养育支出造成的经济压力会让家庭的生活质量降低，对于重视自己生活质量的青年人来说，这是他们不愿意面对的。肖武（2016）对中国青年人的婚姻观进行了调查，发现在对结婚目的的认知上，“相互扶持”占据首要地位，其次是“因为爱情”，“生儿育女”排在第三。这与传统婚姻观念中，结婚的目的是传宗接代有了明显的区别。

（二）从放养到精养：养育观念的变化

在传统的多子女家庭中，父母的养育方式是力求让每个子女都健康长大，他们根本没有精力去照顾到每一个子女潜能的发挥，采取的是放养的育儿方式，只注重满足孩子的生理和安全的需要，其他的个体能力发展全凭孩子自己的努力。

独生子女时代的“421”模式，即4个祖辈、2个父母辈、1个孩子的模式，对于子女的教育空前重视，家庭在养育孩子上投入的经济、付出的精力成为家庭生活的“主旋律”，家庭注重对子女进行更多的“智力投资”和“健康投资”，致力于儿童的智力开发和多种能力的培养。从怀孕开始，就对孩子进行胎教，父母尽力给孩子最好的物质条件。许多家庭会为孩子付出巨额的费用，选择优质的教育资源，以及参加各类课外补习班、兴趣班。更有家长将孩子送到国外接受教育，付出高昂的费用。

此外，“重男轻女”的思想有所改变。由于只能生一个孩子，性别就逐渐淡化，尤其是在城市里，许多夫妻不再有“传宗接代、养儿防老”的旧观念，取而代之的是“女儿是妈妈的小棉袄、是招商银行”的观念。生育孩子不仅是传宗接代，而且是父母感情的结晶，也是享受天伦之乐。重男轻女的思想在一定程度上大大减轻了。

四　家庭规模小型化导致的家庭功能的变化

“婚姻是形成家庭的一个重要步骤，家庭在任何社会中都是一种基本的社会设置，在个人与社会之间起着一种中介作用，具有社会整合之功能。”（宋学勤，2012）婚姻家庭在不同的社会条件下，会根据社会的变化及时进行调整，在适应社会发展的同时，也在创造新的价值观念。

改革开放40多年来，我国的家庭规模已经逐渐从传统的四世同堂的大型家庭模式，转变成以父母和孩子为主的小型核心家庭模式。不同于传统时代的几代同堂大家庭，在当代中国，核心家庭已成主流，只要有自己的婚房，和上一辈分开居住是绝大多数新婚夫妻的选择。（秦晨，2017）根据《中国家庭发展报告2015》，目前中国家庭规模小型化，由两代人组成的核心家庭占六成以上。这种小型核心家庭的人际关系简单，家庭成员相处更显融洽，生活条件和生活质量更高。小型核心家庭模式不仅仅是人员数量上的变化，也直接导致家庭功能的变化。

家庭功能是个人对家庭需求的体现。传统的家庭承担了大部分的社会支持功能，如经济、宗教、教育、娱乐等，可以有效满足每一个家庭成员的需求。

家庭规模的缩小，让家庭功能也随之发生了变化。青年人的家庭呈现出以下的特点。

（一）“养老”功能不断弱化，“育幼”功能过度强化

养老扶幼是家庭最主要、最根本的功能。在社会变革中，原先由国家托底的住房、医疗、养老和教育等方面转变为由个人承担。面对这些重要社会公共服务的缺失，家庭功能也发生了极大变化。在传统家庭里，父母辈照顾子女，子女赡养老人，父母辈是家庭的核心；在现在小家庭中，重心是孙子辈，“育幼”成为关注的焦点，

家庭的养老功能正面临挑战。传统的养儿防老观念在现代社会实践起来较为困难，青年人由于工作生活的关系，大多无法和老人生活在一起，赡养老人心有余而力不足。我国目前已进入老龄化社会，但社会养老保障体系仍不完善，许多养护和医疗保障措施缺失。现在的养老形式主要是靠老人自己和家庭成员，社会化程度较低。“孝敬父母”是中华民族的传统美德，父母辈在面临医疗和养老的压力时，希望子女能为自己的未来承担一份责任。但是许多小家庭也面临着困境：一方面是房价、医疗和教育费用不断飙升，家庭不堪重负；另一方面是就业困难、薪酬微薄、竞争压力巨大，无力承受之重。

在子女教育方面的高投入，给孩子抢占优质的教育资源成为许多家庭的头等大事，抚育孩子的成本不断增高。据徐安琪（2004）的调查，2004 年上海 0—16 岁孩子的抚养总成本是 25 万元左右，“不少父母自己收入不高，但为了孩子的营养、受教育、过生日乃至出国、结婚，宁愿自己省吃俭用、倾其所用甚至借钱举债来满足孩子的需求。其中 1/4 家庭的子女经济成本占夫妻总收入的 50% 以上，最高的甚至是夫妻总收入的近 7 倍”。十几年后，养育成本越来越高。2020 年，在网上搜索“养一个孩子要花多少钱”，网友们的答案让人瞠目：可以看到把一个孩子从 0 岁养育到 16 岁，费用从 100 万元到 300 万元不等，这费用只是必要的花销，还不包括天价的学区房！有妈妈在网上发帖子“月薪 3 万元养不起一个孩子”，获得广大家长的共鸣，可见养育孩子的费用之高。养育的支出成为小家庭里除了房子之外最大的开支。许多夫妻宁愿自己辛苦，也会将有限的家庭资源给孩子，努力给孩子最好的教育。

（二）核心家庭对原生家庭的依赖与疏离

青年人的“边际人”心态在与原生家庭的关系处理上表现得尤为突出：标榜个体独立性的“闪婚”与强调个体依赖性的“啃老”在现实中同时发生。这反映了青年人在处理与父母关系时利己主义的面目：当需要独立性时，就努力摆脱家庭关系对自己的束缚；当自己需要父母的经济资助时，就回到原生家庭中，强调依赖性。青年人结婚是在双方父母的支持下完成的，没有父母的经济支持，刚刚步入社会的小两口是无力支付昂贵的结婚仪式、高额的房款的，在迈入婚姻的第一步时，他们收获的不仅是祝福，更重要的是父母对他们真金白银的支持。婚后有了孩子，由于小夫妻都要上班，父母再次成为他们坚实的后盾——给他们带孩子，这时他们对自己的原生家庭是极其依赖的。

青年人在很多观念上与父母辈不同，在他们看来，父母辈的一些观念在今天已经不合时宜了，例如消费观念、育儿观念、人际观念等都发生了新的变化。青年人追求自由和个性，对于父母的一些观念嗤之以鼻，喜欢标新立异，以彰显自己的个性追求和独立。

（三）青年人的核心家庭更加注重情感功能

家庭情感功能进一步强化，家庭成员间重视情感需要的满足和心理上相互支持作用。传统的家庭从某种意义上看更像是“生育合作社”或者“经济共同体”，现代家庭是作为一种“心理文化共同体”存在，强调家庭成员心理的健康成长。婚姻已经由传统“义务”型向现代的“情感”型转变。

中国传统婚姻具有以下特征：“婚姻的认知层次：视婚姻为万事之基点，强调家庭和睦及婚姻的必然性。婚姻的情感层次，重角色轻情感，强调归属感和一体感。婚姻的意愿层次：男为主女为从，强调夫妻关系的互惠与回报。”（王晓萍，2010）那时的夫妻奉父母之命结婚成家，婚前不了解，婚后也只是一起过日子、生孩子，无所谓情感和爱情，夫妻可以为了家族、为了父母、子女而生活，为了尽“义务”，不需要感情。即使有情感存在，也是不能公开表露的。现代婚姻以满足人的心理、文化需求为主，浪漫的爱情成为衡量婚姻家庭质量的首要因素，夫妻间的情感与精神的和谐是婚姻家庭的主要功能。夫妻注重精神的交流和享受，努力让家庭的利益最大化，家庭生活内容丰富多彩，形式更加多样化，创造家庭的欢乐和谐成为家庭的目标。

家庭中的夫妻关系是在感情基础上形成的情感、义务、价值观念的有机统一。人们从婚姻中得到的收益通过家庭生产活动体现出来，家务劳动、家庭娱乐、夫妻生活、养育孩子等活动构成人们丰富多彩的家庭生活，这些活动单是个人无法完成，需要双方合作来进行。与单独的个体相比，夫妻二人组成的婚姻家庭更高效、更容易展开分工合作。

（四）家长制让位于平权制

现代化和城市化发展改变了许多家庭的生活方式，也改变了家庭的权利格局，原有大家庭中的“家长制”已经退出家庭，代之以核心家庭中的“平权制”。

由于夫妻之间的独立、自主意识已经成为婚姻观念的主流，在家庭的权利支配和责任的付出上，夫妻双方协商沟通，共同决策成为普遍形式。比如在家务事情的决策权上，夫妻会采取共同协商的方式处理；在家庭财产的支配和使用上，会选择财产公证的理性处理方式；在家庭消费上，也出现 AA 制的新潮方式。不再是传统意义上的由丈夫一个人决定。这种平等决策需要双方相互信任和沟通，是建立在婚姻承诺和婚姻中的有效沟通基础上。

原生家庭对核心小家庭的影响依然存在。许多独生子女从小在父母的过度保护下，养成没有担当的“巨婴”人格，不懂得如何承担家庭责任，这些表面上的已经成年的青年人，从操办婚礼到购买婚房、成婚之后孩子的抚养，均要向父母寻求支持。大多数父母也愿意在这些人生大事上支持自己唯一的子女，为子女提供人力、物力、财力和看护孙辈等全方位支持。由父母买单的婚姻，父母自然有更大的话语权，但其影响与父母的社会地位和经济能力高度相关。如果青年人的经济完全能够独立，那么父母的影响可能甚微。

五　从现实到虚拟：传统的血亲关系到网络陌生人的人际关系变化

从前的人终其一生，交往的不过都是自己的亲戚和邻居，熟识的是方圆几十里的人，了解的事情也只是星星点点，依靠口耳相传的方式，或部分依靠文字来传播，受众有限，所知更有限。

现代社会网络的传播速度可以让一件事情在短时间内传遍世界；网络的普及，使得个人足不出户，却可以获得娱乐、购物、人际交流等活动需要。网络的虚拟性、匿名性、开放性为个人提供了隐秘的情感交流平台，有效满足宣泄情感和缓解压力的需要。同时，网络在一定程度上也影响了现实中的人际交往，因为网络固然可以在线提供一定的情感交流和支持，但是同时也削弱了青年人获得客观人际支持和合理利用社会支持的能力。

手机成了人们最好的“陪伴”，微信、QQ 等社交工具的普及，使人们的社交圈从现实中转向了虚拟世界。跨越了时间和空间的限制，人们的接触面更广更多了，接收的信息更快更新。在现代化和虚拟化的人际交往中，婚姻主要靠情感来维系，结婚的目的主要在于满足双方的情感需求，婚姻的焦点在于让个人幸福，这与传统婚姻“父母之命，媒妁之言”大不相同。

越来越多的年轻人，通过社交网络来进行人际交往，以满足自己的情感交流的需要。随着通信的日益发达，各种交友平台在手机里得到实现，对于现代人来说，虚拟的社交网络可以使自己的内心孤独得以倾诉，仿佛可以在虚拟空间中尽情宣泄自己的情绪。

网络也为人们的婚恋生活提供了一个崭新的平台。在网络世界里，没有身份、地位的差别，人们可以合情合理地掩饰现实生活中身高、容貌、金钱、事业和地位等因素的不完美，可以迅速地、“零距离”地接触身处世界各地的人，满足自己的虚荣心和好奇心。但是过度沉溺于网络交际有可能加剧生活中亲情的疏离，造成现实中家庭人际关系的边缘化和家庭责任的衰退。

六　从村落到城镇化：家庭生活环境和生活条件的变化

婚姻需要一定的物质基础和外部生存条件，由于人的社会性和群体性特征，环境对人的影响是很大的，这个环境既包括自然环境也包括人际环境。在数千年的农业社会中，大部分人居住在乡村，基本过着自给自足的生活，生活成本不高。传统家庭像封闭的小社会一样，社会的主要功能在家庭内部就可以进行和完成，自给自足，家庭成员互相依赖性强，相互合作，不需要太多的对外交往。家族血缘观念重，具有极强的排外和排他性。社会转型之后，大量农村人口涌向城市，成为城市里的建设者，他们的就业方式发生了改变，生活水平和质量都大大提高，个人社会经济地位也逐渐提高。许多青年人在城市里立足，建立起自己的家庭，接受现代化的城市生活。他们的婚姻家庭也发生了令人注目的变化，与传统婚姻模式相比，婚姻中双方的关系、权利和地位等都发生了巨大的变化。

家庭由封闭型变为开放型后，家庭中原有部分功能转向社会，为社会服务所代替。家庭成员参与到社会劳动中，无论是工作还是生活，都要和社会其他成员交往，这种交流日益频繁，使血缘关系被发达的业缘关系所取代，个体也具有相对较大的独立性和自由性。在家庭生活方式现代化趋势下，婚姻的存在和享受婚姻幸福需要一定的物质条件基础，经济条件在婚姻生活中具有举足轻重的地位。同时，城市的生活成本大大高于乡村，子女的教育成本、高额的房价、医疗费用等对婚姻产生了巨大压力，夫妻必须都参与工作才能生活得更好，所以婚姻中夫妻的地位和权利就被需要平等对待。

农村传统的住房大多是在地面平铺开来，一家人都住在一个屋檐下，院子将家庭成员在物理空间上联系在一起。邻居都是祖祖辈辈住在这里的人，宗族和亲戚都相隔不远，彼此都很熟悉，知根知底。平面的居住环境使彼此间的接触成为日常生活的一部分，情感交流也顺理成章、自然而然地进行着。

城市里的高楼是一个立体的巨物。一间间抽屉式的单元房里容纳了不同的人家。当一扇扇门关上的时候，世界就被分割成一个个小格子，人们在这个小格子里自成体系，与他人、与自然隔离，不会干扰到他人，他人也无法接触到每个家庭。城市是陌生人社会，邻居大都不相识，也互不来往。城市里的人注重隐私，不像在村里的时候，一家煮肉百家香，村头吵架村尾的人都知道。城市里的人不太愿意别人干预自己的家庭事务，认为婚姻是私人事务，也不会干预别人的婚姻生活。城市里，每个家庭都是一个独立体，在相对封闭的小家庭中家人对于彼此的依赖空前加强，家庭的内部关系变得非常重要。

稳定而又安全的家庭生活既依靠法律、习俗和公共政策等外部力量的保护，也需要爱情、亲情、友情等内部心理力量的支撑。从整体上看，中国人的社会心态已经趋于开放进取、理智平和、多元包容，人民高度认同改革、崇尚创新、自主自立，尤其是民众的民族自信心和社会心理承受能力显著增强。但是，整体的社会心态始终处于不断调整、适应、分化、易变的动态过程之中（邱吉、孙树平、周怀红，2012）。转型时期的社会各个方面发展不均衡，社会的道德规范、法律、风俗和舆论等还没有与经济的发展程度相适应，价值观的转变也滞后于外部的社会发展和变迁，青年人在新旧双重价值系统的支配下，面临各种各样的新问题，他们必须面对新时期的经济、社会和文化的挑战，建立起新的、与现代化中国发展相适应的家庭文化。

习总书记在党的十九大报告中指出："青年兴则国家兴，青年强则国家强。青年一代有理想、有本领、有担当，国家就有前途，民族就有希望……全党要关心和爱护青年，为他们实现人生出彩搭建舞台。"把青年人的发展上升到国家和民族未来发展的高度，关心青年人的生活，为他们的工作和家庭提供支持，是在为国家的发展助力。

婚姻家庭是青年人生活的重要方面，婚姻家庭生活的幸福与否直接影响到青年人的工作状态和个人潜力的发挥，影响到他们对社会的贡献。作为社会发展的主力军和未来的接班人，婚姻家庭应该成为青年人前进的动力和加油站。青年人在家庭婚姻中享受人生的天伦之乐，收获到爱与幸福，他们才能精力饱满地投入社会的建设中，才能为实现中华民族的伟大复兴添砖加瓦。对于青年人的婚姻心理的研究，就是为了更好地总结青年人的婚姻特点，了解他们的婚姻心理状态，积极帮助家庭，构建和谐的社会。为家庭婚姻提供社会心理服务，正向地引导青年人面对婚姻家庭，营造家庭和谐氛围，有助于培养每一位社会成员的健康心态。

第二章　积极心理学视域下的青年婚姻心理研究

夜晚，漫步在城市的街道上，看着林立的高楼，那一扇扇窗户里透出温暖的光，总会令人浮想联翩：那每一个窗户后面都是一个温暖的家，那个家里此刻饭菜飘香，全家人正其乐融融地围坐在桌旁，欢声笑语不断，这是最温馨的时刻，这就是生活的样子，这就是幸福的模样。

时代的车轮滚滚而来，社会飞速地发展，周围事物的变化真是日新月异，令人目不暇接。在这个宏伟的大时代中，青年人的思想和观念与先辈们有了巨大的不同，他们面临的许多事物在中国古老的社会中根本就没有出现过，先辈们成功的经验很难再被复制。但是无论技术如何发展，有些事物是亘古不变的，如亲情、爱情、婚姻、家庭。

一　积极心理学与婚姻心理研究

“积极心理学关注的是那些可以提升生命价值的事件”，“积极心理学认为生活的核心并不只是避免麻烦、防止困扰，而是更加关注人生中那些风景美好的一面。研究的是那些发生在生活正常轨道上的事件”。（Peterson，2016）有别于学界仅仅关注解决消极的心理问题，积极心理学从 1998 年创建之初就致力于帮助人们建立起高质量的社会和个人生活。积极心理学的倡导者塞利格曼认为“积极心理学是揭示人类优势和促进其积极机能的应用科学”（Seligman，2000）。积极心理学发展的时间虽然很短，但是它从积极人性论的角度出发，重点研究人自身的积极因素，倡导心理学要以人类固有的美德和善行作为出发点，重视人自身所拥有的实际和潜在的、具有建设性的力量，用积极的心态看待人的心理现象，对心理问题进行积极而有效的干预。积极心理学探讨的是创造良好的环境以促进人的身心健康，让每一个普通人都能更好地生存与发展，最大限度地发挥人的潜能，激发出人内在的积极力量与优秀品质，让所有人都能获得幸福，感到幸福。

“积极心理学重新将人的价值与幸福作为心理学研究的对象，倡导人文关怀与科学精神的统一，使心理学的价值目标转入促进人类良好的发展，指导人们转入追求幸福生活的轨道。”（陈浩彬、苗元江，2008）积极心理学所倡导的研究理念，十分契合我国当前提高国民的素质和生活质量的社会目标。在和谐社会的建设中，国家发展所倡导的以人为本的发展观，就是充分尊重人的优点和价值，激发人的潜能和创造力，帮助中国人民树立民族自信心和自豪感，实现中国梦，满足人民对美好生活的向往。

积极心理学的主要观点如下：“第一，认为心理学应把帮助所有人追求幸福作为自己的价值追求。第二，提倡用开放和欣赏的眼光来看待人，并着力研究每一个人所具有的积极方面。第三，强调对问题做出积极的解释或看到问题的积极方面来使自己获得积极意义。”（任俊、张义兵，2005）。作为一种心理学的研究思潮，积极心理学对应用心理学各领域的研究影响很大，学者们改变了以往的思维模式，不再专注于心理疾病、心理障碍等问题，转而关注人类心理的积极方面，如满意度、幸福感、乐观等体验，即使对于一些心理危机和心理问题开展的研究，也开始关注其包含的积极因素，注重发挥每一个人的个体潜能去积极面对问题，在危机中既要看到“危险”的存在，也要看到“机遇”的存在。

婚姻家庭问题处在民众生活的最表层，是社会发展变化的直接反映。婚姻心理研究是针对婚姻中的一些现象和问题进行的研究，总结和发现婚姻关系的特征，对于促进和改善人们的婚姻关系具有较强的指导作用，帮助人们提高婚姻质量和幸福感。在婚姻心理研究领域，早期研究主要集中在婚姻不幸和离异等消极的方面，对于婚姻压力、婚姻冲突的研究占据了主导地位，关注的是消极因素如何对婚姻起破坏作用。压力与紧张、冲突和暴力常被看作主要的障碍因素，大量的研究都集中在婚姻中的压力、冲突、家庭暴力和背叛等对婚姻的消极影响。随着时代的发展，西方心理学领域有关婚姻研究逐渐拓展到人格因素、婚姻质量、婚姻满意度、沟通等方面，研究的成果很丰富，对于婚姻有一定的指导意义。在积极心理学的影响下，国外的研究者开始关注婚姻中的一些积极因素，如婚姻承诺、婚姻关系保持策略、沟通等在婚姻中的作用。

婚姻中的消极因素也重新被审视，不再只关注其对婚姻的破坏作用，转而寻找消极因素在婚姻中所具有的积极作用，例如婚姻压力和冲突在婚姻中是普遍存在的，即使是对婚姻非常满意的夫妻，也会有婚姻压力和冲突，那么这些负面因素为什么没有对他们的婚姻造成影响呢？研究发现，其秘密在于这些夫妻面对压力和冲突时采用的是积极的应对方式，正是这种积极的应对方式帮助夫妻有效面对压力和冲突，并且促进了婚姻关系的发展。Mackey（2000）等人研究表明："只有未解决的婚姻冲突才会在夫妻之间产生消极的作用，如果夫妻能共同面对夫妻之间的分歧，相互协商解决问题，冲突将会让双方成长，共同维护婚姻关系的发展。"因此，冲突不是破坏婚姻的因素，夫妻处理冲突的方式才是影响婚姻满意度的关键，那些希望婚姻关系能够保持下去夫妻倾向于采用合作的策略来解决婚姻冲突。研究还发现在一些压力下（如亲人死亡等），夫妻的关系反而更密切了，表现出极大的心理适应性，压力成为增强夫妻关系和家庭功能的动力。同时发现，社会支持系统对于个体应对婚姻压力的作用是非常明显的（Miller & Perlman，2010）。

从积极的角度去研究婚姻心理，认为婚姻是一个积极变化的过程，关注婚姻中发挥积极作用的因素已经成为婚姻心理研究的一个发展趋势，研究的重点不再仅仅局限于婚姻中的消极因素，即使是对消极的因素，也能进一步探讨良好的解决方法。“婚姻研究领域从聚焦消极因素逐渐转变到对修复性因素的关注。通过探讨婚姻中修复性因素对婚姻关系的重要影响，可为婚姻研究和治疗提供新的思考。”（侯娟、方晓义，2015）婚姻心理研究的视野在不断拓展：婚姻承诺、关系的保持和修复、婚姻冲突应对、婚姻压力与社会支持系统的建立等正在成为婚姻心理研究的热点。通过对这些问题的研究可以帮助夫妻适应外在挑战和潜在的问题性互动行为，促进夫妻关系系统向“健康”方向发展。

我国20世纪的婚姻心理研究焦点主要集中在：婚姻观念、择偶标准、离婚、婚姻质量、婚姻满意度等方面。人们在婚姻中的行为和表现取决于所持的婚姻观念，因此对于婚姻观念的研究进行得很多。杨善华（1988）采用问卷调查的方式，通过对择偶标准、结婚动机、贞操观、对家庭和婚姻的评价等方面的调查，发现城市青年的婚姻观念变化的主要特点是个人价值的增长和自我意识的增强，对传统的家庭联姻结亲的否定。卢淑华（1997）研究了人们的婚姻价值观及其变迁，人们仍然坚持传统的婚姻伦理道德观念，婚姻与性行为的统一，充分肯定婚姻对人生的价值，重视婚后感情与性生活的专一。但是人们的生育意愿有所下降，婚姻观念呈现多元化。肖武（2016）从婚姻基本观念、婚姻经济观念、婚姻破坏因素层面、生育观念层面对中国青年婚姻观念进行了调查，他的调查结果发现：在婚姻的基本观念上，“相互扶持”是结婚的最主要目的，“个人品质”是最重要的择偶标准；在婚姻经济观念层面，女方家庭更重视男方的经济状况；在婚姻破坏因素层面，强利益诱惑和弱自身节制促使了婚外情；在生育观念层面，延绵子嗣和老有所依仍是重要的生育目的，性别平等已成为生育中的基本共识。其他学者开展的婚姻观念的研究表明，随着我国经济的飞速发展，人们的婚姻观念与传统的婚姻观念相比产生了很大的变化：以传宗接代为根本目的的婚姻观念逐渐被以追求个人幸福为目的的观念所取代，性别平等已经实现；在婚姻中双方都比较重视对方的个人品质；女性在婚姻中地位有较大的提高；男性的婚姻受经济状况的影响较大。

我国有关婚姻质量的研究集中在婚姻质量的科学定义、度量、影响因素分析以及特定群体的婚姻质量研究等方面，一些学者如徐安琪、叶文振、卢淑华、沈崇麟、张贵良等开展了婚姻质量的调查，得出了一些有价值的结论。徐安琪、叶文振（1999）认为婚姻质量是夫妻的感情生活、物质生活、余暇生活、性生活及其双方的凝聚力在某一时期的综合状况；他们的调查结果还表明：中国夫妻对物质生活和性生活质量满意度不高，但是对婚姻关系的自我评价很高，双方凝聚力强，对“60%的中国婚姻是凑合型的”观点予以了否定；居住地、年龄、婚前感情基础、夫妻双方的同质性及配偶替代意识等因素对婚姻质量影响较大。程菲等人对我国已婚人群婚姻质量现况进行了调查，结论是“目前我国已婚者的婚姻质量平均状况较好，其中城市户籍、收入水平和受教育程度较高、无子女和与配偶一起居住的已婚者婚姻质量较好，婚姻质量随结婚年限增长呈‘U形’趋势”（程菲、郭菲、陈祉妍、章婕、2014）。

家庭暴力是我国传统婚姻观念被认为是“天经地义”的事情，北方谚语“打成的媳妇，揉成的面”描述的就是这种家庭暴力行为，可见在家庭生活中是多么司空见惯，人们对此也麻木不仁，学者们直到近年才开始重视并开展研究。黄列（2002）对家庭暴力进行了理论研讨，分析了家庭暴力的成因，为深入剖析家庭暴力问题提供了理论架构，呼吁探索促进家庭制度变革的办法。张亚林、曹玉萍（2004）等人采用流行病学调查的方法对家庭暴力进行调查，发现家庭暴力发生率为16.2%，其中近一年内的发生率为11.6%。通过对于家庭暴力的研究，了解我国家庭暴力的现状，对受害妇女提供心理咨询和相关的援助与支持，对于改善妇女在婚姻中的地位、保护妇女合法权益大有裨益。

21世纪以来，我国有关婚姻心理研究的重点依然是婚姻质量、婚姻满意度、择偶标准，也关注到婚姻关系对子女的影响、独生子女的婚恋等问题。近年来，随着媒体的炒作，婚姻焦虑开始占据婚姻研究的主阵地；同时与社会流动的有关议题研究也受到关注，如新生代农民工的婚恋问题、留守妇女的婚姻关系、婚姻暴力、婚姻中的性别关系问题等。总的来说，有关婚姻心理的研究尚处于发展阶段，技术手段较为单一，研究方向比较零散，缺乏系统性，缺乏学术站位较高、学术视野宏阔的研究成果。

二　婚姻心理研究的相关理论基础

婚姻作为一种在人类社会中广泛存在的社会制度，其本身就会对人的心理产生巨大的影响。以婚姻为基础衍生的家庭，更是每一个人心理发展的温床，比如在精神分析学派的眼中，人的所有心理问题追根溯源都可以归结为其童年时期在家庭中的成长经历。对于婚姻心理的研究不仅可以帮助人们营建良好的婚姻关系，也可以有效提高每个家庭成员进而提高全体社会成员的心理健康水平。

社会在不断地发展进步，人们对自己的生活质量和幸福的追求越来越高。对于婚姻心理的研究也广为开展，由于婚姻涉及社会的各个方面，每一种婚姻现象背后都有复杂的因素交织在一起，因此在研究中不能孤立地去看待，需要从不同的角度、不同的学科去探讨，学者们提出了大量的理论，力图帮助人们更科学地认识婚姻。本书仅撷取需要层次理论、社会交换理论、社会性别理论作为研究的理论依据。这些理论对婚姻最基本问题做出了回答：需要层次理论很好地回答了人们为什么要结婚，社会交换理论解释了婚姻应该怎样维持，社会性别理论探讨了性别因素在婚姻关系中的作用。

（一）需要层次理论

需要层次理论是由美国人本主义心理学家马斯洛提出的，是一个被广泛应用的理论。马斯洛将人的需要分成生理需要、安全需要、归属与爱的需要、尊重需要和自我实现需要。生理需要是人类最基本的维持生存的要求，包括饥、渴、衣、住、性等，是人最强大的原始驱动力。安全需要是人类对自身安全和追求安全的要求，人的感受器官、效应器官、智能等是寻求安全的工具。归属与爱的需要包括两个方面：爱的需要有亲情、爱情、友情，亲情是指人人都需要与父母和家人保持良好的亲密关系，爱情是指爱别人也渴望接受别人的爱，友情是与伙伴、同事保持融洽的关系和交流；归属的需要是人渴望能被一个群体接纳，希望成为群体中的一员，得到群体成员的相互关心和照顾。尊重需要对外是希望自己能够得到他人和社会足够的肯定和承认，有一定的社会地位，希望自己有地位、有威信，受到别人的尊重、信赖和高度评价；对内部一般称为自尊，是指一个人对自己的接纳和肯定程度，是否相信自己的能力，对自己有信心。马斯洛认为尊重需要得到满足后，人会对自己充满信心，对社会满腔热情，体验到生命的价值，能最大限度地激发人的创造力。需要的最高层次是自我实现，是指能实现个人理想和抱负，充分发挥个人的能力，为人类社会做出自己的贡献。自我实现就是人充分施展自己的才华，努力挖掘自己的潜能，不断成长为自己所期望的人。

根据马斯洛的需要层次理论，我们可以看到，婚姻满足了人的五种基本的需要：第一，爱和归属的需要的满足，婚姻是建立在爱情的基础上，家庭的建立满足了归属的需要。通过和爱人一起生活，才能加深对彼此的了解、认知和理解，从而得到幸福的生活。第二，生理需要的满足，包括性和人的基本需求。性生活的和谐对已婚人士来说比其他因素更能决定这场婚姻的幸福指数。人的基本需求就是吃穿住行，这是幸福生活的基础，也是幸福婚姻的保障。第三，尊重需要的满足。在婚姻里，需要自我尊重和他人尊重。婚姻家庭是个人价值和地位的体现。第四，安全需要，配偶和家人组成的家庭是每一个人温暖的港湾，在家庭中我们感到最放松和舒适。婚姻中是否能感到安全、夫妻的收入是否稳定、生活的不确定性是否过多等方面都是安全需要的体现，生理的满足和安全的保障是我们步入婚姻和衡量幸福的基础。第五，自我实现的满足，家人是个体坚强的后盾，为个体的成长和发展助力加油，让每个人的人生潜能得到最大的发挥，实现自己的价值和人生追求。

归属需要是人与他人建立亲密关系的强烈内驱力，是人类的一种本性。如果归属需要长期得不到满足，就会发生各种各样情绪、心理健康等问题。婚姻提供给人持续的关爱和包容，满足了人们的归属和爱的需要，通过与自己的爱人交流和沟通，人们会心情愉悦、坦诚和信任，感觉幸福。那些结婚并持续婚姻状态的人比缺乏亲密关系的人更加幸福。（Diener et al.，2000）总之，婚姻关系较好地满足了个人的心理需求。归属、确认和接受的需要只有在自愿的关系中才能完全得到满足，婚姻关系就是其中最重要的一种。其他的如对安全感、依恋和爱的渴望，以及生理需要等表明，婚姻关系和家庭关系可以为个体提供强大的心理支撑。

当一段关系满足了某种重要的个人或情感需求时，人们就会珍视这段感情，愿意将它保持下去，感情在心理上就具有重要的意义，给人带来幸福之感。

（二）社会交换理论

社会交换理论的影响很大，版本也很多，但是由 John Thibaut 和 Harold Kelley 提出的观点是在人际关系研究领域应用得最为广泛的理论，也被称为相互依赖理论（Miller & Perlman，2016）。他们认为，人们在人际关系中在总是寻求以最小的代价获取能提供最佳回报价值的人际交往，我们只会与那些能提供足够利益的伴侣维持亲密关系。每个人都是从这个角度出发进行人际交往，所以婚姻关系中夫妻双方都必须在满足对方利益的同时也满足自己的利益，夫妻之间的交换就是你对我好、我也对你好，爱屋及乌，爱其父母、礼待其朋友。夫妻相互尊重，有恩有爱，才能通向幸福的终点，否则婚姻就不可能维持下去。

与他人相互交换理想的奖赏是社会生活所必需的，这种奖赏是指所获得的令人高兴的经验和物品。婚姻的基础就是一种社会交换过程，双方互惠交换，各取所需，相互依存，相互成就。婚姻中的人际奖赏就是从爱人那里得到的接纳和支持，以及自己认为值得拥有和受人欢迎的事物，所有能让接受者愉快和满足的经验。

在某一特定的人际交往中，个人的付出和回报之和就是结果，回报大于付出那么结果就为正，反之结果为负。人际交往的结果是正还是负并不重要，重要的是人们评判结果的两个标准：一是个人的期望；二是如果没有现在的伴侣，自己会过得怎样。社会交换理论认为每个人都有一个与众不同的比较水平，即我们认为自己在与他人的交往中应当得到结果值。比较水平是基于过去的经验，如果人们曾有过奖赏价值很高的伴侣关系，那么他的比较水平就比较高，他们就会期望并且觉得自己理应得到非常好的交往结果；相反，如果过去的交往经历很糟，那么他的期待和比较水平都会较低。

在亲密关系的结果从悲惨到狂喜的连续变化中，个体的比较水平仅仅是一个参照点。比较水平是衡量我们对关系满意程度的标准。如果结果超过比较水平，就会感到幸福；表明这段关系中得到的超过预期的最低期望值。幸福的程度取决于所得到的超过期望的程度，如果结果远远超过比较水平，个体就会感觉非常幸福；反之，结果低于比较水平，即使这一结果也不太差，甚至高于常人，个体还是会感到失望。亲密关系中的满意度不是简单地取决于绝对意义上的结果好坏，而是来自于结果与比较水平的对比：满意度 = 结果 - 比较水平。

社会交换理论认为我们为了衡量我们在其他关系中是否会更好，还会用替代选择的比较水平。替代选择的比较水平是指，如果脱离目前的关系，而转投可以选择的更好伴侣或情境所能得到的结果。如果其他关系能给我们带来更好的收益，即使我们对现状还满意，也有可能离开现在的伴侣，转而寻求更大的收益，人总是在追求可能得到的最好结果。相反，即使我们对现在的关系不满意，在没有更好的替代选择出现之前，我们不会脱离现有的关系。这点可以有效解释为何有人身陷凄惨境地却不离开，尽管现状使他们痛苦，而一旦离开，处境可能更糟。假如他们知道别处有更好的境况，他们肯定会选择离开。(Choice & Lamke，1999) 对关系的满意与否并不是我们选择留下还是离开的决定因素，其取决于替代选择的比较水平。所以，替代选择的比较水平决定我们对关系的依赖度。不管满意与否，一旦相信现有关系是我们目前最好的选择，我们就会依赖现有的伴侣，不会轻言离开。

（三）社会性别理论

通常来讲，人类最普遍的、主流的婚姻关系是由男性和女性组成的，因此在研究婚姻关系时，必须要考量的因素是性别因素。

社会性别就是社会文化中形成的属于女性或男性的气质和角色，以及与此相关的男女在经济、社会文化中的作用和机会的差异。（李方，2010）社会性别理论认为社会中的男人、女人是社会文化构建的结果，原因如下：第一，社会性别反映了男性和女性之间的社会关系的性质；第二，社会性别将男女间的关系以制度、秩序的形式固定下来；第三，社会性别体现为一种文化，是关于男女角色分工、精神气质、行为方式等方面的一整套社会观念和意识形态的反映；第四，社会性别是以生理性别为场域的社会建构。（杨凤，2005）

社会性别理论从社会性别差异、社会性别角色、社会性别制度三方面对性别在人类社会生活中所发挥的作用进行了探讨。

（1）社会性别差异。人的生理性别是与生俱来的，但是社会性别是后天文化习俗影响的结果，在特定社会文化影响下，所形成的性别规范、性别角色和行为方式。在社会文化中对男女差异、两性群体特征及行为方式的看法是不同的，正是这种差异造成了男性和女性的不同。社会性别理论强调的是两性差异的社会文化建构性、非自然性、非生理性。

（2）社会性别角色。社会成员在社会化的过程中学习和接受自己的社会角色和社会地位，通过不断地学习特定社会文化中的两性价值规范，从而获得自己相应的性别身份。性别差异通过社会文化的影响而实现，是被塑造的。

（3）社会性别制度。在家庭和社会的人际关系中，权力和资源分配的影响无处不在：男性处于统治地位，女性处于被统治的地位。性别差异产生和延续的社会机制是父权制。通过对社会性别的能动作用，男性总是占据着不同社会形态中的主导地位。

对社会性别的内涵和意义的探讨，不仅仅是女性主义运动的结果，更可以帮助人们重新认识性别，女性和男性的构成是互相影响、互相依存的。社会性别理论对传统的性别文化进行改造，形成更为多元的、有益的性别理念，尤其是提倡社会性别主流化，即在社会政策的制定、执行和评估全过程中贯穿社会性别意识，在社会各个领域设计、执行、评估政策和项目的过程中，要充分考虑两性的关注、经历等因素，使男女两性平等获得机会和受益，承担相同的责任，最终实现社会性别平等。（梁洨洁，2007）社会性别理论为女性研究展示了新的角度，“为认识性别角色提供了方法论指导，为分析女性地位提出了参考坐标，为性别平等政策的研究提出了分析原则”（祖嘉合，2001）。

三　青年婚姻心理研究的框架

婚姻家庭研究与社会变化的大背景是紧密相连的，应该从社会需要出发，了解青年人婚姻变化的新动向，探析婚姻心理的新现象，发现问题，总结经验，为婚姻心理教育和咨询提供科学依据，指导解决现实中的婚姻问题，提高家庭生活的幸福指数，建设美好的生活。

“我们都要重视家庭建设，注重家庭、注重家教、注重家风，紧密结合培育和弘扬社会主义核心价值观，发扬光大中华民族传统家庭美德，促进家庭和睦，促进亲人相亲相爱，促进下一代健康成长，促进老年人老有所养，使千千万万个家庭成为国家发展、民族进步、社会和谐的重要基点。”这是习近平同志在2015年春节团拜会上的讲话，他旗帜鲜明地将家庭建设提到了空前的高度，赋予家庭建设以时代的新内涵。可见重视家庭、保护婚姻以提高社会质量是国家政策的明显取向。

据“中国家庭发展报告 2015”调查显示，我国家庭发展有以下特点：“（一）家庭规模小型化、家庭类型多样化；（二）城乡家庭收入差距明显，家庭消费热点多；（三）城乡养老照护需求大，医养结合需求多；（四）父母双方共同照料和教育儿童的比例偏低，父亲角色发挥不足；（五）计划生育家庭的发展状况总体上好于非计划生育家庭；（六）流动家庭与留守家庭成为常态家庭规模式；（七）城乡社区服务设施和功能差异明显，农村基础卫生设施待改进。”（国家卫生计生委家庭司，2015）这些新的家庭发展形势对青年人的婚姻产生了巨大的影响，给青年人的婚姻家庭关系打上了时代的烙印。

中国近年来持续上升的离婚率，尤其是许多青年人的“闪婚”“闪离”“丁克”“不婚”等对待婚姻的态度，让人们普遍认为这一代青年人对待婚姻的态度不认真，夫妻相互不信任，对待性的态度太随便，对待下一代不负责任，抱怨他们的婚姻维持得越来越短，吐槽他们的家庭纠纷太多，看到媒体报道青年人结婚率低而离婚率却很高，不少人忧心忡忡，希望青年人能认真负责地对待婚姻。可现实果真如此吗？青年人难道没有认真对待自己的婚姻生活吗？难道他们没有积极应对婚姻生活中的困难和压力、没有积极经营自己的婚姻关系吗？

2010 年 10 月，小康杂志社的中国全面小康研究中心联合清华大学媒介调查实验室，在全国范围内进行了“中国人婚姻及性幸福”的调查。结果发现，与其他年龄段的受访者相比，“80 后”群体在婚姻中幸福感最强，婚内“性福感”最高。（欧阳海燕，2010）在另一项对青年幸福感的调查中，根据 2015 年 CGSS 的调查结果显示，我国青年的幸福感总体较高，处于在婚状态的青年幸福感高于非在婚状态（徐福芝、陈建伟，2019）。

当前社会对青年人的婚姻的看法存在误区，消极悲观地看待青年人的婚姻，不停地感慨他们是“垮掉的一代”，但是现实中的青年人其实在努力地生活，他们有自己的人生观和价值观、自己处理感情和家庭问题的方式，我们在看离婚率不断攀升的时候，也要看到大多数人还是在婚姻中幸福地工作和生活着。我国的婚姻心理研究应该学习和借鉴国际婚姻心理研究的学术视角，立足我国的社会现实，对中国传统文化背景下青年人的婚姻心理进行调查分析，总结特点，探求规律，帮助青年人更好地适应婚姻生活，促进夫妻关系系统地向“幸福和谐”方向发展。在研究中国青年人的婚姻心理时，不能简单照搬西方心理学的理论，需要结合中国传统文化特征，探讨中国传统文化在现代家庭婚姻中的影响，对夫妻关系中积极的方面加以总结，为提高青年人婚姻质量提供借鉴。

婚姻心理研究要具有人文关怀，更加贴近生活现实，“研究‘生活实体’，也就是人们在日常生活实践中其实在做什么和怎样做”（黄盈盈，2014）。我们从“生活实体”的角度出发，调查了解青年人婚姻中的积极的心理特征，了解青年人在婚姻生活实际在做什么和怎么做的，了解他们所采取的有效方法和手段，探寻他们所面临的困难和问题，概括总结出青年人婚姻心理的特征，为政府建立婚姻家庭服务体系和制定友好型家庭政策提供参考。

（一）研究构想

从积极心理学的研究视角出发，探讨青年人婚姻心理的积极方面：婚姻承诺、婚姻关系保持策略、婚姻冲突应对方式、婚姻压力与社会支持，总结当代青年人婚姻心理的特点，为婚姻教育和婚姻心理辅导提供科学的资料，促进新时代的婚姻家庭建设。

（二）研究对象

研究对象是目前自评婚姻状态良好、40 岁及以下的已婚青年人。世界卫生组织（2017）将“青年”的年龄界定在 15—44 周岁，所以我们将调查的年龄最高限定在 40 岁。原因有二：一是尊重我国的习俗，人们习惯认为 40 岁后就进入中年了；二是我国从 20 世纪 80 年代开始全面实行计划生育政策，目前的在婚姻状态的青年人都是在这之后出生的，有许多人是独生子女，有着一定的国情特殊性。

（三）研究的总体框架

通过对青年人的婚姻承诺、婚姻关系保持策略、婚姻冲突应对、婚姻压力与社会支持的调查研究，深入研究现实中青年人的婚姻承诺因素的结构和特点，了解青年人对婚姻承诺的看法和理解，了解他们在日常生活中所采取的婚姻保持的方法，发生婚姻冲突时的应对方式，面临婚姻压力时能得到的社会支持的来源以及相关因素，探索他们婚姻生活面临的心理问题和需要的社会支持，为婚姻家庭建设提供翔实的资料，为和睦家庭、和谐社会的建设提供心理学的依据，提高婚姻家庭建设的有效性和针对性，服务于有中国特色的和谐、平等的现代婚姻家庭制度建设。本书将从以下四个方面着手展开研究。

研究一：青年人的婚姻承诺研究

婚姻承诺是指个体对自己的婚姻关系延续的信心，是在感情上、心理上、行为上对自己婚姻关系的认同和投入，愿意承担婚姻所涉及的各项责任和义务。婚姻承诺是婚姻关系的一个重要的预见因素，可以反映出个人关系积极的方面。已有的研究表明，婚姻承诺程度高的配偶倾向于更积极地相互适应、沟通，对生活更满足。对婚姻状况良好的夫妇调查结果也表明夫妻认为承诺是他们婚姻成功的一个重要因素。承诺是一个多元的结构，在解释婚姻关系功能和功能障碍的发展和延续方面是有效的。本书将采用“承诺维度量表”对青年人的婚姻承诺现状进行调查，分析他们的婚姻承诺水平和结构特征。

研究二：青年人的婚姻关系保持策略的研究

婚姻关系保持的研究旨在探索有效的方式和方法，保持婚姻关系的稳定，使人们从婚姻中获得信任、忠诚和满足。关系保持的定义有很多，其中共同点为：（1）保持关系存在；（2）保持关系在一个具体的状态；（3）保持关系在一个满意的状态；（4）修复关系。研究表明，人们会采用一些特定的行为方式来表现出他们对婚姻的承诺，使配偶对婚姻有信心，促进婚姻持续下去；即使是日常生活中的一些简单方式，如把自己每天的事情无论好坏都告诉给对方，这种看似平常的自我表露都可以保持双方的关系稳定。它是婚姻关系特征的重要预测因素，能有效反映出个体对婚姻的满意程度和承诺水平。我们将采用“关系保持策略量表”在青年人中进行调查，了解青年人婚姻关系的保持手段和日常采用的方法，判断双方对婚姻所做的努力和贡献，以便有针对性地开展婚姻教育和指导。

研究三：青年人的婚姻冲突及其应对

婚姻冲突是指夫妻间公开的或隐藏的对立和意见分歧，即平常说的闹矛盾、闹别扭（杨阿丽，2010）。婚姻冲突可以是因为对某问题的意见不一致而发生的争论、争吵，也可以是夫妻情绪上的对立和不满，也包括婚姻中的打骂、侮辱、控制和支配对方的行为等。婚姻冲突在夫妻生活中普遍存在，难以避免。

婚姻冲突对婚姻的影响也是有利有弊：一方面，冲突有助于夫妻双方发现婚姻中存在的问题和分歧，认识到彼此的差异，对于增进双方互动沟通，维系婚姻关系有推动作用；另一方面，冲突会使夫妻之间的关系恶化，伤害夫妻感情，不利于婚姻关系的发展，破坏婚姻满意度，导致夫妻分居甚至是离婚。

冲突有助于人们表达自己的不同观点，让情绪充分发泄出来，有利于更了解对方的想法，建立更进一步的关系，增强在关系中的地位，提高个人的尊严和自尊心。由于冲突不但能够加强已有的关系，还有助于建立新的关系，因此它也是一种建设性的力量，而不单纯是一种破坏性的力量。（周晓虹，1996）

近年来有关婚姻冲突的研究表明，只有未解决的婚姻冲突才会加强夫妻之间消极的相互作用，如果夫妻能够正视婚姻冲突，学会协商和管理夫妻之间的差异，达成一定的共识，有效解决冲突而不是回避冲突，不但能降低冲突对婚姻关系和个人的危害，还能为婚姻发展提供良好的契机。（Rusbult，1998；Gottman，1999；Kim，2006；Miller & Perlman，2010；贾茹、吴任钢，2012）因此，不是冲突本身，而是处理冲突的方式才是影响婚姻质量的关键。

婚姻冲突应对方式指的是夫妻在发生冲突时，通常采取的或惯用的解决冲突的方式方法（贾茹、吴任钢，2012）。积极的应对方式有支持、积极沟通、问题解决等，对婚姻质量有促进作用；消极的应对方式有压迫、控制、指责、暴力等，会破坏夫妻之间的关系。我们拟采用“亲密关系冲突应对方式量表”对青年人进行调查，分析青年人婚姻冲突应对方式的现状，探讨夫妻所使用的婚姻冲突应对方式对婚姻满意度的影响。

研究四：青年人的婚姻压力与社会支持

生活的压力无处不在，有工作、人际关系、政策、社会变革等外部压力，也有夫妻关系、父母赡养、孩子抚养等家庭内部压力，还有感情创伤、挫折体验、说谎和背叛等自身压力，每一种压力都会给个人生活带来巨大的冲击。面对压力时，个体如果无法承受，就需要寻求支持，所拥有的社会支持系统越强大，能得到的帮助就越多，就越有可能顺利应对压力；否则，压力会给个人家庭生活带来不利影响，伤害到个体的生理和心理健康，破坏家庭的稳定和谐。譬如，经济压力过大时，人的情绪会受到严重的影响，导致情绪压力。在情绪压力下，个体会减少夫妻互动，消极的情绪也会感染家庭成员，出现频繁和激烈的争吵，婚姻冲突会大量增多。许多青年人刚结婚时的生活很幸福，但是很快二人世界就因为孩子的到来而改变，夫妻角色转变为父母角色，角色的适应、家庭事务的增加、经济压力、照料压力等让夫妻应接不暇，冲突不断，对婚姻的满意度急剧降低。我们采用修订后的“城市居民婚姻压力问卷”对青年人的婚姻压力现状进行调查，同时了解在面对压力时他们所能依靠的社会支持系统，对这些社会支持系统的应用特点，探讨未来如何根据青年人的实际需要建立社会公共服务系统，有力地促进家庭建设。

婚姻心理的研究应该改变过去只关注婚姻中消极因素的研究视角，应该从积极心理学的视角出发，在中国社会文化背景下，探讨中国人婚姻心理中的积极方面，因为在现实生活中，我国大部分人的婚姻关系是稳定的，很多人的婚姻是幸福的。学术研究不能仅仅局限于对婚姻不幸群体的研究，也应该针对婚姻幸福的人群开展研究，采用心理学的研究技术和手段，分析人们在婚姻关系中采取的有效方法和行为，总结成功的婚姻经验，为我国的婚姻心理教育和婚姻心理辅导提供科学的资料。

本书从积极心理学立场出发，关注青年人婚姻生活中积极的、促进婚姻健康发展的因素和方法，围绕"婚姻承诺、婚姻关系保持策略、婚姻冲突应对、婚姻压力与社会支持系统"四个方面，详细调查了解青年人的婚姻心理。立足婚姻生活的实际，分析和了解青年人婚姻心理特点。了解青年人婚姻方面需要的支持和帮助，为家庭建设提供可靠的依据。通过调查了解发生冲突时夫妻应对方式的特点，当青年人的婚姻面临压力时他们所能获得的社会支持的资源，了解他们希望得到的帮助和支持，探索政府和社会有可能提供的支持。把握青年人的婚姻心理状态的现状，总结有效的经验和方法，及时发现问题，为积极开展婚姻心理教育和建立公共的社会支持系统提供参考。

"对家庭友好，积极建设家庭，是中国社会现代化尤其是政治现代化与习近平式治国理政模式的核心与精髓。"（刘继同，2018）我国政府正在全面建设现代家庭友好政策，构建支持家庭社会服务体系。政府不断出台积极的、建设性、支持和保护家庭的政策，对家庭进行引导和帮助。婚姻家庭心理服务体系是我国社会心理服务体系建设的重要组成部分，要充分发挥婚姻心理教育、婚姻心理咨询的作用，在缓解婚姻心理压力、调解婚姻冲突、促进婚姻关系、健康教养子女等方面为家庭和婚姻提供指导，减轻家庭压力和矛盾，促进家庭和谐发展，满足人们对幸福美好生活的追求和向往。

婚姻心理的研究可以更好地为家庭文化建设服务，所以应该着眼于社会现实，关注当前青年婚姻心理变化的特点，与时俱进，把握时代变化的脉搏，了解人们的实际需要，支持婚姻，维护家庭，为我国的社会心理服务体系建设提供科学的成果和理论支撑，引导和营造良好的社会婚姻家庭文化风尚。

第三章　当代青年的婚姻承诺

当代青年通过领取结婚证，获得法律承认，向政府承诺愿意遵守婚姻制度，获得政府和法律的保护，享受婚姻双方的权利和义务。再通过婚礼仪式向双方的亲朋好友公开他们的承诺，得到亲戚朋友及其他社会关系对婚姻关系的承认，夫妻接纳与共享双方的人脉资源和社交网络。夫妻按照社会常态的标准，扮演好婚姻中的角色，承担相应的责任和义务，生儿育女，敬老育幼，通过婚姻将生活持续进行下去。

美满的婚姻是由生活中的甜蜜感情，对婚姻坚贞、忠诚的承诺，以及不求回报的帮助和相互间的爱护等交织而成，其中承诺发挥着重要的作用。

特定社会的标准和规则、社会文化的期望、法律的实践等因素在婚姻中的体现构成了婚姻承诺，它是社会的产物，在夫妇进行公开的承诺之后，他们会获得的相应的社会支持，同时也接受社会的监督。迟丽萍（2014）从理论和实证研究的角度分析认为，基于婚姻承诺，已婚者在亲密关系、经济资源和社会资源等方面都表现出较强的优势，因为他们拥有经济、心理和社会支持等方面的资源，从而表现出较高的幸福感。可见婚姻承诺是维系婚姻关系的重要因素，在婚姻中通过行为表现，积极、及时地实现承诺，可以让婚姻关系一直保持良好的运行态势。

一 婚姻承诺及其理论模型

婚姻承诺是婚姻关系一个重要的保障因素，反映了婚姻关系积极的方面。大量的研究表明，婚姻承诺程度高的夫妻倾向于积极地相互适应婚后的生活，夫妻间的沟通更频繁，面对问题时会共同努力解决，他们对婚姻生活更满足，婚姻幸福感更强。那些婚姻状况良好、婚姻满意度高的夫妇，面对调查时认为承诺是他们婚姻成功的重要因素（Adams & Jones，1997；Rusbult & Arriaga，2001；Le & Agnew，2003）。

（一）婚姻承诺的内涵

婚姻承诺是夫妻双方对婚姻关系可以长期发展的信心和预期，使他们对未来关系的稳定性抱有坚定的信念（Surra、Hughes & Jacquet，1999）。Drigotas 和 Rusbult（1999）指出：承诺是在婚姻关系背后促进行为的一种动力，是保持长期婚姻关系的最基本动机，对承诺的研究可以使我们更好地理解夫妻双方在婚姻关系保持中的作用。Robinson 和 Bianton（1993）的研究表明，夫妻通常认为承诺是他们成功保持婚姻的秘诀。两个相爱的人步入婚姻的殿堂，打算共度一生，他们将两个人的生命放在一起，建构良好的夫妻关系就是他们的生活目标。

学者们普遍认为婚姻承诺是由不同的维度或成分组成的（Adams & Jones，1997；Johnson、Caughlin & Huston，1999；Rusbult，1999；Stanley & Markman，1992），婚姻承诺有很多个层面，不同的层面意味着夫妻分享资源的不同方式。婚姻承诺的内容之一是忠诚，忠诚意味着只与一个人发生性行为。婚姻承诺的另一个内容是资源共享，双方的经济公开、共同支配，愿意为婚姻的长期发展投资。情感支持是婚姻承诺的另一个不可或缺的方面，表现为夫妻一方有困难时另一方能无条件地支持，患难与共。婚姻承诺还表现为时间和精力的投入，愿意牺牲自身的利益而尽量满足对方的需求，愿意与对方繁殖后代并共同抚育孩子长大。婚姻承诺是夫妻双方在身体、财富、情感和遗传资源上向对方表明愿意向婚姻关系付出，愿意将婚姻关系保持下去。婚姻承诺既是一种誓言，也是一种行为，无论誓言还是行为，都是为了让夫妻双方明白他们的婚姻会一直持续。

婚姻承诺是指个体对自己婚姻关系延续的信心，是在感情上、心理上、行为上对自己婚姻关系的认同和投入，愿意承担婚姻所涉及的各项责任和义务（李涛，2006）。这个概念涵盖了以下四个方面：1. 感情是婚姻承诺的基础，婚姻关系能否持续保持下去，感情是核心因素。2. 在心理上必须建立夫妻认同感，从心理上承认夫妻是一个联合体，双方都愿意在婚姻中全身心地投入，共同建设婚姻生活。3. 行为付出，在婚姻生活中，愿意在行为上为婚姻生活付出甚至是做出牺牲，这种行为付出不是以等价交换为目的。4. 承担婚姻的责任和义务。在婚姻关系保持过程中，能担负起相应的责任和义务。

（二）婚姻承诺的结构模型

有关婚姻承诺的理论模型很多，其中影响比较大的有 Rusbult 的投资模型、Johnson 的承诺结构、Adams 和 Jones 的婚姻承诺结构。

1. Rusbult 的投资模型

Rusbult（1983）提出亲密关系中的“承诺”是由满意度（satisfaction）、替代性（alternatives）及投资量（investments）等因素组成。在亲密关系中，个体对关系的满意度较高、可利用的替代者质量较差、投入资源较多或较重要时，对亲密关系会做出承诺，会愿意保持这段亲密关系。用一个方程式可表示为：

满意度－替代性＋投资量＝承诺

“满意度”是指婚姻关系中的个体，会对自己在这段婚姻中的付出与回报做出衡量比较。在长期的婚姻生活中，彼此相互依赖，共同分享成功与挫折，如果个体对婚姻的过程和未来前景超出自己的心理预期，就会对婚姻关系感到满意，反之则满意度低。“替代性”指的是如果离婚，需要面对的“可能结果”的好坏判断。个体会对自己离婚与否进行主观知觉与客观评估。“可能结果”包括再婚的可能性、再婚可选择的对象与目前配偶的比较、单身状态等。“投资”是指个体在婚姻关系中，已经投入或形成的资源。婚姻中的投资如感情、金钱、部分人脉资源等都是无法回收的，会随着婚姻关系的结束一并消失。个体投资可分为两类：一类是直接投入的资源，如时间、感情、相互依赖，以及为配偶所做的牺牲等；另一类是间接投入的资源，如亲朋好友、共同的回忆，以及婚姻中的共同财产等。此外，在长期婚姻关系中所形成的夫妻认同感、生活习惯、共同的人生经历等，也是会随着婚姻关系结束即失去的资源。个体在婚姻中所投入的资源层面愈广、重要性愈高、数量愈多，则表示其投资量愈大。当个体在婚姻关系中的投资量愈大时，愈不会轻易离婚。

投资模型认为，当人感到婚姻幸福的时候，或者没有其他更好的选择，或者由于成本太高而不愿意离婚时，他们会愿意保持婚姻关系，他们的承诺水平就高，婚姻会稳定。婚姻承诺不是稳定不变的，随着时间的推移和环境的变化，一方或双方都不满意、受到他人的吸引和诱惑，会增加婚姻关系的压力、削弱配偶的投入，承诺水平就会降低。

有关婚姻研究的结果普遍支持承诺的投资模型（Rusbult，1999）。满意度、替代性、投资量等都可以表明一个人的承诺水平。投资模型所涉及的经济性评估可以很好地预测婚姻关系、夫妻双方对彼此的忠诚度（Brehm、Miller、Perlman & Campell，2002）。

2. Johnson 的承诺结构

Johnson（1991）提出，承诺可以分为三种不同类型：个人承诺（Personal Commitment），道义承诺（Moral Commitment）和结构承诺（Structural Commitment）。这三种承诺可以从承诺体验的两个维度来理解：（1）内在与外在；（2）自愿选择与被迫限制。基于这两个维度，个人承诺是一种内在的选择，源自个体的态度和自我概念。道义承诺是一种内在的限制，来自于自己的价值体系和对是非的意识。结构承诺是一种外在的限制，是个体对他们结束关系时环境强加给他们的投资的主观评价。具体来说：

个人承诺指想维持关系的意识，包括关系吸引、伴侣吸引、关系同一性。Johnson 认为，首先，夫妇双方希望婚姻关系的保持是源自爱情。第二，个人承诺是配偶的吸引作用，这两个成分不同，但是密切相关，有时虽然对双方的关系并不满意，但是个体对配偶的感情很强烈。最后，个人承诺包括夫妇身份认同，这是婚姻关系的一部分。

道义承诺是人们出于道德观念和标准认为应该保持关系。道义承诺包括三个成分：第一是义务，由人的价值观决定，是一种内在的、对待婚姻关系的看法。例如人们认为婚姻应该至死不渝。第二是个体对他人应负的道德责任，如“我娶了她，我就应该为她的幸福负责”，或者“我嫁给了他，就应该同甘共苦”。第三是出于总体价值观，个体认为对待婚姻关系应该慎重。

结构承诺包括四种成分：备选者、社会压力、结束过程、不可回收的投资。备选者指如果现有的婚姻关系结束，个体有没有可供备选的关系。社会压力是个体感知到的他人对自己离婚事情的看法。结束过程是办理离婚时所面临的困难。在离婚的时候要面对的法律程序，财产分割，其中一个人得离开已经习惯的生活环境、放弃子女的抚养权。不可回收的投资是指个体在婚姻关系中所花费的时间和其他资源，这些投资随着关系的终结都将无法回收。

Johnson 假设这三种类型的承诺和他们的组成成分会以复杂的方式结合在一起，决定行为计划的发展——维持、分开、修复关系（Johnson et al.，1999）。这三种承诺类型代表着三种截然不同的承诺体验，在计划维持关系或分开时有着不同的含义，也有着不同的人际、结构和个体来源。个人对三种类型的经验将产生维持或分开关系的动机，会形成维持关系行为的发展计划，会决定活动或行为在维持或分开关系中的执行。

3. Adams 和 Jones 的婚姻承诺结构

Adams 和 Jones（1997）认为承诺反映了配偶打算保持婚姻的程

度。他们在对许多承诺模型进行分析的基础上，提出承诺的三个维度：维度一是对配偶的爱和满意；维度二是认为婚姻是神圣的；维度三是出于避免因为离婚或分居而遭受经济和社会损失的愿望。他们认为承诺的多元结构可以有效解释婚姻关系和婚姻障碍。Adams 和 Jones 将以上三个维度分别命名为对配偶的承诺（commitment to spouse）、对关系的承诺（commitment to marriage）以及对限制的感觉（feeling of entrapment）。

维度一：对配偶的承诺。这个维度体现了对婚姻的满意和对婚姻的忠诚，是源自爱情、依恋以及奉献，与婚姻的满意度密切相关，是促进婚姻关系的重要力量，会把让配偶幸福当作自己的追求，具有高度的婚姻认同感。

维度二：对关系的承诺。认为婚姻是神圣的，一旦结婚就不能离婚，必须信守自己的婚姻誓言。在个体的价值观念上赞成和拥护婚姻制度。

维度三：对限制的感觉。因为受经济和外在社会压力的约束而保持婚姻，是一种限制的力量。许多对婚姻不满意的人之所以不离婚是因为他们不愿意面对离婚而带来的后果：家人和朋友的反对，财产的分割，子女的抚养，在婚姻关系中投入时间和感情，不确定自己是否还能找到新的配偶。对限制的感觉既有真实的考量，也有想象的成分。

Adams 和 Jones 的婚姻承诺结构和 Johnson 的承诺结构有相同之处。Adams 和 Jones 的婚姻承诺结构是通过对已有的研究进行综合分析，针对婚姻关系中的承诺而提出的，建立在严密的理论和实验的基础上，并且在不同群体中得到验证；Johnson 的承诺结构目前尚未看到实证研究的支持。

在目前有关婚姻承诺的研究中，Adams 和 Jones 编制的量表较为常用，本书的研究也将采用他们编制的婚姻承诺维度量表，对中国青年的婚姻承诺现状进行调查，了解青年人的婚姻承诺的特点，为青年婚姻研究提供参考。

二 婚姻承诺的相关研究

婚姻承诺是学者们在研究婚姻时的一个核心因素，任何一个婚姻的存续都证明婚姻承诺的存在，人们对婚姻承诺的原因可能很多，但普遍结果是：白头偕老。

（一）国外关于婚姻承诺的研究

婚姻承诺是婚姻关系中积极的方面，它是婚姻的一个重要的预见因素，Ferguson（1993）对婚姻状况良好的夫妇调查发现，这些夫妻认为婚姻承诺是他们婚姻成功的一个重要因素。Heaton 和 Albrecht（1991）的研究表明：赞成婚姻是一种终身承诺的夫妻，根本不会考虑离婚。

1. 婚姻承诺可以提高婚姻满意度

美国学者对 1980—2000 年美国婚姻质量的变化及其影响因素进行了研究，结果表明：如果个体赞成婚姻是终身承诺，他们就对婚姻关系更满意，并且较少会有离婚的意向（Amato et al.，2003）。婚姻承诺程度高的配偶倾向于更积极地相互适应（Rusbult & Verette，1991），更注重沟通，会更积极解决问题，他们对婚姻生活更满意。（Brewer，1993；Robinson & Blanton，1993）婚姻承诺能促进人们对婚姻关系的认识，注重婚姻承诺的人会表现出感知优势，有承诺的人会认为自己的关系比别人的关系质量更好（Buunk & van der Eijiden，1997；Van Lange & Rusbult，1995）。婚姻稳定让夫妻觉得自己的人生很成功，他们对婚姻有信心，愿意将婚姻长期保持下去，他们会更能忍受婚姻关系的高成本和低回报，会采取一种长期的适应态度来面对婚姻关系。

2. 婚姻承诺可以保持婚姻稳定

婚姻承诺可以促进婚姻关系的稳定和保持，夫妻双方会为婚姻而努力；承诺能有效地预测个体是否愿意继续保持婚姻关系（Impett、Beals&Peplau，2001；Rusbult et al.，1998）。高水平承诺的夫妻会有更多的爱的表达（Clements & Swensen，2000），婚姻问题较少（Scanzoni & Arnett，1987）。人们普遍认为承诺是婚姻稳定的首要原因（Lauer & Lauer，1987）。承诺不仅仅存在于个体的观念上，它还需要夫妻双方在婚姻生活中通过互相作用不断建构和发展。

3. 婚姻承诺表现为积极的行为

夫妻双方需要用行动和言语来表达自己对婚姻关系的承诺，需要让配偶觉知到他们的承诺水平。Martson（1998）通过对夫妻在日常生活中表达承诺方式的研究，总结出了六种承诺行为：支持、信任、忠诚、关心、言语表达和行为表达。Rusbult（1998）总结了以下五种承诺适应行为：（1）社会比较和感知关系优越；（2）冲突适应行为；（3）降低吸引力；（4）嫉妒；（5）乐于奉献。Daniel（2008）认为婚姻承诺行为包括支持、互动活动、表达忠诚、信任、情感言语表达和情感行为表达。

婚姻承诺可以促进宽容行为，承诺水平高的人会迁就配偶的行为，在婚姻中会包容对方，当配偶生气或发怒时，会安慰对方，会容忍对方具有破坏性的行为，而不是针锋相对、以怒制怒（Rusbult、Bissonnette、Arriage&Cox，1998）。在面对夫妻矛盾时，他们会尽量避免争吵和口角，迁就对方的坏脾气、自私、讽刺或嘲弄，会控制自己的情绪。这种宽容有利于婚姻的保持，也会促进夫妻之间的感情联结。

重视婚姻承诺的人表现出强烈的牺牲精神，为了婚姻会牺牲自我的利益，为对方做出牺牲（Van Lange，1997）。他们有时会牺牲自己的利益支持对方追求梦想，凡是有利于配偶和婚姻的事情都会心甘情愿地去做。Tang（2012）调查婚姻承诺水平对家务劳动的影响，结果发现：（1）自身道德承诺水平高的丈夫会做更多的日常家务劳动；（2）有较强的个人承诺的丈夫做的日常家务劳动较少，相应地，他们的妻子则做得更多。个体婚姻承诺的具体方面不同，对于做家务的态度也不同。

4. 婚姻承诺具有良好的婚姻修复功能

婚姻承诺具有较强的婚姻修复功能。韦特和罗德（Waite & Loud，2002）的研究发现，近62%虽然不幸福但一直保持着婚姻关系的夫妻，在之后的5年婚姻生活里变得幸福了起来。甚至那些最不幸福的夫妻中，有近80%不愿离婚的夫妻报告他们在之后5年变得幸福。这表明，婚姻承诺对婚姻不仅有维系作用，更有强烈的修复作用。

婚姻承诺反过来会促进承诺水平的提高。当一个人重视自己的婚姻，愿意承诺，他就会对自己的婚姻关系投入时间、金钱和精力，这些行为会提高婚姻的质量和婚姻满意度，这种良好的婚姻状态又进一步激励人们提高承诺的水平（Adams & Jones，1997）。承诺会使夫妻双方将自己和配偶看作是一个整体，是“我们”而不是“他”或“我”（Agnew、Van Lange、Rusbult&Langston，1997）。这种夫妻认同感会将彼此的目标和利益高度统一，将夫妻紧紧联系在一起，成为一个利益密切关联的整体，婚姻关系会顺利地保持下去。

Reza等人（2019）探讨了影响婚姻稳定的因素，他们发现承诺、性关系、沟通、孩子、爱情、依恋、关系的亲密性和冲突应对方式等因素对婚姻产生影响，其中婚姻承诺是婚姻的最根本的基础。

5. 婚姻承诺是一个动态的结构

婚姻承诺是一个动态结构，随着婚姻关系的发展变化而变化，当亲密度增加或减少时承诺也随之变化（Adams，1997）。婚姻承诺是社会的产物，它通过夫妻日常生活中每天的互动，受社会规则、文化的期望、价值标准、法律实践等影响，不断地构建和重构（Martin，2006）。

一方的承诺水平会影响到配偶的婚姻承诺水平，如果发现配偶存在一些有损婚姻承诺的行为，例如背叛、欺骗等，另一方的承诺便会戛然而止，随之而来的是对婚姻的失望和伤心。虽然现代婚姻中个人主义日益增长是一种广泛趋势，但这种趋势和个体的生长环境息息相关。青年人婚姻中产生的承诺水平较低的问题，在一定程度上与其生长环境有关，并对其后代的婚姻和家庭观念也有很大的影响。

当婚姻面临经济压力时，夫妻的婚姻承诺水平反而提高，同心协力，共渡难关。Dew 等调查了在 2007—2009 年美国经济衰退时，经济压力对婚姻承诺的影响，发现夫妻在经济衰退期间感受到的经济压力越大，他们婚姻承诺水平越高（Dew、LeBaron&Allsop，2018）。

（二）国内有关婚姻承诺的研究

中国传统的婚姻是将婚姻承诺放在首位，一旦结婚就是要相守一辈子，除非死亡将夫妻二人分离，否则他们就永远被婚姻的红线捆绑在一起。从人们对离婚者极度蔑视的态度中也可以反射出大众对婚姻承诺的坚守。

“中国人传统的婚姻模式在大约九百年前形成的宋明理学的影响下最终形成，到了元明清时期，成为一种相对稳定的模式。宋明理学在婚姻上最著名的论断是‘饿死事小，失节事大’。在这样的思想禁锢之下，《周易·象传》中的‘永终’思想最终得以建立，而‘从一而终’、‘终身相许’、‘相依为命’、‘白头偕老’及‘百年好合’也成为中国人美满婚姻的最高理想。”（翟学伟，2017）在这种极度强调婚姻承诺的婚姻模式影响下，中国人的婚姻一直处于一种高度稳定的状态。

随着我国经济的高速发展，人们的生活水平有了极大的提高，对婚姻质量有了更高层次的追求，不再满足婚姻的表面形式，开始重视婚姻的内容，重视夫妻之间有没有爱情，审视婚姻是否能满足自己的感情需要，一旦发现婚姻没有满足自己的期望，会果断选择追求自己的幸福，其结果是中国的离婚率不断攀升。汪幼枫和陈舒（2017）认为在全球化和现代化的背景下，传统的婚姻家庭发生了重大的变化，“使现代人无法通过家庭建立对他人和环境的心理支持，从而影响下一代的成长，诱发了具有实际危害性的不满文化”。他们认为要解决由此带来的问题，就要倡导婚姻承诺、复兴中华民族传统的婚姻家庭文化，提供心理健康和受教育机会等非经济支持，建立积极的现代婚姻家庭观念。

面对逐年上升的离婚大潮，学者们开始研究婚姻，发现中国传统的缘分婚姻也逐渐在向爱情婚姻靠拢，许多外在的形式已经在现代化思潮的影响下被破除，但是核心部分却悄然而顽强地存在着，让人们在体会到爱情欢乐的时，依然有框架上的稳定性做保障。这个婚姻的核心就是婚姻承诺。因此学者们在对婚姻研究中，开始重视婚姻承诺的研究，探查婚姻承诺在提升婚姻质量、解决婚姻冲突、调节婚姻压力等方面的作用，目前学界的研究主要有以下几个方面。

1. 婚姻承诺的作用

我国学者主要研究了婚姻承诺在婚姻中的调节作用、中介作用和预测作用。

侯娟和方晓义等（2015）探讨了婚姻承诺和夫妻支持在婚姻压力对婚姻质量影响中的调节作用。他们选取了389对夫妻，通过调查问卷的形式，对婚姻压力和婚姻质量、婚姻承诺和夫妻支持的现状进行了调查。结果发现：丈夫和妻子的婚姻承诺越高，感知到的婚姻质量越高。丈夫的婚姻承诺、婚姻质量以及提供信息支持的水平显著高于妻子；婚姻承诺和夫妻支持的调节作用只在妻子的婚姻压力对自身婚姻质量的预测中有效。他们还对同一样本进行了婚姻承诺、牺牲行为和婚姻质量的调查，探讨婚姻承诺、牺牲行为与婚姻质量的关系，以及牺牲在婚姻承诺和婚姻质量间的作用。结果发现：夫妻的婚姻承诺对自身牺牲频率和婚姻质量有显著的预测作用，妻子的婚姻承诺对丈夫的婚姻质量也有显著预测作用。丈夫的牺牲频率在丈夫婚姻承诺对自身婚姻质量的影响中起着完全中介作用，同时也能显著预测妻子所感知到的婚姻质量，这说明丈夫的牺牲行为对婚姻关系有非常重要的作用。他们的研究结果证实了婚姻承诺对婚姻质量会产生较大的影响，夫妻之间强有力的支持，可以缓解婚姻压力，促进双方的牺牲行为。婚姻承诺能影响婚姻质量和夫妻牺牲行为，高水平的婚姻承诺使人们对婚姻有信心，愿意做出相应的牺牲行为以达到长期的回报。

钟梦宇等（2016）对婚姻承诺在新婚夫妻婚姻质量对婚姻稳定性的影响中所起的中介作用进行了问卷调查，结果表明：新婚阶段，对配偶的承诺在婚姻中起着保护性作用；丈夫的婚姻承诺和婚姻稳定性显著高于妻子。

张会平（2013）检验了婚姻承诺在女性家庭经济贡献与婚姻冲突之间的调节作用，他采用问卷调查的方法对763位北京已婚女性进行调查，结果证实婚姻承诺对相对高收入女性的婚姻冲突具有调节作用，即女性的收入高于丈夫，由于受传统文化的影响，婚姻关系面临诸多挑战时，如果他们愿意忠诚于现有的婚姻关系，在婚姻承诺的作用下，与丈夫之间的婚姻冲突会降低。这一结论有利于调节女性占经济主导地位家庭的冲突。

李涛（2010）为探讨自尊、信任与婚姻承诺的关系进行了问卷调查，结果发现自尊和信任是婚姻承诺的重要预测因素。对配偶的承诺和对婚姻的承诺与自尊显著正相关，对限制的感觉和自尊显著负相关，没有性别差异；婚姻承诺的三个维度与信任的三个方面存在相关，性别差异显著。徐晨质（2012）的调查发现，婚姻承诺、承诺行为、婚姻满意度间显著相关。婚姻承诺中对配偶的承诺维度能预测婚姻满意度。

李芳萍（2008）对归因方式、应付方式对婚姻承诺的影响进行的调查研究。发现婚姻归因方式还通过影响应付方式间接地影响婚姻承诺，采用成熟型应付方式解决问题的夫妻在对配偶的承诺、对关系的承诺方面均较强。该结果为婚姻心理咨询提供了一种思路，根据来访者的具体特点对其进行归因方式和应对方式的训练，通过转变归因方式影响应对方式，有效解决婚姻问题，更好地维护婚姻关系。

张姝婧（2012）通过问卷调查，发现信任与婚姻承诺总分、对配偶的承诺和对婚姻的承诺维度存在显著正相关。她对已婚人士的婚姻幸福感调查研究结果还发现，婚姻承诺在信任和婚姻幸福感间起着中介作用。尤其是婚姻承诺中对配偶的承诺维度和对关系的承诺维度在信任和已婚人士婚姻幸福感间起中介作用。夫妻之间因为对彼此的信任，所以才会放心地许下承诺，愿意一起履行各自的权利与义务，共同努力营造幸福的家庭，幸福的家庭生活让夫妻产生强烈的婚姻幸福感。反过来，婚姻幸福的夫妻，信守自己的婚姻承诺，也会信任对方。

2. 婚姻承诺与承诺行为的构成

针对中国人婚姻承诺的特点以及承诺行为的构成，也取得了一些成果。

罗小峰（2020）对农民工婚姻承诺的类型、内涵及其特点进行了探讨，发现婚姻承诺是农民工婚姻稳定性重要支撑力量。由于文化、制度和结构因素的影响，农民工婚姻的维持主要依赖于婚姻承诺中的结构性承诺和道德承诺为主，个人承诺的主要成分是亲情式爱情。他认为，"亲情式爱情是夫妻在长期共同生活过程中形成的相互信任、相互理解的情感，一种命运与共并对婚姻和家庭共同负责的责任感"。这种亲情式爱情是在我国文化背景下产生的独特的模式，这种情感较为深沉、较为持久，建立在亲情基础上的婚姻会很稳定。他在用西方的婚姻承诺理论分析城市居民的婚姻关系时，发现城市居民的婚姻承诺中的结构性约束要弱很多。罗小峰提出，在进行婚姻承诺的分析时，要考虑文化因素、制度因素和结构因素的影响，在不同的文化背景、关系结构和制度下，其内涵会有所不同。

徐晨质（2012）提出承诺行为由忠诚信任、行为表达、言语表达和支持关心对方四个维度构成，并且编制了承诺行为问卷。他的调查结果表明：我国已婚人士的承诺行为总体水平为中等；承诺行为由低到高依次为言语表达、行为表达、支持关心和忠诚信任；婚姻承诺中的对配偶的承诺维度能够有效预测承诺行为中的忠诚信任、言语表达和支持关心对方等行为；承诺行为中的忠诚信任因子在对配偶的承诺和婚姻满意度之间起部分的中介作用。

3. 婚姻承诺的特点

在对婚姻承诺进行的调查中，学者们得到的结果不一，下面将分别描述。

李涛（2006）对婚姻承诺进行的调查结果显示，性别、文化程度、家庭收入是影响婚姻承诺的重要因素，但是婚姻承诺不受年龄、结婚年限、子女等因素的影响。李芳萍（2008）的调查结果是婚姻承诺的三个维度分别在性别、年龄、婚龄、初婚年龄、家庭月收入等方面存在显著差异。徐晨质（2012）的调查结果表明，受教育水平对婚姻承诺三个维度的影响都很显著，年龄因素在对限制的感觉维度影响显著；结婚年限、职业在对配偶的承诺维度影响显著；子女因素在对配偶的承诺、对限制的感觉维度差异显著。

罗鹏峰（2014）在“80 后”青年婚姻现状的研究中，对“80 后”青年人婚姻压力、婚姻承诺以及婚姻满意进行了调查。发现“80 后”的婚姻承诺中对配偶承诺、对关系承诺两个维度都受文化水平和家庭收入的显著影响，但不受性别、结婚年限等因素的影响。婚姻承诺对婚姻压力有一定的支持作用，婚姻压力对婚姻承诺和婚姻满意度有一定的影响。

侯娟和方晓义（2015）的调查发现，丈夫在婚姻承诺总分和对关系承诺、对配偶承诺和对限制的感觉三个维度上均显著高于妻子，这表明丈夫在更多做出对妻子和婚姻关系的承诺的同时，也更多地感受到了婚姻的限制性力量。

总的来说，性别和文化水平、子女因素对婚姻承诺会产生一定的影响，其他方面的影响结果因为调查对象的不同和取样的数量，有一些差别。

此外，李叔君、严志兰（2012）从婚姻承诺与契约理论入手，结合当前新婚姻法的社会影响，探讨了由于法律的调整所引致的婚姻行为与婚姻关系的变化，分析了婚姻法的新调整对性别角色建构所带来的影响。具体分析了由于婚姻承诺与契约失灵，将引发女性普遍性的焦虑情绪，从而对婚姻关系产生一定的冲击。她们提出必须从完善立法、加强性别角色社会化、重建婚姻道德机制等方面增强婚姻承诺与契约的有效性，以重建合情合理的婚姻关系。

从国内对婚姻承诺的研究成果来看，在这方面进行的研究较少，尤其是对现阶段社会转型过程中的婚姻承诺内容的变化和特点研究的较少。在社会转型中，在中国文化背景下，从缘分婚姻中的高度承诺，到现在打着爱情婚姻旗号但是内核依旧是缘分婚姻的新瓶装老酒式的婚姻形式，婚姻承诺发生了什么样的变化？有什么样的特点？这些都是未来需要探讨的方面。为了解当今青年的婚姻承诺水平和承诺的特点，本书对青年的婚姻承诺进行了问卷调查。

三　研究对象与方法

（一）研究对象

通过招募大学生，以假期社会调查的形式，采用方便取样的方式，对自我评价婚姻状态良好、年龄在 40 岁及以下的已婚青年进行调查。共发出 10000 份问卷，收回 7834 张问卷，其中符合调查要求的有效问卷 6774 份。被调查人来自全国 30 个省市自治区，其中男性 3196 人，占比 47. 20%；女性 3578 份，占比 52. 83%。具体情况如下表：

表 3 – 1　研究对象的人口统计学信息

人口统计学变量	水平	人数	百分比（%）
性别	男	3196	47. 2
	女	3578	52. 8
子女	无子女	802	11. 8
	1—2 个子女	5700	84. 2
	2 个以上子女	272	4. 0
年龄	30 岁以下	2372	35. 0
	30—40 岁	4402	65. 0

续表

人口统计学变量	水平	人数	百分比（%）
结婚年限	5 年以上	2758	40.7
	5 年以下	4016	59.3
文化程度	高中或以下	2585	38.2
	大专	1847	27.3
	本科或以上	2342	34.5
个人年收入	3 万元以下	1077	15.9
	3 万—5 万元	1974	29.1
	5 万—10 万元	2282	33.7
	10 万元以上	1441	21.3

（二）研究工具

采用 Adams 和 Jones（1997）编制的“承诺的维度量表”（The Dimension of Commitment Inventory，DCI）。将婚姻承诺分为三个维度：对配偶的承诺、对关系的承诺和对限制的感觉。该量表共 45 道题目，每个维度 15 道题，采用 5 点记分法，从“极不同意”记 1 分到“极同意”记 5 分，其中反向记分有 14 道题。问卷的三个维度的 α 系数分别为 0.91、0.89、0.86。

（三）数据处理

研究采用 SPSS18.0 软件进行数据录入和统计分析。

四　调查结果与分析

按照心理测量的技术手段，我们对调查结果进行了统计分析，得出了一些很有价值的结论。

（一）婚姻承诺的总体分析

表 3－2　　婚姻承诺的总体比较

承诺类型	n	M	SD	t 值
婚姻承诺总分	6774	145.73	15.45	
男性婚姻承诺总分	3196	146.71	15.56	4.956***
女性婚姻承诺总分	3578	144.85	15.23	

注：*表示 $p<0.05$，**表示 $p<0.01$，***表示 $p<0.001$，下同，不再赘述。

从表 3－2 中可以得到如下结果：

1. 婚姻承诺的总体得分处于中等偏上水平，这表明青年人的婚姻承诺水平比较高。

2. 男性的婚姻承诺总体水平要显著高于女性。

男性的婚姻承诺水平高于女性，这个结果与侯娟、方晓义（2015）年的研究结果是一致的，反映了男性对婚姻的重视。这是提高婚姻质量、促进家庭文化建设的良好基础。

我们很欣慰地看到青年人的婚姻承诺水平较高，并不是像社会上流传的那样“青年人对婚姻失去信心，他们对婚姻不负责任”，大部分青年人还是恪守中国人对婚姻承诺重视的态度，他们希望夫妻能够白头偕老。

（二）青年人的婚姻承诺的特点

进一步对于青年人在各个具体题目的选项进行统计，结果见下表：

表3－3　　青年人婚姻承诺的选项的百分比（%）

题目	极不符合	不太符合	不确定	比较符合	非常符合
我尽力让我的婚姻关系美满	5.4	10.0	14.7	27.0	42.8
我完全忠于我的配偶	5.6	8.9	19.6	32.3	33.7
我相信婚姻是神圣的	4.2	11.0	22.6	32.1	30.0
婚姻是一生一世的事	5.1	9.6	18.9	29.5	36.8
我希望和配偶白头偕老	4.7	9.7	21.7	28.6	35.3
当我和配偶发誓“白头偕老”时，我们知道这意味着一辈子	8.1	12.5	21.4	29.3	28.7
无论发生什么事，我的配偶知道我会一直陪在他（她）的身边	4.1	10.6	22.2	29.8	33.2
我深信夫妻应该彼此忠于对方，无论顺境还是逆境	4.2	11.0	21.0	34.0	29.8
我想离开配偶，但是无法独自生活	24.1	19.9	22.6	18.0	15.4
我不能忍受离婚的痛苦	8.7	18.7	31.5	26.0	15.1

从表3－3中我们可以得出如下结论：

1. 绝大多数的青年人愿意努力使自己的婚姻关系美满幸福。

在对“我尽力让我的婚姻关系美满”一题的回答中，选择“非常符合”的占比42.8%，选择“比较符合”的占比为27.0%。数据表明，69.8%的青年人对于自己的婚姻关系是肯定的，愿意为促进和保持自己的婚姻关系而付出，希望通过自己的努力使婚姻美满幸福。

2. 大部分的青年人认为婚姻是神圣的，对自己的配偶完全忠诚。

对于“我完全忠于我的配偶”一题的回答中，选择“非常符合”的占比33.7%，选择“比较符合”的占比为32.3%。即66%的青年人完全忠于自己的配偶。另外约20%的人不确定，看来青年人也并不像某些人观念中的那样“滥情、滥性”，他们绝大部分人是对配偶忠诚的，是在踏踏实实地过日子。

在对“我相信婚姻是神圣的”一题的回答中，选择“非常符合”的占比 30.0%，选择“比较符合”的占比为 32.1%。这表明 62.1% 的人认为婚姻是神圣的，应该尊重婚姻、认真对待。

3. 青年人对婚姻的美好愿望依然是“白头偕老”。

在对“婚姻是一生一世的事”一题的回答中，选择“非常符合”的占比 36.8%，选择“比较符合”的占比为 29.5%。这表明 66.3% 的人认为选择了和对方结婚，就应该追求天长地久、一生一世在一起。

在对“我希望和配偶白头偕老”一题的回答中，选择“非常符合”的占比 35.3%，选择“比较符合”的占比为 28.6%。这表明 63.9% 的人希望能和自己配偶白头偕老。

在对“当我和配偶发誓‘白头偕老’时，我们知道这意味着一辈子”一题的回答中，选择“非常符合”的占比 28.7%，选择“比较符合”的占比为 29.3%。这表明 58% 的人很清楚他们在做出婚姻承诺时是认真的，愿意和对方在一起生活直到生命的尽头。

4. “不抛弃，不放弃”，青年人夫妻间相互信任度很高。

在对“无论发生什么事，我的配偶知道我会一直陪在他（她）的身边”一题的回答中，选择“非常符合”的占比 33.2%，选择“比较符合”的占比为 29.8%。这表明 63% 的人彼此信任的程度较高，他们拥有一起面对困难和问题的决心，并且十分清楚对方的做法和选择，这对于他们的婚姻生活的促进作用非常大。

在对“我深信夫妻应该彼此忠于对方，无论顺境还是逆境”一题的回答中，选择“非常符合”的占比 29.8%，选择“比较符合”的占比为 34.0%。这表明 63.8% 的人赞同夫妻之间应该彼此忠诚的观点，他们愿意一起携手面对生活的各种境况。

5. 个体的独立性在婚姻中的作用凸显。

在对“我想离开配偶，但是无法独自生活”一题的回答中，选择

“极不符合”的占比 24.1%，选择“不太符合”的占比为 19.9%。这表明 44% 的人认为自己即使离开自己的配偶，也可以独立生活。这种独立性与女性的社会地位提高有关，女性可以不用依附丈夫独自生活；也与现在的社会生活条件的提高有关，男性在脱离了妻子的生活照顾后，社会提供了完善的服务，通过购买这些服务，男性也可以独自生活。

6. 离婚依然被认为是一件痛苦的事情。

在对“我不能忍受离婚的痛苦”一题的回答中，选择“非常符合”的占比 15.1%，选择“比较符合”的占比为 26.0%，即有 41.1% 的人认为自己无法忍受离婚的痛苦；同时有 31.5% 人不确定自己的态度，但是如果生活中真的面临离婚的问题，假设只有一半的人难以忍受，那么不愿意承受离婚之苦的人会高达 56.8%。这和前面希望和自己的配偶“白头偕老”的选择是一致的。

（三）婚姻承诺的性别差异比较

表 3－4　　婚姻承诺的性别差异比较

承诺类型	性别	n	M	SD	t 值
对配偶的承诺	男	3196	3.3840	0.54850	1.781
	女	3578	3.3606	0.53316	
对关系的承诺	男	3196	3.2460	0.40995	3.717***
	女	3578	3.2093	0.40052	
对限制的感受	男	3196	3.1513	0.59362	4.336***
	女	3578	3.0873	0.61985	

在对婚姻的承诺维度上，男性和女性的差异显著，男性对关系的承诺显著高于女性，这表明男性对婚姻的信念坚定，认为结婚是一辈子的事情，不会轻易离婚，愿意保持婚姻，会对婚姻负责。在对限制

的感受维度上，男女差异显著，男性对限制的感受显著高于女性，这表明在男性的婚姻承诺中，受经济和外在社会压力的约束等限制性因素影响的较多。在对配偶的承诺维度上，男性和女性没有差异，双方对感情的承诺程度基本相同，这说明男女对婚姻的认同感较为一致，都是出于感情，希望能在婚姻中顺利地携手走下去。

（四）婚姻承诺的年龄差异分析

在承诺的三个因子上，年龄因素方面没有显著性差异，这表明青年人的婚姻承诺受年龄因素的影响较小。

表 3－5　**婚姻承诺的年龄差异比较**

承诺类型	年龄	*n*	*M*	*SD*	*t* 值
对配偶的承诺	30 岁以下	2372	3. 3698	0. 54811	－0. 203
	30—40 岁	4402	3. 3726	0. 53647	
对关系的承诺	30 岁以下	2372	3. 2272	0. 41414	0. 082
	30—40 岁	4402	3. 2263	0. 40062	
对限制的感受	30 岁以下	2372	3. 1092	0. 61276	－0. 826
	30—40 岁	4402	3. 1220	0. 60608	

（五）婚姻承诺的结婚年限差异分析

结婚年限在对配偶的承诺维度上差异极其显著，结婚在 5 年以下的被试的均值大于结婚年限在 5 年以上的人，说明结婚时间较短的人的婚姻承诺更多是出于对配偶的感情，随着时间的推移，结婚时间越长，对配偶的感情会越趋于平静。在对限制的感受的维度上，结婚年限在 5 年以下的被试的均值小于结婚年限在 5 年以上被试的均值，二者差异显著说明结婚时间越长，受子女、经济、社会关系等因素的影响越多，个人的被限制感觉越强。

表 3-6　　婚姻承诺的结婚年限差异比较

承诺类型	结婚年限	*N*	*M*	*SD*	*t* 值
对配偶的承诺	5 年以下	2758	3.3997	0.55439	3.517***
	5 年以上	4016	3.3523	0.53002	
对关系的承诺	5 年以下	2758	3.2376	0.40835	1.853
	5 年以上	4016	3.2190	0.40320	
对限制的感受	5 年以下	2758	3.0988	0.63527	-2.064*
	5 年以上	4016	3.1303	0.58900	

（六）婚姻承诺的子女数差异分析

子女因素在对配偶的承诺维度上影响显著。在被调查的青年人中，无子女和多子女的人数量相对较少，大部分青年人有 1—2 个孩子。无子女的人对配偶的承诺水平显著高于有子女的人，随着子女数量的增加，对配偶的承诺水平在持续下降。看来孩子会分散夫妻的注意力。有了孩子之后，当夫妻将自己的关注重心放在孩子身上后，原来夫妻之间的感情会受到一定的影响。

表 3-7　　婚姻承诺的子女数差异比较

承诺类型	子女数	*n*	*M*	*SD*	*F* 值
对配偶的承诺	无子女	802	3.4422	0.55874	12.066***
	1—2 个子女	5700	3.3666	0.53853	
	3 个及以上	272	3.2686	0.50473	
对关系的承诺	无子女	802	3.2606	0.40636	4.406*
	1—2 个子女	5700	3.2238	0.40373	
	3 个及以上	272	3.1848	0.43110	
对限制的感受	无子女	802	3.1172	0.65165	1.509
	1—2 个子女	5700	3.1146	0.60525	
	3 个及以上	272	3.1801	0.53702	

在对关系的承诺维度上，无子女的人的承诺水平显著高于有子女的人。在对限制的感受维度上，不受子女因素的影响，这表明孩子并没有像人们认为的那样“成为父母纽带，将夫妻拴在一起”，即使对婚姻不满意，夫妻也会为了孩子而继续维持婚姻。有没有孩子，对于青年人婚姻的限制性感受影响不大。

（七）婚姻承诺的教育程度差异分析

对配偶的承诺、对关系的承诺和对限制的感受三个维度在受教育水平上存在显著差异。对配偶的承诺、对关系的承诺两个维度都表现为随着教育程度的升高而增加，对限制的感受维度刚好相反，随着教育程度的升高而显著下降。这说明受教育程度对婚姻承诺的各个方面影响非常明显。受教育水平在本科及以上水平的人，对配偶的忠诚和爱恋较高，赞成并且能维护婚姻。

表 3-8　　**婚姻承诺的教育程度差异比较**

承诺类型	教育程度	*n*	*M*	*SD*	*F* 值
对配偶的承诺	高中及以下	2585	3.3057	0.51610	55.413***
	大专	1847	3.3479	0.52518	
	本科及以上	2342	3.4631	0.56589	
对关系的承诺	高中及以下	2585	3.1989	0.40358	11.037***
	大专	1847	3.2324	0.39799	
	本科及以上	2342	3.2525	0.41134	
对限制的感受	高中及以下	2585	3.1521	0.55646	18.644***
	大专	1847	3.1476	0.58768	
	本科及以上	2342	3.0556	0.67154	

（八）婚姻承诺的收入水平差异分析

表 3-9 的数据结果表明：收入水平的高低在对关系的承诺维度上存在显著性差异。随着收入水平的递增，对关系的承诺维度显著提

高，不过数据显示，收入达到一定程度之后（5 万—10 万元）承诺水平就比较稳定，不会一直提高。在限制的感受这一维度上，收入水平的提高有较为显著的差异，收入越高，限制性的感受越强。

表 3 - 9　　**婚姻承诺的年收入水平差异比较**

承诺类型	年收入水平	n	M	SD	F 值
对配偶的承诺	3 万元以下	1077	3.3667	0.54516	0.639
	3 万—5 万元	1974	3.3597	0.53985	
	5 万—10 万元	2282	3.3817	0.55178	
	10 万元以上	1441	3.3756	0.51983	
对关系的承诺	3 万元以下	1077	3.2006	0.41151	4.029**
	3 万—5 万元	1974	3.2160	0.41853	
	5 万—10 万元	2282	3.2479	0.41110	
	10 万元以上	1441	3.2269	0.37054	
对限制的感受	3 万元以下	1077	3.0878	0.60515	2.852*
	3 万—5 万元	1974	3.1014	0.60200	
	5 万—10 万元	2282	3.1245	0.61423	
	10 万元以上	1441	3.1507	0.60914	

五　青年人婚姻承诺的特点

婚姻作为一种社会制度，目的是保护生殖、养育子女、组织和协调家庭内劳动力。国家和社会通过法律以保护婚姻，明确规定了婚姻双方的权利和义务，通过设立社会常态的标准，界定婚姻中被家庭、朋友、社区保护的行为。闫玉（2008）认为婚姻的本质首先是男女两性基于生理和心理发展的需要，性是婚姻中的基础性因素；其次，只有在特定的风俗、伦理、法律规定之下建立起来的两性关系才是婚姻关系；最后，婚姻的形式和制度进化，是生产力的发展水平、政治体制、社会文化、生活水平的体现。因此，对于婚姻的研究，不能仅仅从两性的生物性角度考量，也必须从伦理道德、风俗习惯、法律法规方面探讨，必须结合特定的社会结构和社会条件进行分析，既考虑婚姻的生物属性，也要兼顾其社会属性。

婚姻承诺就是婚姻社会属性的反映，婚礼就是对忠诚的公共承诺形式，结婚证是婚姻的法律保障形式。婚姻强化了双方的承诺和相互付出。步入婚姻后，要坚持性、情感、责任三者的有机统一。婚姻承诺是夫妻双方进入婚姻状态时自然产生的。婚姻承诺是一种对婚姻的保护，社会保护和支持婚姻中的优良行为，制裁违反婚姻道德规范的行为，强调充分享有婚姻自由的同时，也要承担婚姻责任。人作为一种社会性的存在，其个体自由只有依靠社会和他人才能获得自由发展的条件和手段，根本不存在脱离社会、群体和他人的个体自由。婚姻中的自由是一种在保护家庭和保护婚姻前提下适度的个人自由，不是放任自流不受约束的个人自由。

罗伯特·斯腾伯格（1986）提出了著名的爱情三元理论，认为爱情包括亲密、激情、承诺三种要素。亲密是指那些能促进双方亲近、志同道合和不分彼此的情感。激情意味着处于一种强烈地渴望与对方结合的状态，指对对方的性欲望，性需要是引起这种激情体验的主导形式。承诺是指一个人做出了爱另外一个人的决定，以及能维持这一爱情关系的保证、投入、忠心、义务感或责任心。

斯腾伯格认为亲密是感情性的，激情是动机性的，承诺是认知性的。按照斯腾伯格的理论，人们在结婚后浪漫的爱情开始减少，激情逐渐平息，丈夫和妻子们不再以同等恋爱时的热情为对方做任何事情，也不会像恋爱中那样甜言蜜语、温柔体贴对方。当激情不在的时候，不是说爱情已经消失，而是以另一种形式存在——以亲密和承诺的方式存在于婚姻中。幸福而持久的婚姻是一种伙伴式的爱。爱情的三元理论认为这种爱不是基于激情，但是更为稳定。这种亲密和承诺结合的爱是对一个值得喜爱的伴侣的适意的、充满感情的、信赖的爱，它是以深度友谊为基础，涉及相伴的关系、享受共同的活动、相互的兴趣及分享欢笑，它是夫妻浪漫爱情的升级版。

从调查结果中我们可以看到中国青年人的婚姻承诺具有以下的特征。

（一）当代青年人的婚姻承诺总体水平较高，男性的婚姻承诺水平高于女性

总体上看，当代青年人的婚姻仍然延续了我国重视婚姻的传统观念，愿意承担婚姻的责任和义务的传统。

调查发现，虽然处于社会转型的时期，青年人的婚姻观念和婚姻心理发生了巨大的变化，但是并不像现实中的一些人所批评的那样：视婚姻为儿戏，“不求天长地久，只求曾经拥有”，闪婚、闪离，对于婚姻没有承诺，只是将婚姻看作是一种松散的、随性的合作，而不是长期的、牢固的结合。相反，大多数青年人珍视自己的婚姻，愿意为自己的家庭打拼，希望家人过上幸福的生活。这与龙书芹（2015）对当代中国的家庭婚姻伦理的调查结果是一致的，该调查发现，“已婚者仍然是坚定地‘从实体出发’的伦理方式的践行者，在对‘家庭伦理关系或血缘关系对个人生活具有最根本性意义’的认同方面显著优于其他婚姻状况的人，已婚者的这种家庭婚姻伦理观是家庭稳定的重要保障”。

当代青年人很认真地对待自己的婚姻、自己的人生，他们的婚姻承诺水平较高，忠诚于自己的婚姻，为婚姻付出时间和精力，努力工作，同心同德，不离不弃，抚养儿女，赡养老人，建设家庭。王集权、黄明理、罗高峰（2008）的调查也显示，25.5%的人认为婚姻维持的基础是爱情，37.3的人认为是道德责任，11.8%的人认为是经济利益，5.9%的人认为是生理需要，有19.5%的人认为说不清楚。从这个调查结果中，可以看到爱情和道德责任是被人们普遍接受的维持婚姻的两大支柱。这两个因素也是婚姻承诺的重要组成部分，这也证明青年人对婚姻的承诺。婚姻不同于恋爱，恋爱中是爱情至上，涉及的道德责任相对较少，进入婚姻之后，因为涉及子女的抚养、老人的赡养、夫妻的关系、家庭的和睦等等方面，道德责任的地位就凸显出来，在许多情况下，道德义务成为必须承担的责任。但是，婚姻中没有爱情也是难以为继的，爱情与道德责任的结合才是婚姻的坚实基础。

我国传统文化中对婚姻的责任强调得很多，在今天这一点仍然被青年人认同和接受。“九成以上的‘80后、90后’意识到婚姻的责任感，其中，女性的责任感略高于男性。同时，责任意识受到青年受教育程度的影响，受教育程度越高，责任意识相对较高。”（冯春苗，2018）本书的研究结果也证实了这一点。

婚姻承诺既是人们对自己婚姻的态度，也是对婚姻的信心。对配偶承诺度高的人，对婚姻感到满足，夫妻心理上彼此依恋，对配偶体贴殷勤，有长远的眼光，会快乐地共同设计未来的生活。承诺总是与正面品质相联系的，如分享、支持、诚实、忠贞和信任（Hampel & Vsngelisti，2008）。婚姻承诺程度较高的人，常常做出牺牲，顺应配偶，为对方、为家庭做一些事情，促进婚姻关系和家庭关系的和谐。学者金一虹（1994）对此做过精彩的描述：“较高的婚姻承诺感会促使双方努力去沟通、调适，因而带来较大的心理满足；而婚姻的收益无疑会使夫妇双方更积极地评价他们的婚姻关系，有更强的承诺并促使他们做更大的感情投资，同时他们也会得到更丰厚的回报。显然这是一种良性循环。”

高水平的婚姻承诺意味着对婚姻形成了持久而稳定的预期，愿意对婚姻进行长期投资，这种投资既有情感方面的也有物质方面的，情感方面的投资如关心体贴配偶、生儿育女、协调亲朋关系等，物质方面的投资如买房、添置各种财产。夫妻会努力让自己的家庭婚姻生活质量不断提高。

在纷繁复杂的社会中，大部分人的婚姻生活都是平平淡淡的，虽然有各种社会现象的存在，但是青年人依旧相信婚姻，依旧愿意和自己的爱人天长地久地生活在一起，他们会运用各种各样的行为和认知策略，维持和促进婚姻关系，努力地呵护自己的婚姻。

调查结果表明，丈夫的婚姻承诺总体水平要显著高于妻子。这个结果与目前其他有关承诺的研究结果一致。钟梦宇等（2016）对结婚三年内的青年夫妻进行调查发现，丈夫在婚姻承诺的三个维度上得分均显著高于妻子。侯娟和方晓义（2015）的对北京的夫妻的调查结果也发现男性的婚姻承诺水平比女性高，男性更支持和赞成婚姻制度，更愿意结婚。智联招聘发布的《2018 年职场人婚恋观调研报告》显示，76% 的男性认为婚姻是必需品，女性只有 49%。在不同的社会文化背景下，都发现了婚姻承诺存在性别不对称性，即女性比男性承诺水平更低。（Fincham，2007）在婚姻中，丈夫更愿意保持婚姻关系，妻子则更可能离开婚姻。（Netting，1969）一般认为，丈夫的承诺水平高于妻子，或许是因为男性通常只对他认可的亲密伴侣进行高强度的情感投入，而女性会分散给多个自己认可的重要他人。

丈夫的婚姻承诺水平高于妻子的原因有以下几点：

第一，受传统文化的影响，中国男青年的家庭责任感较强。在我国，男性历来肩负“传递香火”“光宗耀祖”的重任，在他们从小受到的教育中，他们不单要为自己的小家庭发展负责，也要肩负着整个家族的兴旺发达，所以男性的家庭责任意识很强。“娶了一个人，就要对她负责到底”，这是很多男青年的婚姻观念，这种婚姻观念造就了男性的较高的婚姻承诺。我国的婚姻一直延续的是嫡亲优先的原则，结发之妻是属于不可轻易抛弃的人，所谓“糟糠之妻不下堂”，因此，男性会愿意保持婚姻。

第二，婚姻成本过高。从夫而居的社会现实，让男性在婚姻市场上的付出高于女性。男性需要提供住房、彩礼、婚礼的费用等，尤其是在房价高昂的现代，许多男人为了结婚而负债累累。男性付出大量的经济成本和时间成本，抛开感情投入的成本不说，单单这些巨大的经济投入便会使男性不愿意自己轻易放弃自己的婚姻。从婚姻承诺的投入角度来看，这些限制性的因素对男性的影响较大，而对于女性较小。

第三，性别比过高。根据国家统计局的公布数据，自 1994 年以来，我国出生人口性别比始终在 115 以上，至 2004 年达到最高峰

121.2，近年来虽然逐渐回归正常，但是性别失衡问题依然很严峻。男性，尤其是社会底层的男性在婚姻市场上选择余地较小，在付出了较大的代价结婚之后，他们不希望自己的婚姻解体，因为离婚后他们再没有经济实力迎接第二次婚姻。要知道，中国还有 3 千万名适婚男性没有能力结婚，只能打光棍。性别比过高的社会现实让一部分男性不敢离婚，这一点在农村表现得特别明显。

第四，男性从婚姻中受益比女性更大。无论哪种文化背景下，女性由于生育因素而被认为是照料孩子的最佳人选，她们同时也是家务劳动的主力军。在婚姻中，由于传统的习惯，部分青年还存在一定的“男权思想”，男性被定为养家的角色，他们只要挣钱就可以了，家务活和子女的教育基本由妻子承担。现代社会中，即使女性现在也外出工作，也为家庭的经济做贡献，但男性却依然理所当然地认为女性应该照顾好家庭和孩子，最好做到工作和家庭兼顾，不能因为工作耽误家庭和子女教育。女性在分担了男性的经济负担的同时，还要扮演好贤妻良母的角色，显然女性在婚姻中的过度付出让其心理难以平衡。

第五，女性自我意识的觉醒。女性的独立带来了婚姻观念的改变，她们有经济收入，在家庭中的地位较高，如果离开婚姻，她们的生活水平并不会下降甚至可能更高。因此，如果婚姻不能给自己带来幸福，当代女性不会忍气吞声，她们会果断离开婚姻，不会依赖男性；会勇敢追求自己的幸福生活，不会像传统女性那样苟活于婚姻的枷锁之下。女性的婚姻承诺水平较男性低，与女性的自我意识觉醒相关。

总的来说，男青年的婚姻承诺程度高是一个积极的、有利于婚姻因素，不管是出于什么原因，婚姻承诺对于婚姻的长期发展和婚姻关系的保持是起促进作用的，反映出青年人对待自己的婚姻是认真的，希望能将婚姻关系长长久久地发展下去，也表明了青年人对婚姻的信心和期望。

（二）青年人对待婚姻的态度积极，忠诚度高；相互信任度很高，希望能“白头偕老”；独立性强；离婚依然被认为是一件痛苦的事情

通过对调查中的数据统计处理，青年人的婚姻承诺有如下特点：

1. 青年人的婚姻态度是积极向上的。

婚姻作为一种社会制度，可以让夫妻获得性的满足和情感的寄托，保障后代的顺利成长。从经济层面上来看，还可以通过男女互补，促进资源的充分利用，实现规模经济，减轻经济负担。在我国的传统文化中，青年人到了一定年限就要成家立业，成家不仅仅是个人的事情，更是父母的期望。“男大当婚女大当嫁”，如果儿女没有结婚，父母会比儿女还要着急，现在许多相亲角都是父母拿着儿女的照片和简介在相亲，所以很多人以为青年人消极看待婚姻，不愿意结婚；即使结婚也不愿负责任，动辄离婚，青年人的离婚率高于其他年龄段。

但调查结果证实，进入婚姻状态的青年人对家庭和婚姻负责，青年人在婚姻认知层面高度认同婚姻，愿意承担婚姻责任。他们努力工作，希望能够让自己的家人和子女过上幸福的生活。与传统的婚姻相比，当代青年将婚姻看成一种生活方式的选择，他们选择婚姻是根据自己的经济实力、感情需要，虽然他们婚姻的内容与形式发生了一些改变，但是大部分的青年人在观念上依然坚定地认为婚姻是神圣的，赞成婚姻制度。愿意承担婚姻中的责任，这种责任既包括对配偶的忠诚，也包括对孩子和整个家庭维系的义务。青年人的责任意识较高，他们忠于家庭、忠于配偶，有强烈的家庭观念，愿意对家庭负责任、尽义务。

2. 青年人夫妻间相互信任度很高。

“爱你，一生一世”是最常见的对配偶的承诺。因为婚姻承诺的存在，夫妻双方会对自己的婚姻有信心，会确信自己的配偶会承担责任，会关心自己、关心子女、关心家庭。正是由于婚姻承诺的保证，使得个人有信心应对婚姻压力，在面对困难时能努力克服，一起成长，使家庭和婚姻更加和谐、更具活力。

在两个人的婚姻关系中信任是最重要的，也是连接夫妻双方的重要桥梁。婚姻承诺程度高的人，会得到配偶的信任，双方就会愿意为婚姻付出，这种心甘情愿的行为会让家庭生活质量提高，良好的家庭氛围又会进一步促进婚姻承诺水平，形成一个和谐的闭环。

3. 独立性强。

独立性强是当代青年人最鲜明的标签。他们的价值观和思想多元化，对问题有自己的见解和看法，不愿意人云亦云。他们较少背负传统婚姻观念的包袱，追求自我的满足。从前的人为了生活必须结婚，婚姻是生活的保障。"50后"跟"60后"愿意牺牲自我来保护家庭，即便发生家庭矛盾，出自于面子或为了孩子，他们都会继续生活在一起。但年轻人就完全不一样了，觉得生命很短、人生很珍贵，部分年轻人都养成了以自我为中心的习惯，习惯特立独行。

当代女性青年的社会地位已经大幅度提升，她们可以跟男人一样读书和工作，有自己的经济收入，因而摆脱了过去千百年来在婚姻中对丈夫的人身依附，家庭地位与男性平等。如果婚姻不能给自己带来美好的心理感受，她们会勇敢追求自己的幸福，尤其是一些接受过高等教育的女性，其独立性很强。

4. 离婚依然被认为是一件痛苦的事情。

2018年，我国粗离婚率是3.20‰，中国的离婚率连续15年上涨，已经赶超美国、英国、法国、日本和韩国这些高离婚率的国家。当人们在感叹青年人一言不合就离婚，面对婚姻没有任何包容心，不愿意委屈自己凑合着过日子时，其实青年人的内心是痛苦的，他们十分纠结，害怕自己会走到离婚的地步，担心自己无法面对，难以承受离婚的痛苦。

没有人结婚是为了离婚。一段婚姻关系对任何走入婚姻的人来说都是唯一的、重要的。婚姻的好坏，不单单取决于结婚时的海誓山盟，更多的是如何在漫长的耳鬓厮磨的烟火岁月中，能和对方一起度过平凡的日子，在细碎繁杂的日常生活中，愿意一起面对生活中的种种快乐和痛苦。青年人对离婚是痛苦的看法，于他们的婚姻是有益的，为了避免痛苦的结果，就会在婚姻生活中重视自己对婚姻家庭的责任感，努力为家庭婚姻付出，尽力去营建自己的婚姻家庭生活，提高婚姻质量，通过自己的付出和努力，过上美满幸福的婚姻生活。

（三）男青年对婚姻关系的信念坚定，但是受外在因素的限制感较强

市场追求利益最大化的原则影响到人们的婚姻承诺，同时由于道德对婚姻的调节作用已经大大减弱，现代人的婚姻承诺已由无条件承诺变为有条件的承诺了。一部分人结婚是为了追求婚姻的最大报酬，如果婚姻没有带来预期的回报，加上离婚的低成本和法律手续的简便性，很容易选择离婚，“合则留，不合则分手”是当下部分人的心态。也有一部分人的婚姻态度是“骑着慢驴找快马”，一旦有更好的替代性的选择，就会利用婚姻来满足自己的利益需要。

婚姻承诺中对关系的承诺反映了个体维持婚姻和家庭的意向，这个维度更多地表现为道德感、义务感，受个体价值取向的影响较大。当前我国男青年在对关系的承诺维度较高的现象表明，男青年们的家庭责任感和义务感强。前面我们讨论了男性的总体的婚姻承诺水平高于女性，进一步的分析显示，他们的承诺部分原因是出于对婚姻制度的拥护。从婚姻的起源上来看，婚姻制度是从维护男权的角度来设计的，男性从婚姻中可以满足生理需要、社会地位需要、心理需要、经济需要和娱乐需要等等。婚姻承诺的经济效应也通过研究得到证实。王智波和李长洪（2016）使用统计学的研究方法，在控制各种可能的相关特征变量之后，发现在婚男性工资比非在婚男性工资显著高出6.8%；且处于婚姻状态的时间越长，男性的工资越高。因为结婚后，有了妻子的关心和呵护，“好女人是一所学校”，在妻子爱的激励和心理支持下，男性才逐渐成熟，成长为一个更好的人，获得更高的收入。这是妻子的“相夫效应”，婚姻持续时间越长，男性溢价越高。

在对限制的感觉维度上，男女差异显著，男性对限制的感觉显著

高于女性，这个结果和李芳萍（2008）的调查结果是一致的。在现代社会中，人们社会交往范围、对象更广，在婚姻以外的选择性大大增加，男性在结婚之后会面对外界的诱惑，或者婚姻感情的逐渐淡漠，但是迫于道义和责任他们又不能按自己的意愿行事，所以有时候他们更会觉得婚姻是一种束缚和限制。同时，孩子、夫妻共同的财产、人际资源、事业等也是不可能轻易割舍的，这些有形或无形的资源是与婚姻生活紧密联系的，它们给婚姻带来享受，也会成为婚姻的限制性因素。

在研究中，男性和女性在对配偶的承诺上没有差异。这也验证了前文分析的现代的青年人在婚姻中注重感情，他们的婚姻基础是爱情，是为了爱情而走进婚姻。对配偶的承诺中的很大成分是斯滕伯格所说的激情和亲密两种成分，其中既有对配偶性的渴望，也有夫妻间相互理解、交流、支持和分享，这说明青年人对婚姻的认同感较为一致，对配偶的选择上都基于感情，男女都会认真对待以爱情为基础的婚姻，并希望能在婚姻中长久生活下去。青年人的爱情仍然处于较为热烈的状态，所以感受相同。

（四）结婚年限、子女、受教育水平、个人收入等因素会影响个人的婚姻承诺，年龄因素对婚姻承诺没有影响

婚姻承诺受到下列个体因素的影响：

1. 随着结婚时间增长，对配偶的承诺会降低。

在刚刚结婚时，婚姻会带来的稳定感和安全感，会接纳双方的经济资源、社会资源等，这些都大幅度提升了个体的幸福感，被称为“蜜月期效应”。这一阶段会持续两年左右，此后将进入婚姻的适应阶段。池丽萍（2016）发现随着结婚时间的延续，夫妻的幸福感会发生变化。婚后头两年的满意度最高，至第 3 年开始突然下降，随后的第 4—7 年幸福感处于较平稳的阶段，7 年之后幸福感又开始逐渐下降，大约在婚后第 20 年时会降到与单身水平接近。钟梦宇（2016）的调查也发现，“新婚阶段中主要是对配偶的承诺对婚姻起着保护性作用”。新婚夫妻会对配偶有更多的欣赏、理解、接纳和爱，尚未孕育孩子，压力和冲突较少，婚姻质量和婚姻满意度高，继续维持婚姻是个体自发的内在选择，是对配偶的爱和依恋。外在的如婚姻制度、婚姻责任或社会压力引起的承诺的作用较弱。结婚 5 年以下的人的婚姻承诺是出于感情因素，他们步入婚姻生活的时间不长，尚处于婚姻生活的初始阶段，对婚姻生活充满了新鲜感，爱情依然处于浓烈的时候，这时候的婚姻压力还较轻，不会对他们造成太大影响。

随着时间的推移，夫妻会逐渐适应婚姻生活，幸福感会逐渐回到婚前水平。“已婚人群的幸福感变化表现出‘蜜月期效应’，在婚后两年幸福感逐渐下降并表现出与家庭生命历程吻合的幸福感变化趋势；城市男性的幸福感变化与家庭生命历程最一致，女性已婚者的幸福感随婚龄增加不断下降。”（迟丽萍，2016）对配偶承诺是夫妻情感强度的风向标。随着结婚时间的推移，两个人的相互吸引力逐步减弱，承诺也相对削减。

现代人在婚姻以外的诱惑性和选择性比以往更多，这也会影响对配偶的承诺。传统婚姻模式下，当夫妻关系相处出现困难时，男性一方占据主导地位，女性一般往往会采取“合理化”的方法，即调整自己的认知水平和结构，迫使自己接受婚姻现实，比如会采取牺牲、隐忍、原谅等方式。在婚姻中，为了保持婚姻的持久，一方或双方主动放弃一部分个性，甚至失去自我，而这种牺牲尤其是女性的牺牲是被社会、他人鼓励和提倡的。婚姻承诺是许多女性愿意为婚姻牺牲的心理动力。现代青年人往往缺少足够的耐心，同时拥有多样选择，所以在面对婚姻中遇到问题时，很难费尽心力地去相互沟通、相互协调，女性不会一味地牺牲和容忍。

婚姻不像恋爱，恋爱不和可以随时抽身离开，离婚时涉及的因素要复杂得多。婚姻构成的基本要素是：男女两性之间持续的性关系、共同的经济生活、为当时的社会规范所认可等方面，这些因素将夫妻紧紧地联结在一起，它会时刻提醒夫妻，必须按照婚姻的社会规范行事，不能产生破坏婚姻的行为，这就不像单身时那样无拘无束，青年人难免会感到制约和限制。婚姻的制约作用在婚后的前五年中体会比较深，个体的幸福感会随着结婚时间而发生变化。随着婚姻关系的延续，结婚时间越长，婚姻承诺受到的影响越大。在李芳萍（2008）的调查中，结婚年限在 5 年以下的夫妻在婚姻承诺的三个维度上都高；婚龄 10—15 年的被试对配偶的承诺、对关系的承诺均最低，婚龄 5—10 年的被试的限制感最弱。这些研究结果都证实，结婚时间越长，婚姻承诺的内容越会产生一定的变化，这种变化是正常的，当承诺的感情因素逐渐减弱时，限制性因素在不断增多，成为婚姻中不可忽视的力量，这种力量成为一种黏合剂，将婚姻中的双方紧紧联结在一起。

2. 多子女降低夫妻间对配偶的承诺水平。

子女的出生和抚养过程还会增加很多的家务劳动，耗费很多的时间和精力，在孩子幼小的时候，这种耗时耗力的付出会在夫妻之间产生冲突，影响到夫妻的感情，降低夫妻之间对配偶的承诺水平。没有子女的人的生活状态在婚后和谈恋爱时候的区别不大，他们会享受二人世界，其经济安排冲突少，彼此的情感交流较好，家庭关系比较和睦，他们的婚姻承诺是出于对配偶的感情而承诺。

在我国的传统观念中，婚姻的主要功能是传宗接代，孩子尤其是男孩子是婚姻承诺的一个非常重要的限制性因素，许多的婚姻是出于保护孩子而心不甘、情不愿地维持下去的。研究结果显示，孩子并没有成为青年人婚姻的限制性因素。青年人的婚姻中不再将孩子看作维系婚姻的纽带。“丁克”家庭的出现，以及在二胎政策后，青年人较低的生育意愿等现实都旁证了这一点。徐晨质（2012）的研究表明，婚姻承诺在子女因素上有显著性差异，有孩子的人对配偶的承诺显著高于没有孩子的，其对限制的感觉也显著低于没有孩子的人。

当然，孩子会给父母人生带来不一样的幸福和快乐，研究证实那些反应性高的子女，对周围环境和父母的态度举止等变化比较敏感，具有强烈的好奇心和求知欲强，他们的适应能力强，能增加父母的成就感，与父母之间形成良好的互动关系，可以直接或间接地影响父母的婚姻质量。（刘文、姜鹏、邹庆红，2013）孩子确实会影响到父母的婚姻承诺，但是孩子不会成为父母对婚姻限制性的感受。传统思想的父母会为了孩子而将婚姻继续保持下去，在当今的青年人身上，孩子不再是婚姻的砝码，夫妻会从自身的角度来对待婚姻，这反映了当代青年人对待婚姻的自由独立的态度，他们享受的是自己的人生，孩子只是他们婚姻的一部分，不是他们的婚姻乃至生命的全部。

3. 受教育程度越高，承诺程度越高。

近二十年间我国青年人群的受教育水平大幅度提高，接受高等教育的青年人不断增长。在他们进入婚姻之后，教育的作用就体现出来，所以这一代的青年人他们的婚姻承诺呈现出“两高一低”的特点，即对配偶的承诺和对关系的承诺高，对限制性的感受低。这是一个非常良性的承诺结构，说明青年人是出于对配偶的感情、对婚姻制度的拥护而进行承诺的，外在的压力和限制性因素在婚姻中的影响较低。

教育的目的就是引导人形成正确的价值观、人生观和世界观，在青年人成长的过程中，这些观念对他们的心理和人生产生了巨大的影响。在婚姻承诺中，对关系的承诺准确地反映出一个人维持一个家庭的意向，通常表现为道德感、义务感，就是人的价值观、人生观、世界观的反映。李涛（2006）的研究表明证实，文化程度对承诺有显著的影响。受教育程度越高，对配偶的承诺水平越高。徐晨质（2012）发现受教育程度在三个维度上存在着显著性的差异。低学历的夫妻的婚姻承诺总分显著高于其他较高学历的夫妻，具体表现为，初中及以下学历的夫妻在对配偶的承诺、对关系的承诺、对限制的感觉三个维度上得分显著高于高中和大专学历的夫妻，这个研究结果与我们的研究结果相反。其原因可能是我们的结果反映的是目前青年人的承诺变化，近些年社会的飞速发展，受教育水平的提高，他们的婚姻承诺产生一些变化，这些变化对婚姻的影响正是我们要探讨的。

受教育程度高，工作、收入、社会地位会相对较好，他们在婚姻市场的资源优势就比较明显，选择面就大，越有可能接触到适合自己的另一半，会找到自己情投意合的人走入婚姻。同时，许多青年人在找伴侣时比较看重“三观”一致，在这样的理念的指导下，他们对婚姻关系的承诺会比较一致，会敬畏婚姻，共同承担婚姻的责任，共同面对婚姻的风险，相互扶持，共同成长。

4. 收入水平在一定水平内对婚姻承诺有影响。

在对关系的承诺维度上，收入水平提高，承诺程度也随之提高，到了个人年收入为5—10万元这水平时，达到高峰，以后收入即使增加，承诺程度也不会再增加。在李涛（2006）、李芳萍（2008）、罗鹏峰（2014）等有关婚姻承诺的调查中，都发现收入水平对婚姻承诺的三个维度有不同的影响，虽然影响的维度和程度不尽相同，但是收入水平确实会对婚姻承诺产生影响。婚姻是需要一定的经济基础作为保障的，个人收入太少的青年人，是无法让自己的子女和家人过上好生活的。个人年收入5万—10万元，这基本是工薪阶层的水平，也是年轻人的普遍的收入水平，这一个层次的青年对关系的承诺维度最高，也就意味着那些有一定经济收入能确保让家庭和婚姻维持在一个平稳生活状态的青年最拥护婚姻制度，愿意承担婚姻和家庭的各种责任和义务，愿意努力让婚姻持续下去。我国倡导的小康生活，实际上就是具有一定的经济基础、良好的生活条件、幸福的婚姻家庭生活。

六 结论

婚姻承诺并不仅仅是一句誓言，更是一种观念，是婚姻生活的灯塔，始终让夫妻保持明确方向。那些重视承诺的人在生活中的方方面面也表现出强烈的守信和责任意识，他们会认真地生活，努力创造一份更好的事业，为家庭、为亲人尽责，追求幸福的生活。

当代青年人的婚姻承诺有以下特点：

1. 当代青年人的婚姻承诺总体水平较高，男性的婚姻承诺水平高于女性。男青年对婚姻关系的信念坚定，但是受外在因素的限制感较强。

2. 青年人婚姻承诺的态度积极，希望可以与伴侣白头偕老。独立性强，但仍然认为离婚是件痛苦的事。

3. 结婚年限、子女、受教育水平、个人收入等因素会影响个人的婚姻承诺，年龄因素对婚姻承诺没有影响。随着结婚时间增长，对配偶的承诺会降低。多子女会降低夫妻间对配偶的承诺水平。受教育程度越高，承诺程度越高。收入水平在一定程度上对婚姻承诺有影响。

第四章　当代青年的婚姻关系保持

周恩来与邓颖超夫妇是中国著名的模范夫妻，他们的婚姻是两情相悦、志同道合的楷模，更是将事业和个人幸福完美结合的典范。在他们长期的革命工作和爱情生活中，周恩来和邓颖超夫妇总结出极具特色的夫妻之间的“八互”原则，即“互敬、互爱、互助、互勉、互信、互慰、互让、互谅”。“互敬”就是强调夫妻之间相互尊重，尤其是人格的尊重和习惯的尊重；“互爱”强调夫妻之间相互爱恋，忠贞专一；“互助”就是夫妻之间要互相帮助，患难与共；“互勉”强调夫妻之间要互相勉励，共同进步；“互信”强调夫妻之间相互信任，不胡乱猜疑；“互慰”强调的是夫妻之间互相关心，互相安慰；“互让”是强调夫妻之间互相谦让，遇事多商量；“互谅”强调夫妻之间要彼此原谅对方的过失，心胸要开阔。“八互”的核心内容就是夫妻之间要互相沟通、互相帮助、互相爱护、互相体谅。在周总理夫妇的高尚情操和家庭道德风范的感召下，这“八互”已逐渐成为我国各族人民处理夫妻关系的准则，创建“五好家庭”的重要标准，是中国人爱情婚姻的道德新风尚，体现了我们中华文化中夫妻关系相处之道的精髓，值得青年人借鉴学习。

根据社会交换理论的观点，在婚姻的夫妻互动过程中，各人付出一定的代价，也需要获得一定的酬赏，是一种交换活动，这种酬赏可以是有形的也可以是无形的，也无关乎回报或代价的大小。夫妻都在付出一些东西，比如时间、精力、经济、感情等，与此同时也希望得到相应的回报，这就是婚姻，是最简单的供求规律，就像你付出了金钱就要得到物品，你付出了劳动就得到收获，付出了爱，就希望得到爱的回报。夫妻关系中个人需要的满足和幸福是依赖于配偶的行为，需要双方不断地付出，如果只是单方面的付出，配偶没有相应的回报，那么就会造成付出方的心理失衡，婚姻的冲突和矛盾就会出现。夫妻只有努力维护和呵护彼此的情感联结，才能和和美美，共同营造出祥和幸福的家庭氛围，满足每一位家庭成员的心理需要，有效促进夫妻双方的事业发展和家庭的发展。

在隆重的婚礼仪式过后，大红的喜字会渐渐褪去颜色，步入婚姻生活的青年人会渐渐褪去恋爱时的躁动，回归平静，柴米油盐的日子成为婚后生活的主旋律。从“一日不见如隔三秋”到在一个屋檐下共同起居的伴侣，当两个人没有初见时的悸动，彼此熟悉得如左手和右手，日子刻板地向前延伸，婚姻中的两个人如何携手前行，一起将自己的婚姻家庭生活经营得活色生香是一件极其富有挑战的事情，就像歌里唱的那样“相爱总是简单，相处太难”，许多人的爱情就在耳鬓厮磨中慢慢消弭无踪。在婚姻中留住爱情，保持婚姻的幸福美满是需要智慧的——爱的智慧。

一　婚姻关系与保持策略

婚姻就像是一棵树，结婚只是种下了树苗，在以后漫长的生长过程中，它需要不断地被呵护，通过浇水、施肥、治病等精心的照料，婚姻之树才能茁壮成长，才能枝繁叶茂、硕果累累。

婚姻关系是一个连续的、发展的、变化的过程，因此需要不断采取各种方式来促进和保持婚姻关系，婚姻的关系保持也是一个在认知、情感和行为方面不断变化的动态过程。维持好婚姻关系需要夫妻双方的共同努力，通过持续不断的行动来表明自己对婚姻的承诺，使配偶对婚姻有信心，建设高质量的婚姻，这种行为被称为婚姻关系保持行为。

“关系保持行为就是用来保持所希望的关系质量的行动和活动。”（Canary& Stafford，1994）在婚姻生活中，夫妻双方会通过一些活动表现出自己对婚姻的负责任态度，婚姻关系保持行为的目的是保持婚姻关系继续存在、保持满意的婚姻状态，如果婚姻出现问题就及时修复婚姻关系。保持是检验关系是否稳固的一条重要的标准，原因有如下几点。首先，保持关注的是关系的稳定性、满意度以及一些与个人参与度息息相关的重要特征，比如承诺（Dindia & Canary，1993）。另外，保持不仅是人际关系发展过程中必经的一个阶段，同时也是关系发展中一种动态的过程，它通常也被视作人际关系发展过程中趋于动态平衡的一种状态（Dindia，2007）。大多数人渴望长期、稳定和令人满意的关系。此外，人们似乎会花更多的时间来维持他们的关系而不是频繁开始或结束这些关系（Duck，1988）。保持是一个过程，也就是说，关系保持涉及很多动态活动。虽然有些人认为保持就是一种亘古不变枯燥乏味的状态，但其实这个过程中包含着很多变化，这些变化对关系发展有着很重要的意义。

婚姻关系保持策略就是指人们会采用一些特定的行为方式来表现出自己对婚姻的承诺，使配偶对婚姻有信心，促进婚姻持续下去（Weigel，2008）。Hatfield 和 Walster（1990）等人提出了婚姻的“公平”原则：双方从感情中所得到的应该和他们双方各自的投入成正比。如果两个人的所得相同，那么他们的贡献也应该是相同；否则其中的一方会觉得不公平。只有当两个人都觉得自己的所得和付出成正比，他们才会觉得公平。

皮尤研究中心（2007）的一项调查研究表明，在九种被人们认为是成功婚姻象征的事物中，排在第一位的是“忠诚”，“幸福的性关系”　“分担家务活”排在第二、三位。Schafer & Keith（1980）调查了几百对各个年龄段的夫妇，发现那些觉得自己婚姻不公平的大多是因为某一方在做饭、家务、照顾孩子等工作中贡献太少。觉得不公平会导致这样的结局：觉得不公平的一方会更加沮丧和苦恼。例如在哺乳期，由于生理的优势，妻子照顾孩子比丈夫照顾得多，十分辛苦，极易心理失衡，会抱怨丈夫，双方会有分歧和冲突，这一阶段的婚姻满意度会降低。双方如果共同商议后，进行合理分工，双方的付出和获益都是自愿的，那么婚姻关系就容易持久而美满。

婚姻受社会文化的影响非常大。由于中西方的婚恋传统和个性价值观的差异，中国人与西方人在婚姻关系中所采取的保持策略既有相同之处，也有不同之处。与中国人相比，西方人更具有个体性和开放性。西方人的婚姻是建立在爱和性的基础上，认为婚姻是两个人自愿自主的私事；而中国人的婚姻不仅仅是两个人的结合，更是两个大家庭的接触，父母及亲人会影响到婚姻关系，因此中国人在维持婚姻的过程中还会小心翼翼地处理好婆媳关系或者翁婿关系，这是中国文化背景下所独有的。

与中国人相比，西方人更有生活仪式感，结婚多年的夫妇会很重视结婚纪念日，在婚后生活也善于制造浪漫和惊喜，表达爱意较明显，也善于表达自我和情感。而中国人较为含蓄、爱面子，在婚姻中有点被动，当生活中出现争吵、打斗影响婚姻关系时甚至“拉不下脸来”来维持或修复婚姻关系。

在性生活方面，西方夫妻比中国夫妻更开放，西方人的婚姻和性是分不开的，大多数人还会以性吸引来衡量婚姻满意度。而中国婚姻中的性一般是夫妻间的私密之事，如今中国虽不及以前那样保守，但婚姻中的女性还是羞于谈论性欲，与中国相比，婚后的性吸引在西方国家更能抓住对方的心。中西方都很重视婚姻承诺，在婚姻关系维持中，婚姻承诺是必不可少的要素，具有鲜明的目标导向性。

二　婚姻关系保持的研究现状

关系保持的研究始于20世纪80年代，大多属于应用心理学、社会哲学、伦理学范畴，聚焦于对亲密关系保持的研究，婚姻关系作为亲密关系中一种重要的关系，对婚姻关系保持策略的研究开展得较多。策略的研究本身属于一种方法论研究，注重于问题的解决；现有的研究关注的是人们维持关系的具体的活动和行为方式。

（一）国外研究现状

婚姻关系保持可以被看作一种规范的、连续的结构。良好的婚姻关系是指人们顺利地完成婚姻关系中的任务和职能，夫妻对婚姻关系满意，感到幸福。缺乏保持的婚姻会由于不能有效实现婚姻关系功能，一方或双方退出关系，导致婚姻的解体。人们不但需要婚姻，更需要高质量的婚姻，所以如何提高婚姻质量成为大家关注的重点，婚姻关系保持策略的终极目的就是让婚姻的质量更高。

1. 亲密关系保持的内涵

艾尔斯（Ayres，1983）认为维持行为是一旦交换模式稳定后为使关系维持在令人满意的水平而采取的行动。维持策略的作用是为了防止关系减少或增加其亲密关系。

Duck（1988）认为几乎所有的行为尤其是日常的行为，都是保持关系的手段。他认为关系的保持是由个人投入、世俗惯例、社会压力、关系庆祝的仪式性行为、个人对配偶需求的关注、对关系规则的遵守，以及社交技巧等复杂组合来完成的。关系不仅仅由个人对彼此的感情来维持，还由个人的日常的琐碎的共同事务、亲戚朋友和同事等的交往所维持。关系是通过存在、通过被制定来保持的。因此，关系中的所有行为都是为了保持这种关系。他主张增加对日常关系行为的研究，尤其是配偶们的日常惯例和仪式的研究，阐明各种各样的日常生活事件如何有助于稳定和保持关系。

Bell等（1987）通过实验发现，妻子们认为通过采取一些策略可以让丈夫接受并喜欢他们的婚姻，遵守婚姻承诺，这些策略有忠诚、正直、自我肯定个人特质和生理吸引、支持和表达等策略。婚姻中的双方都是独立的社会个体，各个方面都存在着差异，忠诚、正直以及自我肯定等人格品质有助于有效解决对婚姻生活中的矛盾摩擦。在婚姻生活中，忠诚是婚姻关系是否能持续保持下去的重要因素，是夫妻双方责任和义务的重要保障。而生理吸引、支持和表达策略则给夫妻双方一种肉体和精神的慰藉和愉悦。每一段感情最初总是明媚而热烈，充满激情和浪漫，但是当爱情进入婚姻模式，随着时间推移，琐碎和平淡逐渐成为婚姻生活的主要成分，这就需要夫妻双方努力减缓倦怠之感，尽量有效沟通和正确地表达以避免冲突。

2. 亲密关系的保持机制

Rusbult（2013）将亲密关系的保持机制分为认知保持机制和行为保持机制两个方面（见图4－1）。Rusbult 最早用这个理论来解释承诺的形成，后来她又将此模型应用于关系保持。根据其理论分析，对个人关系的知足，缺乏有吸引力的选择，以及已经对关系进行了大量的投入，这一切导致了承诺。因为有承诺的存在，关系会一直保持下去。要想获得较为满意的关系，就要努力经营关系，因此无论从认知上和行为上都要为关系付出，这些关系保持行为又反过来培育了关系幸福感。

认知维持机制是指在认知方面要形成认知上的相互依赖和积极错觉。夫妻在认知上需要双方以一种随和、宽容的态度并秉持着为爱乐于付出乐于牺牲的精神。认知上的相互依赖是夫妻不再把自己视为单独的个体，而是视为一个夫妻共同体，把配偶的生活和自己的生活紧紧联结在一起；夫妻会彼此理想化并美化对方，以包容的心态来看待关系的缺陷。

行为维持机制是为了婚姻关系愿意做出改变和各种个人的牺牲。为了提升婚姻关系的幸福指数会迁就配偶的行为，会改变自己的某些不为配偶接受的习惯，接纳配偶的错误；或者克制自己的需求，满足对方的需求，做出一定的让步和牺牲。为了共同的未来，愿意做出自己的利益的牺牲。与配偶一起参与活动，处理姻亲关系，让配偶感受到你对家庭和婚姻的付出，这些行为表现可以让双方都感到婚姻幸福。

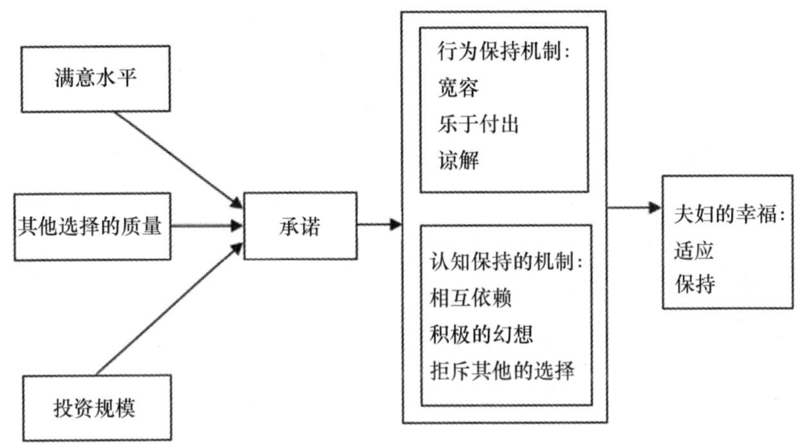

图 4－1　承诺和关系保持机制

资料来源：莎伦·布雷姆等：《亲密关系》（第三版），郭辉、肖斌译。

3. 亲密关系保持的具体策略

人们常常会采取各种行动保护和维持理想的亲密关系，通过对于那些关系质量较高、对关系很满意、感到自己很幸福的人的研究，学者们总结出了一些人们为维系他们的亲密关系而采取的策略。

Canary 和 Stafford（2001）从数百篇研究报告中总结出人们维持亲密关系的一些容易控制的行为，提出了 10 种关系保持的策略，“积极性、开放、保证、共有社交网络、分担任务、共同活动、支持、冲突管理、回避、幽默”。在亲密关系的交往中，坚持积极乐观，保持礼貌和欢欣，保持愉快的交往状态；鼓励相互间的开放和自我表露，愿意彼此分享自己的想法和情感；他们彼此做出承诺，让对方明白自己的爱恋、忠诚和尊重；他们拥有共同的社交网络，有着共同的朋友，愿意花时间一起与配偶的家人相处；他们公平地分担家务；相互依靠，彼此鼓励相互支持；当自己犯错时会向对方道歉，彼此体谅，尊重对方；保持善意的幽默。

Canary 和 Stafford 还将他们的发现编制成“关系保持策略量表”（Relational Maintenance Strategy Measure，RMSM），这个量表是在国外

此类研究中被广泛使用的测量工具。该量表将关系保持策略分为五个方面：积极性、开放性、保证性、社会网络和分担任务。该量表可以研究亲密关系保持的一些特点。其中积极性、保证性和分担任务是关系特征的重要预测因素，能有效反映出个体对婚姻的满意程度和承诺水平。

Dindia 和 Baxter（1999）则认为保持关系的概念需要注重保持和修复，提出了 11 种策略，主要包括改变外在的环境、沟通、元信息传递、回避元信息传递、反社会策略、亲社会策略、仪式、非仪式/自发性、共同、寻求/允许自治、寻求外界帮助。这些外在的和内在的策略对于解决婚姻问题中的冲突以及保持婚姻关系有着实质性的帮助，其中改变外在的环境主要是给双方提供基本的物质条件，通过沟通，夫妻双方能了解彼此的自我表露和情感表达，让对方知道你在想什么或者你想要什么，从而建立信任和获得忠诚。其他策略在不同的婚姻关系中有着不同的实施过程和功能。

Harvey 和 Omarzu（1997）发现人们保持关系的三种基本方式：通过自我表露了解对方；接受对方；积极的归因。自我表露也是夫妻情感沟通的一种方式。研究表明，与沟通相契合的自我表露可在婚姻关系中催生出满怀爱意与喜欢，夫妻间的自我表露越多，就越能了解对方，婚姻生活越幸福美满。在现实生活中，人们也普遍认为保持婚姻关系的有效策略是沟通。那些不交心、不谈自我的夫妻，或者是单方面奉献的“丧偶式婚姻”，只是“温水煮青蛙”似的一种煎熬。尝试沟通，永远是婚姻和谐的第一步；互相封闭，在一个屋檐下沉默地面对彼此，感情会在夫妻彼此的沉默中渐行渐远。

Gottman（2014）指出，夫妻之间如果不能建设性地表达出自己的不满，就会陷入消极的交流模式中，他将这四种模式称为“末日四骑士”，分别是批评、蔑视、防御和筑墙。批评是指对配偶的指责或者人身攻击。蔑视是用言语虐待暗示着配偶低你一等，包括辱骂、讽刺、嘲笑和贬低。防御是正常的愤怒、反击和无辜状（抱怨）。筑墙是指无动于衷，就好像竖起了一堵隔绝信号的墙。消极的交流会破坏彼此的信任，损害婚姻关系。夫妻若采用这些方式沟通，会导致嫌隙不断加大至无法调和，最后必将亲手埋葬自己的婚姻。

4. 亲密关系保持的其他研究

Susan L. Kline（2012）等着重强调了婚姻角色中沟通期望的重要性，在六个国家开展的研究都表明，虽然在婚姻角色的沟通期望中显示出文化差异性，但人们都认为沟通特征比吸引力或能力更重要。Frisby（2009）通过定性访谈的方法收集已婚夫妇的调情行为案例，了解其调情动机，最终发现适当的调情与沟通有助于发展婚姻中长期的浪漫之爱，确保持久的婚姻关系。夫妻双方在婚姻生活中的互动与沟通是双方责任和情感的体现，夫妻最为理想的婚姻要求双方形成无话不谈、坦诚相待的真诚关系，夫妻间无话不谈的沟通与调情互动是增进双方情感的最佳手段。Rauer 和 Volling（2005）调查了正面和负面情绪表达在婚姻关系中的作用。他们发现，积极的情感表达对婚姻功能的影响有限。但是负面表达会对夫妻的爱情、冲突、矛盾产生重大影响，妻子的情绪表达能力是影响婚姻决定性因素。

Clulow（1998）将夫妻关系中的沟通模式视为性别中的一种功能并作为反映超越性别的依恋风格，并区别性别、依恋和沟通在婚姻关系中不同程度的影响作用。总之，对于青年婚姻关系的保持，心理学意义上的沟通模式和依恋风格不失为影响保持策略的重要因素。依恋与恋爱、婚姻都有关系，无论何时爱人都是重要的依恋对象。

Dindia（2000）根据相互依赖理论提出婚姻关系需要让双方都获得为之满意的利益，否则关系难以继续发展下去。婚姻中的夫妻双方建立亲密关系是因为其奖赏价值的实现，夫妻双方彼此之间的行为相互影响，他们彼此需要对方的程度和影响对方的程度是频繁、多样、持久的，双方情感的融合能给对方带来精神上满意的利益，因此婚姻关系的保持需要双方情感利益的存在，以形成一种相互依赖、相互了解、相互信任的利益关系。

Canary 和 Stafford（2007）认为，相互控制、信任、喜欢和承诺等特征是婚姻关系的重要组成部分，是维持婚姻关系稳定的必要条件；没有相互控制、信任、喜欢或承诺的婚姻，其关系就不具有实质性。相互控制是指夫妻在谁有权影响对方并建立关系目标上达成共识的程度。在对婚姻中问题的处理上，夫妻如何来协商并决策，诸如对下列问题的回答就反映了相互控制。“我们俩都对我们处理彼此之间决策的方式感到满意”；“我们在彼此身上期望的东西能保持一致”；并且“我们关注彼此的评价”。（Canary、Weger&Stafford，1991）信任是指一个人愿意为自己的配偶冒险的程度，相信自己的配偶是一个诚实和可靠的人。信任与关系的积极方面有关，如爱情、对配偶的信心；怀疑和嫉妒很容易破坏信任。喜欢也是保持婚姻关系很重要的一个因素，要保持伴侣对自我的持续喜欢以维持关系。喜欢主要由对伴侣的感情和尊重构成，没有喜欢的关系就没有什么未来。承诺关系到一个人想要无限期地保持一段婚姻的程度，对婚姻关系稳定至关重要。

此外也有研究表明，牺牲也是一个重要的保持因素。牺牲是指为了伴侣或关系的利益而放弃自己当下的利益，意味着个体从关注自我到关注夫妻这样一个整体的转变。（Wieselquist，1999）愿意为配偶做出牺牲行为，意味着夫妻已经建立起良好的认同感。

（二）国内研究现状

结婚时间长了，夫妻的新鲜感越来越弱，面临的困难和问题却如游戏中的“怪物”一样绵绵不断地袭来。如果不采取合理有效的保持策略，让婚姻保质期延长，满足双方对婚姻的期望，培养夫妻婚姻的亲密感，婚姻是很难延续下去的。夫妻只有努力让婚姻保持在一个良好的状态，在情感上能够共鸣，在心理上相互扶持，才能从婚姻生活中感受到快乐和幸福。

“当妈式择偶、保姆式妻子、丧偶式育儿、守寡式婚姻是中国女人的四不幸”，网上广为流传的段子戏谑地反映出中国青年人日常婚姻的状态，是女性对男性在家庭中缺位的控诉和心酸，也是中国男青年在婚姻里的真实写照。青年人在夫妻关系上很少谈及平等和志趣相投，女性强调最多的是“宠我”，男性强调的是“能照顾我”。（秦晨，2017）这种心理期望实质上是中国男权社会的延续，在家庭中男性对女性的“宠爱”是一夫多妻制的现实反映，多数是象征性的；而女性对男性全方位的“照顾”是实实在在的，让女性成为“保姆式妻子”。

我国有关婚姻关系保持策略的研究重点倾向于婚姻互动和沟通在婚姻中所起的积极作用，集中在某一具体策略与婚姻关系、婚姻质量、婚姻承诺的关系研究。

李涛（2010）的研究发现，中国人在婚姻关系保持策略的特点如下：第一，女性会积极采用多种婚姻关系保持策略；第二，受教育程度会影响夫妻的婚姻关系保持策略，文化程度越高越愿意采用相应的行为来保持自己的婚姻关系处在一个良好的水平；第三，家庭经济收入会影响到采用婚姻关系保持策略的积极性，收入高的夫妻会积极采用一些方法来促进婚姻关系；第四，随着年龄的增长和结婚时间增加，夫妻所采用的婚姻关系保持的策略越多种多样。

佟新和戴地（2013）调查分析了北京市已婚人群的婚姻质量和影响因素。发现多数夫妻对婚姻的评价是满意的，同时发现影响婚姻满意度的因素不是通常人们认为的物质因素，而是良好的夫妻互动关系。“积极的夫妻互动是影响夫妻婚姻满意评价的重要因素，物质性因素对人们评价婚姻满意状况无显著关系。夫妻间积极性的互动关系包括：夫妻间积极的意见沟通、相互陪伴、有满意的性生活和知心。其中夫妻间的相知和默契是最重要的影响人们评价婚姻质量的因素。”这种夫妻间的相知和默契是从其日积月累的情感积极互动和感情交流的过程中建立起来的，需要双方积极地促进和保持。

王玉娇（2014）对“80 后”青年人的婚姻关系保持策略调查表明：年龄、子女、受教育程度对婚姻关系保持策略有显著的影响。在 5 种婚姻关系保持策略的运用上，30 岁以下的人会更积极地运用积极性、公开性和保证性三种策略；无子女的人一般会采用公开性和保证性策略；受教育程度高的人倾向于采用公开性和保证性两个策略，受教育程度低的人会较多地使用社交网络的策略。她同时发现婚姻关系保持策略不受性别、结婚年限、家庭收入等因素的影响。

张锦涛、方晓义等（2009）也分析了沟通在婚姻中的重要性，还论及不同的沟通模式与婚姻质量的关系，强调夫妻间建设性的沟通可正向预测自身所感知的婚姻质量。李晓敏、方晓义等（2016）探讨了夫妻双方冲突解决和日常性沟通特点及其对婚姻质量的预测作用，认为相比双方婚姻的冲突解决，日常沟通对婚姻的预测作用更大。这就凸显了日常沟通在婚姻关系维持中始终是最有效的策略，即语言沟通和情感交流在保持婚姻关系中尤为重要。沟通也是最简单易行的，在日常生活中，把自己每天的事情无论好坏都及时与对方分享，这种夫妻间的自我表露可以保持双方的关系稳定。

侯娟和方晓义等人（2015）的调查发现，丈夫的牺牲是影响夫妻双方婚姻满意度的关键性因素，妻子的牺牲却没有相同的效果。在婚姻关系中，妻子感知到丈夫对婚姻和家庭所做出的牺牲，会增进妻子对关系的认同，其婚姻质量会更好。

婚姻关系保持策略有利于维系夫妻的感情，促进婚姻问题的解决和婚姻质量的提高，营建良好的婚姻氛围，能促进个体对婚姻的满意程度和承诺水平。对于青年人婚姻关系及其保持策略的研究，可以丰富婚姻家庭关系研究的内容，对已婚青年的社会生活、身心健康、情感归属也大有裨益。

三　研究对象与方法

（一）研究对象

通过招募在校大学生，以假期社会调查的形式，采用方便取样的方式，对自我评价婚姻状态良好、年龄在 40 岁及以下的已婚青年进行调查。共发出 10000 份问卷，收回 7834 份问卷，其中符合调查要求的有效问卷 6774 份。被调查人来自全国 30 个省市自治区，其中男性 3196 人，占比 47. 2%；女性 3578 份，占比 52. 8%。

（二）研究工具

关系保持策略量表是由 Canary 和 Stafford（1992）编制，国内学者李涛修订，信效度较高，已在中国被试中使用。

问卷有 29 道题目，包括五个保持行为的次级量表，分别是：积极性、公开性、保证性、社交网络、分担任务。积极性是指在与配偶谈话和相处的过程中，表现出积极愉快、善解人意、有礼貌的和乐观的态度；公开性是指自我表露和对关系的公开讨论；保证性是指表明自己的爱意、忠诚、对关系负责；社交网络是与家人或朋友共度时光；分担任务是指对家务活、看护子女等其他相关责任的分担。

积极性：有 10 道题目。得分越高表明积极性水平越高。α 系数为 0.84。公开性：有 6 道题目。得分越高表明公开程度越高。α 系数为 0.86。保证性：有 4 道题目。得分越高表明保证性水平越高。α 系数为 0.81。社交网络：有 4 道题目。得分越高表明个体的社交网络可利用水平越高。α 系数为 0.83。分担任务：有 5 道题目。得分越高表明双方分担任务的程度越高。α 系数为 0.81。

（三）数据处理

研究采用 SPSS18.0 软件进行数据录入和统计分析。社交网络与分担任务分别用“社交性与责任性”替代，用以与“积极性”“公开性”“保证性”在表达上保持一致。

四　调查结果与分析

经过对所调查的数据进行统计和处理，得到结果如下。

（一）青年人婚姻关系保持策略的总体比较

通过对青年人的婚姻关系保持策略的总体得分进行统计，我们发现青年人的婚姻关系保持策略总体水平较高，男性的总体水平稍高于女性。青年人很重视婚姻质量，会采取各种方式来促进婚姻关系，让婚姻保持在一个良好的状态。

表 4 – 1　　婚姻关系保持策略的总体比较

策略类型	*n*	*M*	*SD*	*t* 值
婚姻关系保持策略总分	6774	107.17	18.21	
男性婚姻关系保持策略总分	3196	107.64	18.61	1.984 *
女性婚姻关系保持策略总分	3578	106.76	17.85	

（二）青年人婚姻关系保持策略的特点

为了详细了解青年人的婚姻关系保持的具体特点，特选取了一些具体题目的回答情况，以帮助大家更细致地认识青年人对待婚姻的态度。

调查结果表明：

1. 青年人富有家庭责任感，74.6 的人积极履行家庭义务，71.6% 的人表示不会推卸责任，70.8% 的人赞成夫妻共同承担抚养孩子和赡养老人的责任。

2. 青年人会用分担家庭事务的方式保持婚姻关系，这个结果与传统婚姻有很大的不同，在传统婚姻中，女性是家务的主要承担者，男性很少参与到家务中，但是在青年人的婚姻中，夫妻都会参与家务劳动，共同分担家庭的事情。

3. 66.8% 的人会关心夫妻双方的朋友和亲戚，66.1% 的人热心给配偶的亲朋帮忙。在中华民族的传统文化中，重视血缘关系，重人情往来，亲朋好友之间相互守望相助，在一些红白喜事上往来密切，通过这些事情上的交往，加强联系，增进感情。青年人很好地延续了这一优秀传统，愿意和夫妻彼此的亲朋好友来往，愿意伸出热情的援助之手。

4. 62.9% 的人对于自己的婚姻承诺很重视，62.6% 的青年人会向配偶表达出自己的忠诚。这一点与上一章中对婚姻承诺的调查结果一致。青年人重视婚姻承诺，信守自己对配偶许下的诺言，在婚姻中会向配偶表达自己的忠诚，夫妻同心协力，共创家庭美好的未来。

表4－2　　　　青年人婚姻关系保持策略的具体情况（%）

题目	极不符合	不太符合	不确定	比较符合	非常符合
我积极履行我的家庭义务	2.8	8.4	14.2	28.4	46.2
我不会推卸责任	2.7	8.5	17.3	30.1	41.5
我们共同承担抚养孩子和赡养老人的责任	3.6	9.5	16.0	30.9	39.9
我们合理分担家庭的事情	3.0	10.0	18.6	30.9	37.5
我会帮忙做家务	3.6	10.2	18.0	32.6	35.6
我关心夫妻双方的朋友和亲戚	3.2	10.0	20.0	34.0	32.8
我热心为配偶的家庭和朋友帮忙	3.1	10.1	20.7	32.9	33.2
我重视对配偶的承诺	4.4	10.2	22.4	36.0	26.9
我会向配偶表达对他（她）的忠诚	4.1	10.6	22.7	33.0	29.6
当我们之间意见出现分歧时，我们会协商解决	4.2	12.1	22.6	32.8	28.2
我努力使我们的关系很愉快	5.0	12.7	21.9	32.0	28.4

5.61%的人会协商解决分歧，60.4%的人会努力保持愉快的婚姻关系。在面对婚姻中的矛盾和冲突时，青年人的处理方法科学合理。他们抛弃了传统婚姻的枷锁，以平等的心态面对婚姻，不再将婚姻看作为了完成家族的使命，而是自愿选择的一种生活方式，他们享受婚姻的过程，重视婚姻的质量，愿意为和谐婚姻而努力。

（三）青年人婚姻关系保持策略的性别差异性分析

男女青年的婚姻关系保持策略在积极性这一具体因子上，存在着显著的性别差异。表现为男性比女性更积极地采取行动保持婚姻，在婚姻中与妻子谈话和相处时，表现得积极愉快、关心呵护和乐观的态度。性别因素在其他的四个因子上没有显著性差异。

表 4－3　　婚姻关系保持策略的性别差异比较

策略类型	性别	n	M	SD	t 值
积极性	男	3196	3.6150	0.69309	3.057**
	女	3578	3.5644	0.66930	
开放性	男	3196	3.6073	0.76626	1.269
	女	3578	3.5839	0.74757	
保证性	男	3196	3.7214	0.83284	1.933
	女	3578	3.6826	0.81697	
社交性	男	3196	3.8070	0.84749	0.310
	女	3578	3.8007	0.82172	
责任性	男	3196	3.9578	0.82616	0.437
	女	3578	3.9489	0.83764	

（四）年龄因素对婚姻关系保持策略的影响

统计结果表明，在开放性和保证性因子上差异显著，30 岁以下青年人的平均分要高于 30—40 岁组，说明年纪轻的人更愿意向对方表露自己的想法，乐意沟通；会向配偶表明自己的爱意、忠诚，让配偶知道自己会对婚姻关系负责。

表 4－4　　婚姻关系保持策略的年龄差异比较

策略类型	年龄	n	M	SD	t 值
积极性	30 岁以下	2372	3.6043	0.69337	1.421
	30—40 岁	4402	3.5796	0.67424	
开放性	30 岁以下	2372	3.6383	0.76096	3.463**
	30—40 岁	4402	3.5716	0.75311	

续表

策略类型	年龄	n	M	SD	t 值
保证性	30 岁以下	2372	3.7387	0.83856	2.774**
	30—40 岁	4402	3.6805	0.81644	
社交性	30 岁以下	2372	3.8195	0.84719	1.147
	30—40 岁	4402	3.7951	0.82665	
责任性	30 岁以下	2372	3.9774	0.85817	1.766
	30—40 岁	4402	3.9400	0.81766	

（五）结婚年限对婚姻关系保持策略的影响

结婚年限对婚姻关系保持策略的影响极大，在五个因子上的差异都极其显著，结婚在 5 年以下的青年人五个因子上的平均分都高于婚龄 5 年以上者，表明结婚时间在 5 年以下的人，会采取各种有利于婚姻关系保持的策略来促进婚姻。

表 4－5　　婚姻关系保持策略的结婚年限差异比较

策略类型	结婚年限	n	M	SD	F 值
积极性	5 年以下	2758	3.6437	0.67813	5.563***
	5 年以上	4016	3.5502	0.68052	
开放性	5 年以下	2758	3.6577	0.75135	5.669***
	5 年以上	4016	3.5519	0.75707	
保证性	5 年以下	2758	3.7658	0.82295	5.379***
	5 年以上	4016	3.6563	0.82297	
社交性	5 年以下	2758	3.8610	0.82762	4.703***
	5 年以上	4016	3.7642	0.83604	
责任性	5 年以下	2758	4.0134	0.83124	4.953***
	5 年以上	4016	3.9117	0.83042	

（六）子女因素对婚姻关系保持策略的影响

子女数在婚姻关系保持策略的五个因子上存在显著差异，数量递增，婚姻关系保持策略减少；无子女的青年人的平均分高于子女数为1—2人组，拥有3个及以上子女的夫妻在婚姻关系保持策略上最少。

表4-6　　婚姻关系保持策略的子女数差异比较

策略类型	子女数	*n*	*M*	*SD*	*F* 值
积极性	无子女	802	3.7083	0.68555	19.480***
	1—2个	5700	3.5784	0.67559	
	3个及以上	272	3.4415	0.73384	
开放性	无子女	802	3.7417	0.74569	18.516***
	1—2个	5700	3.5787	0.75616	
	3个及以上	272	3.5028	0.74606	
保证性	无子女	802	3.8242	0.82606	15.444***
	1—2个	5700	3.6918	0.82380	
	3个及以上	272	3.5267	0.79434	
社交性	无子女	802	3.9557	0.81864	16.615***
	1—2个	5700	3.7872	0.83357	
	3个及以上	272	3.7004	0.83832	
责任性	无子女	802	4.1080	0.82674	21.313***
	1—2个	5700	3.9400	0.83002	
	3个及以上	272	3.7699	0.83209	

（七）受教育程度对婚姻关系保持策略的影响

受教育程度对婚姻关系保持策略的影响极大，在五个因子上的差异都极其显著，受教育程度越高，越倾向于采用婚姻关系保持策略。

本科及以上的青年人在五个因子上的平均分都高于大专水平，受教育程度为高中及以下的青年人采用的婚姻关系保持策略最少。这表明受教育水平高的人比较重视婚姻，会投入时间和精力，采取相应的行为来经营婚姻。

表 4－7　　　　婚姻关系保持策略的教育程度差异比较

策略类型	教育程度	n	M	SD	F 值
积极性	高中及以下	2585	3.4769	0.69602	71.219***
	大专	1847	3.5946	0.68377	
	本科及以上	2342	3.7062	0.64100	
开放性	高中及以下	2585	3.4996	0.79239	42.193***
	大专	1847	3.5996	0.74477	
	本科及以上	2342	3.6966	0.71051	
保证性	高中及以下	2585	3.5761	0.85804	58.914***
	大专	1847	3.7135	0.81238	
	本科及以上	2342	3.8287	0.77514	
社交性	高中及以下	2585	3.7082	0.87102	41.098***
	大专	1847	3.7878	0.83247	
	本科及以上	2342	3.9214	0.77716	
责任性	高中及以下	2585	3.8298	0.88028	59.304***
	大专	1847	3.9570	0.82351	
	本科及以上	2342	4.0861	0.76099	

（八）收入水平对婚姻关系保持策略的影响

收入水平对婚姻关系保持策略的影响极大，在五个因子上的差异都极其显著。收入越高，越倾向于采用各种婚姻关系保持策略。个人年收入在 10 万元以上的青年人在五个因子上的平均分均高于其他低收入水平组，个人年收入在3万元以下的青年人采用的婚姻关系保持策略最少。

表4-8　　婚姻关系保持策略的收入水平差异比较

策略类型	收入水平	n	M	SD	F值
积极性	3万元以下	1077	3.4951	0.69592	15.154***
	3万—5万元	1974	3.5633	0.69150	
	5万—10万元	2282	3.6012	0.67636	
	10万元以上	1441	3.6716	0.65218	
开放性	3万元以下	1077	3.4707	0.79461	17.061***
	3万—5万元	1974	3.5781	0.76885	
	5万—10万元	2282	3.6126	0.75647	
	10万元以上	1441	3.6830	0.69513	
保证性	3万元以下	1077	3.5775	0.86362	15.039***
	3万—5万元	1974	3.6703	0.85276	
	5万—10万元	2282	3.7332	0.82445	
	10万元以上	1441	3.7837	0.73968	
社交性	3万元以下	1077	3.7075	0.86703	8.064***
	3万—5万元	1974	3.8009	0.83966	
	5万—10万元	2282	3.8081	0.84451	
	10万元以上	1441	3.8721	0.77577	
责任性	3万元以下	1077	3.8592	0.89705	10.501***
	3万—5万元	1974	3.9234	0.85240	
	5万—10万元	2282	3.9711	0.82597	
	10万元以上	1441	4.0354	0.75155	

（九）婚姻承诺与婚姻关系保持策略的相关性分析

结果表明，在婚姻承诺与婚姻关系保持策略上，各个因子间存在高度相关。婚姻承诺水平高的人，希望婚姻能够保持下去，也愿意采用各种有益于增进夫妻感情的方式来使自己的婚姻幸福。

表4－9　　婚姻承诺与婚姻关系保持策略的相关分析

	对配偶的承诺	对关系的承诺	对限制的感受	积极性	开放性	保证性	社交性	责任性
对配偶的承诺	1							
对关系的承诺	.451**	1						
对限制的感受	-.221**	.358**	1					
积极性	.337**	.415**	.232**	1				
开放性	.233**	.340**	.203**	.625**	1			
保证性	.370**	.354**	.115**	.614**	.640**	1		
社交性	.362**	.332**	.076**	.557**	.540**	.618**	1	
责任性	.403**	.349**	.037**	.535**	.489**	.588**	.691**	1

五　青年人婚姻关系保持策略的特征

人生中最大的幸福便是能够拥有一段美满的婚姻，但是幸福的婚姻不是领了结婚证就自然会拥有的，是需要夫妻双方不断地向对方表达自己的爱，努力回报自己从对方那里得到的爱，一起共同呵护爱情、维护婚姻，才能收获幸福的婚姻和家庭。现实生活中，我们常常看到一些人能游刃有余地处理好社会上的各种人际关系问题，但是却不能处理好自己的婚姻关系，许多人在职场、同事、亲戚、朋友等关系中受到人们的交口称赞，但在自己的婚姻问题上却一筹莫展，可见婚姻关系保持的复杂性。

夫妻之间的感情可以通过他们的亲密程度表现出来。Sternberg (1986) 提出关系中的亲密应该包含以下方面：(1) 渴望能使爱人幸福；(2) 与爱人在一起感到幸福；(3) 尊重对方；(4) 在艰难时刻能够依靠对方；(5) 彼此互相理解；(6) 乐于与爱人分享自我以及自己的财产；(7) 接受来自爱人的情感方面的支持；(8) 对爱人提供情感方面的支持；(9) 能与爱人进行亲密的沟通交流；(10) 珍爱对方。因此婚姻中的关系保持策略要围绕这些方面，在言语上表达出对爱人的爱情，在行为上表现出爱情，在情感上夫妻互为支持，在财产上共同享用，一起分享成功的喜悦，一起面对生活的磨难。

婚姻关系是家庭关系的核心，夫妻关系的质量直接决定家庭的和睦与幸福。“夫妻关系既包括丈夫和妻子之间的权利和义务关系，更包括夫妻之间的情感关系。夫妻关系是以爱情为基础建立的人际关系，夫妻互爱互敬、互相帮助、互相扶养、和睦团结是起码的情感要求。”（闫玉，2008）在婚姻关系的维系上，闫玉发现，调查中约一半的青年会容忍配偶的性格，男性的容忍度高于女性，可能是因为男性比女性更理性，更希望将婚姻关系保持下去；也可能是当今女性在经济、社会地位都提高了，男性更加尊重女性；还可能是女性的独立自主性增加了，对男性的依赖性大大减少。“80后”对配偶的性格容忍程度要高于“90后”，这体现出婚姻中的“90后”比“80后”更加自我，随着年龄增长和关系不断磨合，“80后”的夫妻心理包容性更强。

青年人的婚姻关系保持的特点如下：

1. 青年人的婚姻关系保持策略总体水平较高，男性的总体水平稍高于女性。

调查显示，现代年轻人很重视婚姻关系的质量，他们会采用各种积极的策略去提高婚姻满意度。此结果与中国妇女杂志社（2017）进行的“中国婚姻关系中的亲密状况调查报告”的结论是一致的，该调查显示“婚姻关系中两性亲密程度为7.03分，对亲密程度的评价男性（7.54分）高于女性（6.75分）”。好的婚姻，需要好丈夫，同样需要好妻子，大家看到模范夫妻恩爱非常，是因为夫妻双方都做得很好。婚姻中会不断出现许多超乎夫妻想象的问题，想要一个温暖的家，双方都必须付出很多努力，不断携手面对困难，改善自己的生活。Dainton 等（1994）发现个体对配偶运用的保持策略的感觉和个体自我报告的配偶的爱是密切联系的。丈夫通过采用的积极、保证、分担任务等关系保持行为来表达他对妻子的爱，妻子的积极、保证等关系保持行为也能明显表现出她对丈夫的爱。

婚姻中常常有一种错误的思维："你爱我，你就该为我改变，变成我想要的人；我爱你，我就该享受你的爱，你就得爱我本来的样子"。这种思维方式会严重伤害到夫妻中的另一方，因为看不见对方的需求，只在乎自己的感受，这种自私的观念是极端伤害夫妻感情的，这种建立在不平等的基础上的婚姻是很难幸福的。我们很欣慰地从调查中看到，青年人重视婚姻承诺，努力采取平等观念对待彼此，尊重彼此：我看得到你的需求，我愿意为你适当妥协；我希望你也不忽略我的感受，体谅我的心情，合理解决问题。

不同于西方文化下的婚姻家庭理念，在中国传统婚姻家庭文化中，隐忍被认为是夫妻相处之道中的一项重要策略。中国人的婚姻关系中，"忍"是一种常用的策略，可以为了孩子忍，可以为了自己的前途忍，也可以为了权势和财产忍，也可以是单纯为了不离婚而忍。忍似乎是儒家文化下一种特殊的策略，通过克制自己，保持婚姻以达到自己期望的目的，这种行为会增加稳定度。这种"忍"就是一种包容行为，为了夫妻和家庭的长远利益，容忍那些自己难以接受的观念和行为，甚至牺牲自己的利益来保障婚姻和家庭利益的最大化。

调查发现，男性比女性更积极地采取行动保持婚姻，在婚姻中与妻子谈话和相处时，表现得积极愉快、关心呵护和乐观的态度。Canary 和 Stafford（2008）提出积极、分担任务和提供保证等策略有助于保持婚姻关系，能促进相互控制、信任、喜欢和承诺等婚姻的积极方面。在婚姻中，男性和女性对家庭的贡献是不同的，男人更侧重经济利益和社会成就，女人更侧重家庭经营和子女照顾。男性努力工作，为家庭做贡献；女性在工作之余需要打理好家庭和教育子女，二者对婚姻的心理体验是不同的。

徐安琪和叶文振（2002）的研究表明，丈夫的家庭责任心较强、在冲突时是更能忍让、妥协的人，婚姻感觉更好。一个尊重妻子的男人，会是一个包容、忍让、宽厚，愿意在物质上优先满足妻子、在时间上陪伴家人、在精神上欣赏和相处中包容妻子。一个被丈夫如此关心的妻子，感受到的是浓浓的爱意，她也会更好地回报给家庭和丈夫。

男性婚后的生活质量较女性而言有了提高。妻子会关心和照顾丈夫，承担大部分的家务和子女教育，丈夫可以全力以赴地将精力投入到事业和工作中，他们的经济收入会增加，社会信任度会增加。丈夫们只要能安抚好妻子，让家庭稳定和睦，他们就可以将精力用于事业的发展，给家庭带来更大的收益，所以他们会积极采用婚姻关系保持策略，让妻子对婚姻感到满意。童辉杰、黄成毅（2015）认为夫妻的互动模式直接影响双方对婚姻的主观感受。积极的互动模式是调和婚姻矛盾的最佳方式，在家庭事务中，良好的沟通、日常的相互陪伴以及满意的性生活都有助于增强夫妻感情，对于婚姻关系运行有积极作用。

2. 青年人富有家庭责任感；共同分担家庭事务；积极保持愉快、平等的婚姻关系；重视婚姻承诺，愿意表现对婚姻的忠诚；关心和帮助夫妻双方的亲戚朋友。

家庭是个人社会经济地位的象征，也是个人在社会中自我升迁的依托。每个人应该承担家庭责任，通过每个成员为家庭的付出，家庭为个人提供衣食住行，家庭的荣辱兴衰直接关系到每位家庭成员的命运，相互依赖成为夫妻关系的主要特征。在当今青年的婚姻中，这一传统观念依然完美地延续下来，我们很欣慰地通过实证研究发现，绝大多数青年人还是注重家庭，乐于为家庭承担责任。

调查显示：1. 家庭责任感。74.6 的人积极履行家庭义务，

71.6%的人表示不会推卸责任，70.8%的人赞成夫妻共同承担抚养子女和赡养老人的责任。2. 家庭事务。68.4%的人会合理分担家庭事务，68.2%的会做家务。3. 婚姻关系。60.4%的人会努力保持愉快的婚姻关系，61%的人会协商解决分歧和矛盾。4. 婚姻的忠诚。62.9%的人对于自己的婚姻承诺很重视，62.6%的青年人会向配偶表达出自己的忠诚。5. 亲朋关系。66.8%的人会关心夫妻双方的亲戚和朋友，66.1%的人乐于帮助配偶的亲戚朋友。

20世纪90年代进行的大规模抽样调查显示，妻子承担的家务比丈夫多，是家务劳动的主要承担者。杨善华（1995），徐安琪（1997），Parish和Farrer（2000）发现，由于中国城市中妻子的相对收入越高，家务分工越趋于平等。左际平（2002）认为丈夫家务的参与程度比较高，但总体来说妻子家务做得比丈夫多。现代社会中，男性和女性都一样地外出工作，下班回家后，大家都很疲惫，现代家用电器的普及使男性可以轻松地承担洗衣、保洁等家务，所以女性希望男性能承担家务劳动，减轻女性的负担。男性有足够的物质经济能力给予家庭和妻子安全感，同时通过分担家务活来表达自己对家庭和妻子的爱。尤其是在有了孩子之后，通过分担部分看护孩子的工作，丈夫可以很好地表达对妻子的关爱，让妻子感到幸福。妻子也在照顾家庭的同时分担丈夫的赚钱养家压力，共同维持温馨和谐的家庭气氛。

婚姻中良好的沟通包括两方面：一是诚恳地表达自己，二是感同身受地倾听对方。男性和女性由于思维方式的不同，在沟通时经常会出现目的相同，但是相互不理解的局面，导致沟通困难。男人关注逻辑、道理、现实和解决问题，对事不对人，事实大于态度。他们需要信任、接受、感激的爱，如果帮助妻子解决了问题，女人的采纳和感激会让他们觉得被需要和被认可，也就是被爱。而女人正好相反，她们在乎态度、感受、情绪、关系这些感性的层面，如果男人一直讲道理，她们会觉得自己的需求没有被关注，她们需要男人的体贴、了解、尊重的爱。由于男女两性的思维方式和对爱的需求不一样，所以在婚姻中，夫妻双方的换位思考就格外重要。男性要积极倾听妻子的意见，女性要鼓励赞美丈夫。双方都学会换位思考，互相理解，尊重差异，才能取得良好的沟通效果。就像电影《叶问》中的那句经典台词："这个世上没有怕老婆的男人，只有尊重老婆的男人。"

婚姻承诺要求，一旦结为夫妻，就应该承担起夫妻应有的责任和义务，双方有义务不断巩固和发展婚姻关系，而不是以爱情的名义放弃婚姻。这对于婚姻来说是不理智的，对于个体而言也是不负责任的行为。青年人在婚姻中应该努力实现对婚姻的承诺，让爱情在婚姻中更成熟、更美好，在烦琐平淡的婚姻生活中学会包容，共同成长。只要婚姻关系存在着，夫妻就应该扮演好自己的角色，为人妻者尽妻子之道，为人夫者尽丈夫之道，这既是婚姻的要求，也是每个妻子和丈夫对自己应该有的要求。

3. 30 岁以下的青年人更愿意沟通，表达爱意。

婚姻关系属于一种亲密关系，两人一旦建立此种关系，就会将对方视作除父母之外最亲密、最信任的人。男女双方都需要满足爱的需要，感受家庭的温暖。自己要给对方安全感和舒适感，也从对方那里获取安全感和舒适感。开放性意味着愿意在配偶面前自我表露，这种自我表露意味着对配偶的完全信任，放心地、真实地把自己展现给配偶，这种表露可以让配偶感受到爱，从而建立亲密无间的深厚的婚姻关系。

什么是理想伴侣？理想伴侣就是我们理想中的自己在他人身上的投射，是我们内心期待自己想成为的人。因为我们自己没有成为这样的人，所以我们羡慕和欣赏这样的人，潜意识中，我们觉得只要跟这样的人在一起，那我们也能成为自己理想中的人，是每个人的自我实现需求。所以性格反差大的人会互相吸引。金无足赤，人无完人。那个在恋爱时被理想化的伴侣，其实也是一个普普通通的人，他（她）也会有自己的缺点和不足，如果在婚后，将对方的不足无限放大，不能容忍对方有任何瑕疵，拼命要求伴侣做到如自己所希望的那样完美，同时也拼命要求自己，那会将对方身上的缺点无限放大，最终成功将对方逼成自己最讨厌的人。婚姻幸福的人，就是知道自己不完美，也接受配偶的不完美。婚姻的真相就是面对最真实的彼此，接受彼此的不完美甚至是缺陷，彼此包容，相携相助，一起营造共同的婚姻生活。

在婚姻中让配偶知道自己的看法，能将自己的感受说出来，是有利于婚姻关系的。如今快节奏的生活让很多人都是抱着手机忙自己的事，夫妻之间相顾无言，这正是感情倦怠的开始。结婚后两个人的工作圈不同，关注点不同，需要时刻与对方进行言语和情感互动，应该信任对方，交流想法，还可在闲暇之时尽力寻找话题与另一半交流分享所见的趣事，以一种惬意愉快的心态去享受婚后生活的点点滴滴。

沉默是婚姻的最大的杀手，如果我们不和配偶进行沟通，不让他（她）知道自己的计划和想法，配偶会觉得自己被隔离在对方的生活之外，难以接近对方，久而久之，婚姻也就走向解体。所以在青年人的婚姻中，开放性和保证性策略对于婚姻关系是非常有利的。

4. 结婚时间在5年以下的青年人更愿意采取措施促进婚姻。

按照家庭生命周期，在结婚的第1—2年，由于“蜜月期效应”，双方的婚姻满意度和幸福感都很高。在婚后2—3年，随着子女的降生，夫妻面临着父母角色的适应，不断增加的经济支出，大量的家务劳动等对个人时间、空间的挤压，原来的二人世界不复存在，工作、赡养老人和教养子女等压力骤增，幸福感会降低。

谈恋爱的时候，双方都会在对方面前努力表现出自己最好的一面，有时甚至会伪装自己，将自己不那么美好的一面掩藏起来，去迎合对方。所以每个人爱上的都不是真实的那个人，而是一部分经过修饰的人，一部分是自己理想化的那个人，在对方身上带着我们自己投射过去的光环。双方都会不自觉地扮演成对方想要的那个理想的人设来讨好对方，面对的都不是真实的自己。

婚后，对方身上的光环消失了，双方在关系中假扮人设也懈怠了，这时候我们就慢慢看到对方本来的样子，大多数婚姻就会出现问题。很多人在这个时候没办法接受对方的本来面目，依旧沉浸在原来的理想状态，婚姻也就失去了吸引力。

此时，就需要双方调整心态，重建对于对方的认知，在现实的基础上协调与对方的矛盾和冲突，重新培养爱的火苗。只有这样，才是建立真正意义上的夫妻共同体，欣然接受了彼此本来的真实面目，而且对彼此的真实面目重新燃起爱意，互相爱护。夫妻相互扶持，互相安慰，一起解决问题，克服困难，婚姻才会渐入佳境。研究证实，妥协和服从对婚姻问题的解决有积极的促进作用，适度的迁就会增加婚姻关系中的宽容和理解，为对方适当地改变或牺牲自己是包容和喜欢对方的表现。其他策略在维持婚姻的过程中或多或少地会带来负面效果，但个体采用的具体方式和努力付出对婚姻关系有着重要的作用，分离和回避策略适用于一方个性鲁莽冲动的夫妻，但对于一方沉默寡言、倔强而自尊心强的夫妻来说会产生更糟的结果；而控制和行为反应被视为一种消极的策略。因此，夫妻双方要在了解彼此性格和沟通的基础上具体问题具体分析，以维持积极的婚姻关系为目标，采用适当的策略增进关系保持。

5. 子女、受教育程度、收入水平都会影响青年人的婚姻关系保持策略。

作为独生子女的当代青年人在成长的过程中，父母的呵护和关爱一直持续到成年。他们是家庭的中心，接受长辈的关爱多，几乎不要求他们付出，家庭对于他们来说只是享受关爱的温床，他们只有接受的习惯而缺乏付出的意识。走入婚姻后，他们依然保持着这种心理惯性，对小家庭中夫妻双方应当承担的责任认识不清。不过，现实会迅速地教会他们，在不知不觉中，他们改变了身份，意识到自己应该肩负的责任。

（1）多子女的父母采用的婚姻关系保持策略较少。孩子对父母的婚姻有积极的影响也有消极的影响，一方面，孩子是父母爱情的结晶，是婚姻的纽带；另一方面，他们是父母婚姻关系之间的“第三者”，他们分享了父母的感情资源，增加了父母的家务劳动，甚至引发父母之间的冲突。

徐安琪和叶文振（2002）的调查中，93.3%的人认为孩子对家庭生活有积极的作用，69.2%的人认为孩子会增加夫妻共同关心的话题。孩子固然加大了家务工作量，带来较大的经济负担，但是孩子能增加家庭乐趣，增强为人父母的责任感，让父母更成熟和富有爱心，为父母关系的稳定和发展创造良好的家庭环境。

我们发现，孩子的数量越多，夫妻采用的婚姻关系保持策略就越少。这是由于孩子会耗费父母大量的时间和精力，亲子关系的发展使夫妻都会将注意力和感情转向孩子，分散了对于配偶的关注，也影响了夫妻二人独处的时光，影响了夫妻之间的交流和互动。此外，孩子是父母婚姻关系的纽带，已有的研究表明，多生孩子有利于夫妻关系的发展，既然婚姻通过孩子已经将夫妻紧紧联结在一起，那么夫妻之间就不需要刻意采用一些方式来促进婚姻关系，双方都是笃定的，因为彼此的目标是一致的，只要一心一意地将孩子抚养长大就可以了，不需要再采用其他的方式来保持婚姻。

（2）受教育程度越高，会积极采用婚姻关系保持策略。受教育程度高的人在选择配偶的时候，选择面更宽，也更倾向于选择条件与自己相似和接近的人，因此，夫妻之间在交流和沟通的方式上相近。Burleson和Denton（1992）研究了已婚夫妇在沟通技巧方面的相似性，形成了对技能相似性模型的评估。他们对已婚夫妇进行了人际认知复杂性和三种一般沟通技巧的测量，沟通技巧包括：感知他人意图的准确性、预测个人信息的情感影响的准确性、实现预期沟通结果的有效性。发现与配偶的社会技能水平是显著相关的，夫妻的社交技能水平明显更相似。幸福的夫妇在技能水平上比不幸福的夫妇表现出更大的相似性。

受教育程度高，其观念就更开放一些，在婚姻中会相互尊重，重视沟通。尊重是为了更好的婚姻质量，沟通是为了更好的生活质量。注重夫妻间关系质量的提高，会通过一些方式传达自己的真心和爱意。他们会将自己的生命和配偶联系在一起，不做有损婚姻的事情，努力建构夫妻关系，根据环境的变化而不断加强、改变，重新调整方向，因为在他们的观念里，幸福的婚姻需要夫妻双方用一生的时间去呵护、去培养。

（3）收入水平越高，婚姻关系保持策略越多。“个体的高收入能够转化成婚姻中的权力，以此成为不从事家务劳动的砝码。”（张会平，2013）有研究表明，无论男性还是女性，当一方在经济上依赖对方时，就不得不多做家务。收入水平低的人对家庭的贡献少，要维持对方的心理平衡，就可以通过家务劳动来弥补。

个人的收入水平对婚姻关系保持策略的影响很大。社会转型中，市场经济让许多人将“金钱”当作唯一的衡量标准，甚至人们认为纯洁而神圣的爱情也只是金钱面前的一个交换品，“宁愿坐在宝马车里哭，也不愿坐在自行车后座上笑”，这种赤裸裸的爱情观在部分青年中很有市场。青年人的经济压力较大，小家庭的生活处处都需要钱，经济收入影响着他们的婚姻关系。“仓廪实而知礼节”，收入高的青年人经济压力较小，他们可以注重生活质量，将精力放在婚姻关系的保持和维护上，愿意采取一些积极有效的策略来提升婚姻关系。

个人年收入在3万元以下的人，基本上处于经济较为拮据的状态，他们只能将精力用在解决家庭的生计问题上，他们的配偶比较了解家庭的情况，夫妻会将主要精力放在改善和提高家庭生活质量上，共同努力增加家庭收入，减轻经济压力。

6. 婚姻承诺与婚姻关系保持策略高度相关。

Rusbult认为承诺之所以促进关系维持行为是因为个体对关系满意，想确保关系能持续下去，因而表现出良好的调适能力（Rusbult等，2001）。所以，投资模型也预示了承诺和关系保持行为之间存在着积极联系。

在婚姻中许下要相守相望的承诺，夫妻携手共同漫步人生路，只是发端。要想收获幸福的婚姻家庭，就需要夫妻双方的共同努力，需要夫妻不断地为婚姻生活付出，既是心理付出，也是行为付出。

彼此需要包容与肯定。结婚后会对彼此更加了解，恋爱期间所忽视的对方的缺点和坏习惯在婚后生活中可能会被扩大，我们需要调整心态，意识到“人无完人”，学会包容对方的缺点和发现其优点，通过沟通意见和妥协的策略变成更好的自己。另外，肯定对方的婚姻角色和欣赏其社会能力。当对方的社会能力提高，可以通过语言和行动让对方感受到“你对我来说很重要”“我看到了你的付出”，当个人在婚姻关系中感受到被需要、其付出被重视时，会全身心投入婚姻生活中，对今后的婚姻生活抱有希望，婚姻关系也会长久下去。

夫妻关系是家庭中最基本的关系，其他的关系都是在此基础上的延伸。婚姻是家庭存在的基础，夫妻关系的稳定对于维持家庭的繁荣与发展起着至关重要的作用。婚姻中的个人必须忠诚于配偶和家庭，重视维护婚姻的神圣和家庭的和谐。对于现在处于激烈竞争中的青年人来说，稳定的家庭和美满的婚姻对于个人的事业发展起着良好的推动作用，是个人打拼事业的“大后方”，也是遇到事业挫折时可以休息的港湾。

婚姻家庭中的事情、夫妻之间的互动、分工、抚养子女等现实议题都是差不多的，但是人和人的那些感情事总有些细细微微的差别。越过越平淡的日子，同处一室却无话可说的疏离感，现实婚姻生活的巨大心理落差，与他人比较时不断地发现自己婚姻的缺陷和遗憾，种种无法具体化、明确化的东西，很容易让青年人的婚姻岌岌可危，我们希望对青年人婚姻关系保持策略的研究与分析能让其他青年夫妻找到参照，从而停下脚步，互相搀扶着走过泥泞。毕竟“百年修得同船渡，千年修得共枕眠”，善待情缘，善待婚姻，善待爱人，也就是善待自己。

六　结论

通过调查，我们发现青年人在婚姻关系保持策略上有以下特点：

1. 青年人的婚姻关系保持策略总体水平较高，男性的总体水平稍高于女性。

2. 青年人富有家庭责任感；共同分担家庭事务；能积极保持愉快、平等的婚姻关系；重视婚姻承诺，愿意表现对婚姻的忠诚；关心和帮助夫妻双方的亲戚朋友。

3. 结婚时间 5 年以下的、年龄在 30 岁以下的青年人更重视婚姻关系的保持。

4. 子女、受教育程度、收入水平都会影响青年人的婚姻关系保持策略。多子女的父母采用的婚姻关系保持策略较少；受教育程度和收入水平越高越会积极采用婚姻关系保持策略。

5. 婚姻承诺程度高的人，重视运用婚姻关系保持策略。

第五章　当代青年的婚姻冲突及其应对

案例 1：

37 岁的黄源和妻子是大学同学。“当初条件困难，我们相扶相依，在一起习惯了，就走到了一起。”黄源说，妻子一直比较有主见，自己在家中几乎连每天穿什么衣服妻子也要管。不过，一心想经商的黄源不甘心，总想证明给妻子看，却似乎又无能为力。他几乎每两年就换一个工作，夫妻俩常常因此争吵，甚至还离家出走过。最终，黄源还是接受了妻子的安排：在一个企业当办事员。

2020 年春节，黄源所在单位延期复工，每天早上他就要被赶出被窝：快去小区遛狗。出门前，还得把馒头、牛奶热上。午饭自然也落在他身上。虽然每天柴米油盐，春节在家 40 多天，黄源始终没忘自己的经商梦：身为七尺男儿，未必一辈子这样？3 月 2 日晚上睡觉前，黄源在厕所里抽了下烟，妻子说了他几句，他心里压着的火一下子就喷发了出来，双方发生激烈争吵。一时冲动之下，黄源提出了离婚。没想到，妻子当时就同意了，黄源抱着被子睡到了沙发上。

第二天，两人到民政局离婚，由于当天预约的号已满，便预约了 3 月 5 日去离婚。没想到半夜儿子上吐下泻，黄源在妻子指挥下拿药、推拿，一直忙到快天亮，两人又习惯性地走进卧室躺下。

3月5日预约离婚的日子，两人一早就出门上班，完全将离婚一事忘在脑后，下班后又急急赶回家看儿子。直到晚上睡觉前，夫妻俩才想起离婚的事。

"你不是要离婚啊？还睡这儿？"妻子笑着说。

"算了，我这辈子可能都只有听你指挥的命。"黄源说，其实，一辈子都有人管也是一种幸福嘛。

以上是四川的一位黄先生的真实经历。[①]

上面例子中夫妻的经历是很多夫妻的真实写照，当夫妻发生矛盾冲突时不知道如何解决，所能想到的最直接的办法就是离婚。似乎离婚可以解决夫妻的一切矛盾，可以从此没有烦恼，过上幸福的生活。但情绪冷静下来后，发现双方的感情并没有破裂，于是相视一笑泯恩仇，日子还可以继续过下去。生活中，许多夫妻在发生矛盾的时候，不知道如何有效解决，冲动之下离婚，冷静下来之后又后悔，这其实是缺乏面对和处理婚姻冲突的能力。

一　婚姻冲突的内涵

婚姻冲突是指夫妻间公开的或隐藏的对立和意见分歧，即平常说的闹矛盾、闹别扭。夫妻之间的冲突既可以是为某问题意见不合的争论、争吵，也可以是情绪上的相互对立和不满，还包括发生在婚姻中的打骂、侮辱行为等。（杨阿丽、方晓义，2010）

"每当个体的动机、目标、信念、观点或行为妨碍别人，或者与别人有矛盾时，就会发生人际冲突。"（米勒，2011）夫妻之间，一方妨碍另一方行动或者阻碍别人实现愿望，就会引起婚姻冲突。冲突是亲密关系中常见的、不可避免的现象。（Hocker & Wilmot，1991）

婚姻冲突对人的心理影响很大，当婚姻冲突发生时，人的情绪变

① https：//news. sina. com. cn/s/2020 - 03 - 14/doc - iimxxstf8862396. shtml.

化剧烈，陷入痛苦和煎熬中，生气、怨恨等负面情绪占据主导地位，思维受到严重影响，注意力难以集中，难以关注其他事物。长期的婚姻冲突会使两个人筋疲力尽，不仅感情受到伤害，家庭其他成员、工作、生活都会受到影响。许多人将婚姻过“死”了，并不是不爱对方，而是不能积极解决婚姻中的问题，只能不断争吵甚至暴力解决，每一次的冲突都不能积极面对，不会一起努力解决矛盾，任问题堆积，压垮婚姻直至婚姻死亡。

对于有子女的家庭而言，夫妻的婚姻冲突对子女的成长影响较大。孩子的情绪稳定性、表达情绪的方式是学习来的，确切地说，是从父母之间的冲突解决模式中学习而来。根据班杜拉的社会学习理论，孩子会模仿父母的情绪表达方式，如果父母是消极的、激烈的冲突处理方式，孩子会出现冷漠、极端、逃避等负面的应对方式。婚姻冲突对孩子的成长造成的影响有两个方面：第一是对子女心理发展的影响。婚姻冲突的频率、强度、内容、持续时间和解决方式对孩子的影响很大，孩子在父母争吵时会很感到紧张害怕，出现退缩性行为。（Grych、Fincham，1995）第二是在子女长大成人之后，子女会把自身在父母婚姻冲突中习得的经验迁移到自己的爱情和婚姻生活中，对婚姻关系产生影响。Crokett 和 Randall（2006）也指出人们往往会把自己年少时期在原生家庭里习得的经验带到自己成年期的爱情中。Halford（2000）的研究发现：从小在父母的暴力冲突下长大的男孩，在成年后处理人际关系冲突的能力较差，与同辈相比，他们会更暴躁和尖刻。冲突管理的核心是自我控制，如果见多了父母在婚姻冲突中狂暴的情绪失控状态，孩子就根本无法做到冷静和自控，这将对他们未来的社会生活以及亲密关系的建立产生不良的影响。

一般来说，婚姻冲突会有一个导火索事件（事物），这个事件（事物）会导致夫妻的共同利益或者一方的利益受到损失，那么受损的一方就会产生心理不满，这种不满需要经过某些行为方式表现出来，如带有否定性的牢骚、气话甚至身体冲突等，一旦这种否定性的情绪表现出来，则极易对对方产生否定性的判断。常见的冲突如配偶的性格和行为方式带来的冲突，或者个体追求自我需求和情感表达带来的冲突。夫妻无法以协商的方式理智处理所面对的困难和分歧，而是采取抱怨、批评、敌意、非理性的行为和态度对待分歧和矛盾，就会导致婚姻关系紧张、不愉快。

青年人步入婚姻的时间较短，夫妻双方的个人修养、教育、成长环境、家庭教养方式等都不同，对婚姻家庭关系的认知和期望也不同，各人的生活习惯、性格爱好等在婚前也不可能了解得很细，在婚姻关系上处于磨合阶段，发生冲突的概率较高。

已有的研究表明，冲突对婚姻作用是积极的还是消极的，取决于夫妻处理冲突的方式。夫妻理性地面对和解决冲突可以加深彼此的感情。如果夫妻能坦率地表达自己的观点，相互平等协商，谋求双方都接受的处理方案，那么这种处理方式会使婚姻关系更加亲密，更加信任对方。但是，如果一味地回避或者以简单粗暴的方式处理冲突，伤害配偶自尊，压制对方，强求对方服从自己，那么无疑会破坏甚至毁掉自己的婚姻。冲突过猛或者过频会影响夫妻双方的生理和心理健康，更重要的是会严重破坏夫妻的感情基础，那些在婚姻关系中经常采取敌对、打骂等应对冲突行为方式的人离婚率高。

“不是冲突本身，而是处理冲突的方式才是影响婚姻质量的关键。”（贾茹、吴任钢，2012）只有没有合理解决的婚姻冲突才会对夫妻关系产生消极的作用，如果夫妻学会平等协商和管理他们之间的分歧，那么就会促进婚姻的发展。

二　婚姻冲突及应对的研究

20 世纪 60 年代末，J. Sprey 首次提出家庭是一个有冲突的系统，之后婚姻冲突的研究开始进入学者的视野。“目前，西方学者关于婚姻冲突的研究主要集中于两个大的方向：一是个体采用不同的冲突应对方式对其婚姻质量的不同影响及原因；二是夫妻采用不同的冲突应对方式对子女发育的影响。”（贾茹、吴任钢，2012）有关婚姻冲突的研究基本上是沿着这两条主线展开的。

（一）国外研究现状

彼得森（2002）对婚姻冲突的研究做了梳理，发现夫妻几乎在所有问题上都可能发生分歧，只要生活中存在的事件，都有夫妻为此争吵。婚姻冲突破坏了夫妻对婚姻的满意度，是预测分居和离婚的重要指标。现在，学者们普遍认为不应该忽视婚姻冲突的存在，因为回避和掩盖冲突的结果会给婚姻关系和个体带来极大的伤害，诺勒（1994）的调查表明："在冲突中退避的新婚夫妇，并没有解决他们的分歧，那么在以后的岁月往往更不快乐。"艾柯（2007）发现"受到婚姻困扰却不能畅言的中年妇女比起她们直言不讳的邻居来，在未来10年死亡的可能性高达4倍"。Canary（2003）发现在婚姻冲突中能保持乐观、避免罪责归因、有效掌控自己的消极情绪，夫妻就可能变得更宽容、更灵活、更有创造力，夫妻也就有可能达到整合一致。

1. 婚姻冲突的特征

为了更好地了解婚姻冲突，学者们开展了多维度的研究，结果发现婚姻冲突具有以下特征：（1）婚姻冲突是普遍存在的。McGonagle（1992）进行了一项为时三年的研究，发现夫妻每个月都会经历1—2次"不愉快的争论"。有时候夫妻虽然没有公开争吵，但是心里却对配偶很恼火。（2）青年人的冲突较多。青年人刚刚步入婚姻，也刚刚开始自己的职业生涯，新的生活体验和工作的变化会让他们难以适应，此时的冲突会高于其他的年龄阶段。（3）婚姻冲突和夫妻的依恋类型相关。焦虑型的人一般都过度担忧伴侣会离开自己，总是紧张地预期最糟的结果，一旦发生冲突，他们就会觉得很严重。安全型的人就不会这样想。依恋焦虑会导致人们将冲突的危害夸大化，甚至感到根本不存在的危险和威胁，他们的焦虑逐渐制造出婚姻冲突和紧张（Campbell，2005）。（4）婚姻冲突与人格有关。高神经质的人比低神经质的人更容易冲动和发怒，容易与他人发生更痛苦的争执（Heaven，2006）。随和性高的人温厚和善、容易相处，具有合作精神，在发生冲突时，他们很容易妥协。即使发生了冲突，他们也会做出建设性的反应。

2. 婚姻冲突产生的原因

Peterson（2002）发现夫妻几乎在所有的问题上都可能产生分歧："怎样管理金钱，怎样处理与姻亲的关系，性交的频率和方式，怎样分配家务，情感表达不充分（没有足够的爱意），情感表达太夸张（多愁善感、易怒），个人的习惯，对其他男性或女性、亲戚和自己子女的嫉妒"，这些分歧会引发婚姻冲突。

大多数对亲密关系中冲突的分析都认为它源于以下因素：(1) 争夺稀缺资源——"我想这样做，你想那样做"。(2) 未能履行关系中的义务——"你没有真正了解我"。(3) 态度或价值观的差异——"我不同意"。这些都是亲密关系中持续不断冲突的根源。

Peterson（2002）把导致婚姻冲突的事件分为四种类型：批评、无理要求、拒绝和累积的烦恼。批评是指用贬义或侮辱性言语或行为对待对方。无理要求是超过了配偶的正常期望的不公平的索取。拒绝是指一方提出要求，另一方并没有做出预期的反应。累积的烦恼是指相对轻微的事件不断重复变得恼人。

3. 归因

夫妻的喜怒哀乐受到解释配偶行为时所选择理由的影响，归因影响着他们对配偶的行为的心理感受。归因能确定事件的原因，强调某些因素的影响并忽视其他因素的作用。对于日常生活中发生的事件，夫妻的解释可能会完全不一样，这是因为夫妻二人的归因方式不同所致。归因时，我们可以强调内部的影响因素，如人格、能力或者个人努力；或者强调外部因素，如个体所面临的困难或环境，由于夫妻对很多生活事件都同时承担责任，对因果的判断就格外复杂。

夫妻归因方式的差异会造成两种不同方式的冲突：第一，如果夫妻不能认识到他们的配偶总是拥有其独特的个人观点，就会对配偶产生误解。第二，如果夫妻双方将各自的不同观点都表达出来，他们就会为彼此观点的合理性而争执，这被称为归因式冲突（Orvis，1976；

Miller，2011）。夫妻的归因受到行动者/观察者相应的影响，他们对自己行为的解释，与对观察到的类似行为解释完全两样，人们常常能深切地感到影响自己行为的外部压力，对自己的行为的解释容易做出外部归因。但是他们注意不到同样的环境也会影响他人，从而在解释他人的行为时，常常归因于他们的内部原因，如性格或意图等。夫妻忽略了他们在彼此身上观察到的行为正是自己引发的。他们会自以为是地认为对方会像自己一样看问题，即便是最亲密的夫妻也很少能真正理解彼此所有行为背后的原因。

归因时，人们会欣然地将成功归功于自己，而极力推脱自己在失败中的责任，这种现象叫自利偏差。人们都能准确估计他人的自利偏差，但看不到自己也有偏差。在发生冲突时，夫妻倾向于认为冲突是由对方的错误造成的。每个人从各自不同的视角为自己开脱，而不会同样原谅爱人所犯的错误。

夫妻的归因模式能决定婚姻的满意度。不良的归因方式会引起更多的纠纷和降低解决问题的效率，导致更多的不满和冲突。良好的归因模式着眼于改善关系，对配偶的积极行为通常给予内部的、稳定的、普遍的归因，淡化彼此的过失，认为过失行为是偶然的、特殊的、局部的。积极的归因方式放大了配偶的优点而缩小了配偶的不足，让双方都能愉快相处。

4. 冲突的过程

Peterson（2002）将冲突分为三个阶段：起始阶段、中间阶段、结束阶段，每一个阶段都存在两种对立的情形：顺利应对冲突和矛盾激化，顺利应对后冲突就解决了，如果没有很好地解决反而愈演愈烈的冲突会进入下一个阶段。

起始阶段中，存在前提条件、激发事件、介入三个因素。夫妻之间原本就存在着利益冲突、情境压力、不满等前提条件，此时出现一个激发事件，直接导致夫妻产生争端。当激发事件出现时，夫妻面临两种选择：介入冲突，或者避免争端、搁置争议。一般只有在夫妻双方都希望避开争端时，才能避免冲突。夫妻对争端会进行评估，如果激发事件微不足道或风险太高，无法解决，那么夫妻也会避免冲突。如果一方认为争端很重要且风险较低，那么矛盾会升级进入中间阶段。

中间阶段包含升级、分离、和解三部曲。如果夫妻发生冲突，一部分夫妻会谈判协商，试图用理性的问题解决方式来解决冲突，即当夫妻中的一方将争端升级时，另一方如果能及时交换信息，和对方进行良好的沟通，一起面对冲突寻求解决方法，那么夫妻就会重归于好。如果夫妻冲突加剧，彼此冷嘲热讽、争吵、打斗等等，冲突会进入分离阶段。分离之后，一些夫妻会重新界定问题的严重性，反思个人的责任，其中一方会愿意向对方低头认错，通过调节，恢复关系。如果夫妻认为无法解决，彼此继续互相责备，不愿意协商，双方进入冷战，表面上冲突没有了，但是会将怨气埋在心底，累积到下一次冲突爆发。一些夫妻在冲突分离后冷静下来，会相互和解，会向对方表现出诚恳的悔意，表达自己的爱意，双方恢复关系。

结束阶段出现的结果有好有坏，一些结果对婚姻关系有破坏性的作用，如支配、分离；一些有建设性的作用，如妥协、整合一致、结构性改善。经历了狂风暴雨的冲突后，如果冲突得到令夫妻都满意的解决，那么彼此更为了解，会更信任对方，也从冲突中学会了相处的模式，愿意以更乐观和更有创造力的方式去解决先前逃避的争端。

5. 婚姻冲突的应对方式

Rusbault（1987）从主动—被动、建设性—破坏性两个维度出发，提出了冲突应对的四种不同的方式：讨论、忠诚、离开、忽视。讨论是指以主动、建设性的方式来行动，通过与配偶讨论问题、改变自己的行为、获取朋友或他人的建议从而改善关系。忠诚是指以被动但建设性的方式来行动，乐观地等待条件改善的表现。离开是指一方以主动破坏性的方式来行动，通过离开伴侣、威胁要结束关系或者施虐行为如大喊大叫、大打出手而得以表现。忽视是指以被动但破坏性的方式来行动，通过避免讨论关键性的问题、减少与配偶的相互依赖而表现，当个体变得忽视，就会袖手旁观，放任形势恶化。

Gottman（1999）对婚姻冲突进行了考察，研究结果认为夫妻间处理冲突有四种基本的类型。（1）爆发型。这类夫妻会发生频繁、激烈的争吵，但是最终他们能充分运用智慧来解决分歧。夫妻都认为争吵和冲突是他们温暖爱恋关系的一部分，体现关心和爱。（2）理智型。这类型的夫妻会表现得很礼貌、温和、镇定，他们常常会站在对方的立场上考虑，体谅对方，能自我控制，愿意妥协。（3）回避型。夫妻很少争吵，双方都回避正面对抗，不会与配偶讨论冲突，常常只是靠自己的力量来解决冲突，或者等待，希望随着时间的推移问题能淡化。（4）敌对型。这类型表现为负面特点，双方都维护自己，不听对方的意见。他们的话语中充满了批评、蔑视、防卫和退避，彼此恶意相向。前三种类型的婚姻关系都能持续，因为他们在冲突解决中，获益大于代价。爆发型的夫妻在冲突中交流了大量的负面情感，但获得了心理平衡，了解到对方对自己的关爱。理智型的夫妻通过共情，加深了相互理解，更有利于感情。回避型的夫妻由于没有太多的负面情绪，他们的感情不会受到损害。敌对型的夫妻关系较为危险，对于双方的忍受力是一个考验，在长期的相互负面评价中，如果一方难以继续承受，婚姻关系将面临解体。无论如何，研究者都认为，激烈的争吵并不一定会损害婚姻关系。夫妻都愿意采用相同的冲突应对方式，彼此能保持相互尊重，就算打打闹闹也能一辈子走下去。

婚姻冲突的应对方式会受到性别、性格、文化等因素的影响。大丈夫式的男性更有可能表现出破坏性的离开或忽视；女性则会采用讨论和忠诚的方式。内向型的人不会主动采取行动，会忽视婚姻关系，不会努力修复婚姻；外向型的人会主动讨论、抱怨，努力克服困难。在个人主义文化下成长的人往往表现出破坏性的离开和忽视，在集体主义文化下成长的人会进行讨论和表现忠诚。如果婚姻关系令人满意，个体对婚姻关系的投入也较高，就会以建设性的讨论和忠诚做出反应，不会采用忽视或离开的方式。Tosun 和 Dilmac（2015）的研究表明，已婚人士使用的解决冲突的方式与个体的价值观高度相关，所以，个体的冲突应对方式会受到价值观的影响，三观一致对婚姻很重要。

6. 冲突的结果

就像太阳每天都会照常升起一样，无论多么激烈的冲突最终都会结束。Peterson（2002）总结出了冲突结束的五种方式：分离、支配、妥协、整合一致、结构性改善。分离指夫妻一方或双方在冲突没有解决时就退出的冲突结束方式。支配指夫妻中的一方占了上风，另一方停止反抗。妥协指双方都降低期望以找到双方都能接受的替代方法来结束冲突。整合一致指具有创造性、灵活性地满足双方最初的目标和期望。结构性改善指夫妻得到他们想要的，从中得到学习和成长，婚姻关系更亲密。

Peterson 认为在以上五种方式中，前两种的破坏性和危害性较大，后三种是建设性和有益的。冲突的结果如果能让夫妻从中学习到一定的经验和解决冲突的方法，那么这种冲突对婚姻关系起到了促进作用。婚姻是需要磨合的，夫妻在冲突中学会如何和对方相处，也在冲突中不断更深入地了解对方，学会改变自己以适应婚姻中的角色需求，他们会共同成长。

目前，国外有关婚姻冲突研究的主流观点认为，不能仅仅关注婚姻冲突的消极方面，应该肯定婚姻冲突对婚姻带来的积极影响，相对于冲突造成的困境而言，冲突也是增加夫妻亲密感的有效工具。在冲突中，夫妻坦诚地暴露出双方之间存在的争端和矛盾，才有可能寻求解决的方法。“如果能娴熟、有技巧地处理冲突，而不是让冲突不出现，会使得亲密关系更有可能发展。”（Fincham，2003；Miller，2010）目前学界开始着手研究婚姻冲突的应对，认为冲突应对方式是直接影响婚姻关系的重要因素，探讨夫妻的积极应对方式对婚姻的促进作用。

（二）国内研究现状

我国是在 20 世纪 90 年代才开始研究婚姻冲突，主要集中在婚姻冲突类型、冲突原因、夫妻冲突对子女的影响、冲突对婚姻质量的影响等方面，比较侧重儿童对父母冲突的认知与影响研究。

1. 婚姻冲突的原因

婚姻冲突可能会因为子女养育、父母赡养、经济、家庭角色、人际关系等方面的分歧而产生，当夫妻双方的观点不一致时，或者彼此不能互相忍受，就会出现难以调和的冲突。

徐安琪和叶文振（2002）的调查发现，家务、子女教养方法和经济是中国夫妻婚姻冲突的三大诱发因素，因为家务发生摩擦的高达51.7%，因为子女教育方法不一致发生争执的占38.1%，出于经济纠纷的为23.7%。杨阿丽（2009）的研究表明，夫妻报告的前三项冲突是：家务琐事、不良习惯和交流解决问题方面。妻子在家务琐事、交流解决问题和孩子方面报告的冲突显著多于丈夫。"夫妻报告的交流解决问题和不良习惯上的冲突更多，这说明今天的夫妻对他们自身生活的精神质量更加关注，虽然孩子和金钱方面的冲突也较多，但他们对冲突的关注点已经发生了变化，即从外在的影响因素转移到了对内在因素、从物质因素转移到了对精神因素的关注。"交流解决问题方面的冲突折射出今天中国人婚姻中的平等意识已经在家庭中普及，在传统的家长制的家庭中是不可能有这种需求出现的，这也反映出女性在家庭中的地位提高后，男性的思想观念没有同步跟上，因此会有冲突出现。

其他的一些研究表明性生活、收入差距也会成为冲突的原因。许多对离婚问题的研究发现夫妻的性生活是产生婚内冲突的重要诱因。性生活冲突是女性自我意识觉醒的反映，也是青年人的性观念改变的有力证明。当性生活不再只是为了传宗接代而是为了满足自我的愉悦，男女青年对于性生活的质量就有了更高的要求。这种冲突也是青年人重视婚姻生活质量的一个具体表现。

年轻人面对房贷、车贷、家庭支出、赡养老人、养育孩子等一系列经济压力，时常诱发婚姻冲突。夫妻双方的经济能力影响其家庭地位，存在两种情形，一种是丈夫的工资高于妻子；另一种是妻子的工资高于丈夫，相对于前者，后者更会引起婚姻冲突。张会平（2013）的调查显示，收入高于丈夫的女性报告了较高的婚姻冲突，而收入与丈夫相同或较低的女性报告了较低的婚姻冲突。

婆媳矛盾也是一个比较有中国特色的婚姻冲突原因，占婚姻冲突的14%（徐安琪、叶文振，2002）。李超海（2011）分析了农村男和城市女组合的错位家庭中，婆媳在抚养小孩时出现的消费观、小孩定位、生活习惯、家务分配等矛盾。错位婚姻中的婆媳矛盾浅层次看来只是普通家庭的婚姻冲突，但从深层次看却是“凤凰男”步入城市社会之后投映出无法摆脱的家庭背景，从而在社会中体现了弱势性地位。

冲突也可能是由个人的情绪或性格等因素导致的。赵长江、杨宇（2008）发现有明显的冲动、抑郁、焦虑、缺乏自信、对立情绪和偏执倾向等个性特征的女性，容易与配偶发生婚姻冲突，她们缺乏安全感，对自己不满，感觉婚姻不愉快。赵梅（2005）认为中国夫妻婚姻冲突的原因有：经济因素、感情危机、家务事端和处事差异、子女教养分歧、姻亲矛盾、能力模式、性等方面。

2. 婚姻冲突对婚姻的影响

杨阿丽和方晓义（2009）的研究表明：婚姻冲突、应对方式都对婚姻质量有显著的预测作用，婚姻冲突有显著的负向预测作用，夫妻对冲突的建设性应对则具有正向的预测作用。蔡玲（2013）对青年人的婚姻调查发现：与配偶同住情况下，发生矛盾冲突时，配偶的态度是影响婚姻主观评价的重要因素；冲突时，与配偶之外的家人互动、和社区人员互动对婚姻满意度具有重要的影响作用。徐安琪和叶文振（2002）发现，在婚姻生活不同时期夫妻冲突的发生率呈“倒U形”曲线变化。新婚期过后，冲突开始增多，城市夫妻矛盾冲突高发期在婚后3—7年，农村夫妻则在8—13年，到老年期时冲突较少。城市夫妇的争吵频率高于农村。城市夫妇纷争最少的时期是在老年阶段，而农村则是在新婚期。

婚姻冲突的解决需要夫妻双方共同努力，按照一定的方法，向对方表达自己的看法，不断协商到彼此都接受的结果，只有良好的应对方式才可以提升婚姻的满意度和幸福感。郑振华和彭希哲（2019）

将婚姻满意度和婚姻冲突作为测量婚姻质量的变量，对不同子女数量家庭的婚姻质量如何影响主观幸福感进行对比研究发现，随着子女数量的增加，婚姻满意度、婚姻冲突对主观幸福感的影响效应呈现出明显的从婚姻满意度向婚姻冲突转移的趋势，二孩群体婚姻冲突的程度显著高于无孩与一孩群体，婚姻冲突显著降低了二孩群体的主观幸福感水平。

一些学者考察了新婚夫妇的婚姻冲突情况。李晓敏等人（2016）采用问卷形式对北京市 268 对新婚夫妻如何解决婚姻冲突与日常沟通情况进行调研，并分析其对婚姻质量的影响作用。结果表明，我国新婚夫妻的冲突解决比较积极。新婚夫妻之间对彼此仍具有一定的包容心态，夫妻也更在乎沟通的作用，更有利于解决婚姻冲突。

梁亮和吴明证（2009）考察了婚姻关系中的情绪表达和情绪表达冲突，发现自尊通过对情绪表达和情绪表达冲突影响婚姻满意度。婚姻关系中，一方的低自尊会导致高情绪表达冲突，不利于配偶的情绪表达，影响到婚姻满意度。婚恋观对婚姻冲突也会产生影响。

3. 夫妻婚姻冲突及应对方式对子女的影响

“许多研究表明，经常发生的公开婚姻冲突与儿童的多种问题行为如攻击性、不服从、反社会行为、抑郁、退缩及自我概念发展障碍等有关。”（池丽萍、王耘，2002）婚姻冲突影响了儿童的情绪、身心健康、人际关系、学业等方面的发展。王淼和李欢欢等人（2020）发现父母婚姻冲突对中学生心理危机存在严重的负面影响，这种影响部分通过中学生感知到的歧视水平增高来实现。赵梅（2005）通过对认知情境模型各因素之间的关系进行了文献研究回顾，发现婚姻冲突通过影响儿童的知觉历程从而影响儿童心理的发展。池丽萍（2005）的调查结果也发现，认知评价在儿童感知的婚姻冲突与其内部问题行为之间起中介作用，但是儿童感知的婚姻冲突直接影响儿童外部问题行为。

赵春梅、杨伯溆（2008）研究发现破坏性的、攻击性的、没有得到有效解决的父母冲突会给孩子带来心理压力，父母冲突与孩子的情绪安全感呈显著性的负相关，与游戏成瘾呈显著性的正相关，即破坏性的父母冲突越严重，初中生就越可能出现电子游戏成瘾的情况。邓林园和张锦涛等人（2012）也发现，父母冲突不仅直接影响青少年的网络成瘾，而且还通过青少年的冲突评价和情绪管理间接影响青少年的网络成瘾，但直接作用更为明显。

父母是孩子的榜样，孩子从父母身上学习到各种社会交往的技能。父母如果一贯采用攻击、指责等方式来解决婚姻冲突，孩子通过观察，学习到的是不恰当的冲突解决策略。孩子会将策略应用到人际交往中，面临冲突时，他们将不会积极地化解冲突，会面临人际关系的困难，这种困难所带来的挫败感，又将进一步导致他们消极地应对生活。当孩子面对父母不断的冲突时，也会产生压力、恐惧和自卑感，容易导致孩子形成不稳定的人格。长期生活在父母激烈婚姻冲突的家庭中，孩子会缺乏安全感和归属感。

陈红香、郑建梅（2012）研究了父母婚姻冲突对儿童同伴关系的影响，发现儿童倾向于认为是自己导致了父母冲突。他们认为父母吵架与自己有关，因此产生自责、难过的情绪。儿童觉得自己应该化解父母矛盾，但是儿童的应对效能感差，对冲突又无能为力，从而使许多儿童成为家庭冲突的受害者。父母婚姻冲突会影响到儿童的同伴关系，进而对儿童的身心健康造成不良影响。“儿童对父母婚姻冲突感知越强烈，他们的同伴关系越差。对父母婚姻冲突的感知越弱，同伴关系越好。”

刘湘玲、王俊红（2010）采用问卷调查与个案访谈相结合的方法研究了父母冲突与问题少年的性格、应对方式之间的关系，结果发现父母冲突与子女性格中的情绪稳定性呈显著的正相关，孩子易形成消极应对的方式，如发泄情绪、逃避、幻想否认等。父母的婚姻冲突对问题少年的人格、应对方式和心理健康都有显著的影响，导致青少年问题行为的主要原因是他们对父母婚姻冲突的错误认知和归因。范航和朱转等人（2018）研究父母婚姻冲突对青少年抑郁情绪的影响：父母婚姻冲突直接影响青少年的抑郁情绪。青少年由于受到父母婚姻不和谐因素的影响，不善于表达自身的情绪，造成一系列的心理问题，不主动和父母沟通，长时间的压抑自身情绪，严重的青少年甚至有轻生的想法。马梅芬和朱蕾等人（2017）研究父母婚姻冲突与初中生学业倦怠的关系，发现父母婚姻冲突的冲突频率、冲突强度因子会与子女的学业倦怠呈显著正相关。夫妻婚姻冲突的原因有一部分是因为孩子，因为孩子的学习成绩、学业由夫妻双方谁来负责等而发生冲突，有些夫妻学历水平不同，教育孩子的理念存在部分差异，产生一些矛盾，造成孩子学业负担，产生厌学弃学的心理。

池丽萍、俞国良（2008）提到随着年龄的增长青少年面对父母的冲突感受到的威胁越来越小，他们也越来越少地将父母冲突的归因归结为自己。青少年儿童年龄不断地增长，心理上和生理上都逐渐成熟，自尊心也越来越强，对事情拥有一定的见解和看法，面对父母的冲突有一定的自我判断能力。有的青少年甚至在父母发生矛盾时，会主动劝说父母双方，缓和其冲突，从而达到家庭和谐，换句话可以说孩子是夫妻婚姻冲突的缓和剂。

对孩子产生心理影响的不是父母间是否有婚姻冲突或冲突频率，而是父母应对冲突的方式。儿童通过观察和学习父母处理婚姻冲突的方式，学会有效应对冲突的策略和技巧，并且运用到自己的社会关系应对和处理中。父母正确的冲突应对方式有利于儿童学会情绪控制，促进儿童社会化行为的发展；破坏性的冲突应对方式会导致儿童出现情绪障碍、回避社交和反社会行为问题。

4. 婚姻冲突的应对方式

贾茹和吴任钢（2012）对常见的关于婚姻冲突应对方式的研究进行了梳理，将其分为以下三种：第一种是根据其对婚姻质量的作用，分为建设性和破坏性两大类。对婚姻质量有促进作用的是建设性应对方式，如讲道理、摆立场、支持等方式；对婚姻质量有破坏作用的是破坏性应对方式，如压迫、控制和回避等方式。第二种是三分法，即在建设性应对方式和破坏性应对方式的基础上，添加了第三类处理冲突的方式——回避，如逃避、冷漠、心不在焉等等。第三种是根据量表分析的结果将冲突应对方式对应地划分为若干种的方法，一般由研究者根据研究需要，通过聚类分析等统计手段重新聚合为一定类别的分类系统。

婚姻冲突应对方式对个体的身心健康、婚姻质量、子女的成长都有非常重要的作用，不同的冲突应对方式会有截然不同的影响，破坏性的冲突应对方式对个体健康、婚姻关系和子女教育有负面的影响，积极的应对方式会营造出幸福的婚姻和家庭氛围。周晓虹（1996）提出解决冲突的方式是调适。调适是以不同方式调节或缓和人与人、群体与群体之间的冲突的一种互动方式。具体方式有：（1）和解。在冲突中双方不分胜负，但由于有了新的认识即经第三者调节，双方改变了原来敌对态度，从而停止冲突，建立友好的关系。（2）妥协。妥协是一种经反复较量仍势均力敌、不分胜负的一种暂时息争。（3）容忍。对立的双方暂时采取克制态度以避免发生冲突。（4）调节。由第三方出面对双方的矛盾加以调节，但是第三方提出的解决方案只具有参考价值。（5）仲裁。通过第三者裁决来解决双方的矛盾，这种裁决对双方都有约束力。这些解决方式虽然不是针对婚姻冲突提出来的，但是同样适用于婚姻冲突的有效解决。

苏彦捷和高鹏（2005）发现婚姻冲突中，妻子在经济支配、对待父母、事业选择情境中采用的正面行为比丈夫多，丈夫更多采用负面行为或回避行为；丈夫在对待朋友以及日常消费情境中采用的正面行为比妻子多，妻子更多采用的是回避行为。

毕爱红和胡蕾等人（2014）探讨了婚姻冲突应对策略与婚姻质量、婚龄之间的关系。她们发现：（1）男性在婚姻冲突应对方式上会采用回避和服从两种方式；（2）在六种应对方式中，妥协对婚姻质量有正向的积极作用，而控制、服从、回避、分离和行为反应等方式对婚姻质量有负向的消极作用。（3）男性的婚姻满意度、婚龄与回避存在着显著正相关。（4）随着年龄的增长，女性对夫妻交流的方式和交流量越不满意，对婚姻中承担的角色评价就会越低。

贾茹和吴任钢（2012）对我国夫妻婚姻冲突应对方式进行了调

查，结果如下：（1）45.8%的个体会使用妥协的方法解决婚姻冲突，余下依次为回避、分离、控制、服从和行为反应。（2）妥协与婚姻质量呈正相关，控制等5种应对方式与婚姻质量呈负相关。（3）婚姻质量高的个体更多地使用妥协的方法解决冲突，婚姻质量低的个体更多地使用控制等余下5种应对方式解决冲突。（4）冲突应对方式在依恋类型与婚姻质量间起部分中介作用，即依恋类型对婚姻质量有直接的预测作用，并且通过冲突应对方式对婚姻质量有间接的预测作用。

王玉娇（2014）调查了“80后”青年人婚姻冲突应对方式，发现在性别、年龄、子女、结婚年限、受教育水平等因素上都存在显著的差别。男性多采用回避和服从等策略，女性则多采用控制策略；30岁以下的人喜欢采用服从的应对方式；无子女的人比较倾向于采用分离的方式；结婚时间超过5年的人容易采用行为反应的方式；受教育水平高的人会采用妥协和回避两种方式。她的调查发现家庭收入对夫妻的婚姻冲突应对方式没有显著性影响。

赵梅（2005）采用质的研究，发现我国夫妻冲突的表现形式主要有：语言攻击、身体攻击、冷战等，夫妻对冲突解决之道有主动和解、逃避、外人和孩子的调停、性爱的作用等。一般男人会主动和解，去哄老婆高兴。吵架的大多时候男性会选择逃避，外出等老婆气消；女性也会选择回娘家，冷静后再讨论。“目前国内的学者已经注意到婚姻冲突解决对个体的婚姻和子女的健康有重要作用，但因为国内关于婚姻冲突解决的研究起步较晚，所以研究内容较为笼统，而且对个体冲突解决行为的影响因素以及夫妻冲突解决过程的互动等方面的研究尚处于空白阶段。”（贾茹、吴任钢，2012）

青年人的婚姻在磨合的过程中，发生了冲突之后，他们是如何处理的？有哪些可供借鉴之处？为此我们对青年人的婚姻冲突应对方式进行了调查，对夫妻处理冲突的行为特点进行分析，以期为青年人有效应对婚姻冲突，提高婚姻质量提供参考。

三 研究对象与方法

采用问卷调查的方式对青年人的婚姻冲突应对方式、社会支持状况进行了调查。经过统计分析，总结出青年人的婚姻应对方式的特点；青年人可以利用的社会支持系统；探讨了婚姻冲突应对方式与社会支持相互之间的联系。

（一）调查对象

通过招募大学生，以假期社会调查的形式，采用方便取样的方式，线上线下结合，利用问卷星和纸质调查问卷结合的方法，对自我评价婚姻状态良好、年龄在 40 岁及以下已婚青年进行了调查，被调查总人数为 2033 人。调查对象的具体情况如下：

表 5－1 研究对象的人口统计学信息

人口统计学变量	水平	人数	百分比（%）
性别	男	829	40.8
	女	1204	59.2
年龄	30 岁以下	729	35.9
	30—40 岁	1304	64.1
子女	无子女	540	26.6
	1—2 个子女	1446	71.2
	3 个以上子女	47	2.3
结婚年限	5 年以上	916	45.1
	5 年以下	1117	54.9

续表

人口统计学变量	水平	人数	百分比（%）
文化程度	高中或以下	756	37.2
	大专	385	18.9
	本科或以上	892	43.9
个人年收入	5 万元以下	640	31.5
	5 万—10 万元	844	41.5
	10 万—20 万元	394	19.4
	20 万元以上	155	7.6
职业	公务员	85	4.6
	事业单位人员	377	20.2
	公司人员	492	26.4
	个体经营者	299	16.0
	自由职业者	480	25.8
	其他	131	7.0
在家平均做家务的时间	从来不做	149	7.9
	1 小时以下	812	43.2
	1—3 小时	690	36.7
	3 小时以上	230	12.3

（二）调查工具

采用的调查工具有三个：

1. 亲密关系冲突应对方式量表

该量表由美国学者 Tammy 于 2009 年编制。经 Tammy 先生同意后使用该量表。此量表由学者贾茹和吴任钢修订，各因子的 Cronbach's α 系数为 0.604—0.872；分半信度系数为 0.613—0.808；重测信度系数为 0.611—0.672。修订后的亲密关系冲突应对方式量表具有良好的信度、效度，可以用于婚姻冲突应对方式的测量。

量表共 39 个条目，分为 6 个因子：妥协，夫妻双方在遇到冲突时会进行讨论，以求达到满足双方要求的目标；控制，在遇到冲突时，其中一方希望完全按照自己的方法来解决；服从，在遇到冲突时，其中一方完全听从对方的安排；分离，夫妻双方在遇到冲突时不急于解决，而是分开一段时间，经过冷静分析后再处理；回避，避免与对方发生冲突；行为反应，在解决冲突时，出现口头辱骂、肢体冲突等伤害性的行为反应。

2. kansas 婚姻满意度量表

Kansas 婚姻满意度量表（Kansas marital satisfaction scale，KMS）是美国心理学家 Schumm 等人于 1986 年编制。KMS 三个题目分别代表对配偶、对婚姻和对婚姻关系的满意程度。Schumm 认为，这三方面的满意程度的综合才构成人们对婚姻的满意程度。KMS 量表简短易行，使用方便，题目只涉及对婚姻满意程度的主观感觉或评价，不涉及价值观及社会文化因素，可以适用于不同文化层次的人群。李虹和陈启芳（2002）对 KMS 进行了修订并建立起北京和香港的常模，其研究结果表明 Kansas 婚姻满意度量表的信度、效度良好。

3. 社会支持量表

社会支持量表是由肖水源等（1986）编制，共 10 个条目，用来评价个人在社会中获得的支持以及对所获得的支持的利用情况。量表包括三个维度：维度一，客观支持：指可实际得到的支持。维度二，主观支持：指个体在社会中感受到的被尊重、被理解与支持。维度三，对支持的利用度：是指个体对所获得的支持的利用程度。该量表信度为 0.92，具有良好的实证效度。

（三）统计分析

采用 SPSS18.0 进行数据统计和分析。

四　调查结果与分析

按照心理测量的技术手段，我们对调查数据进行了分析，得出如下结果。

（一）青年人婚姻冲突应对方式的特点

为了详细了解青年人在现实中采取怎样的冲突应对方式，我们对青年人在“妥协、回避、行为反应、分离、控制、服从”六种方式进行了总体统计，对他们在一些具体题目上的选择进行了分析，将选择“非常符合”和“比较符合”两个选项的视为肯定性的选择，将“极不符合”和“不太符合”视为否定回答，“不确定”视为中立，不纳入比较。以便更好地把握青年人的婚姻冲突处理特点。以下是青年人对于各题的选择。

1. 74% 的人认为婚姻冲突应该协商解决。

“我们尽力寻找双方都可以接受的解决方案”，74% 的青年做出肯定选择。“我和爱人会协商解决我们之间的问题”，73.3% 的青年做出肯定选择。“当我和爱人有矛盾时，我们会协商以使我们双方都会满意我们的决定”，73% 的青年做出肯定选择。“我们尽力合作，一起携手解决矛盾”，70% 的青年做出肯定选择。从以上各题的具体选择的比例上，我们不难看出，青年人在婚姻中强调平等，面对冲突时会从双方的角度出发，一起协商解决矛盾，寻求双方都能接受的解决方案。

2. 70% 青年人会避免和配偶冲突。

对于“我和爱人都尽力避免争吵”一题的调查，70% 的青年做出肯定选择。“我避免和我的爱人发生冲突”，67.8% 的青年做出肯定选择。这表明大部分青年人采用回避的方式来应对婚姻冲突，这种一味回避的态度实质上是不利于冲突解决的，也不利于心理健康。很多人将怒气和埋怨压在心底，不发泄出来，负面情绪的长期累积会导致自己的心理和生理健康受到伤害。许多女性在面对婚姻冲突的时候，她们希望能够和丈夫探讨辩论，将事情说出来，在将事情说出来之后，她们的压力就释放了，而男性则愿意回避，不愿意争吵。当然，他们也吵不赢妻子，所以会尽量避免冲突，息事宁人。

3. 54.1%的人对于婚姻冲突感到痛苦。

“和爱人发生冲突后，我很痛苦”一题做出肯定选择的人有54.1%。冲突是一把利剑，在伤害配偶时也会伤害自己，即使在冲突中占了上风，过后也会非常懊恼，最主要的是在每一次的冲突后要进行反思性的沟通，要让对方知道自己在冲突后很痛苦，不希望类似的事情将来再发生，双方都认真汲取经验教训，了解双方的认知和处世风格，达成共识，互相体谅，互相尊重，和睦相处。

4. 62.6%的人表示在冲突时不会采用过激的行为反应方式。

对于“当我们发生冲突时，我会大声地咒骂”一题做出肯定选择的人只有19.1%，62.6%的人做出否定选择。对“我们的冲突经常会持续很长一段时间”一题做出肯定选择的人有19.6%，59%的人做出否定选择。这表明夫妻出现冲突时采取过激的行为反应方式的人只占少数，大部分青年人还是善于控制自己的情绪，会尽快解决婚姻矛盾冲突，不会任其发展持续很长时间。青年人血气方刚，很容易情绪失控，要注意个人的修养，因为一个人的修养在生气的时候表现得最彻底。

5. 61%的人会选择分离的应对方式，52.2%的人认为分离有助于冲突的解决。

对“当我们正在冲突时，我们会让双方冷静下来以后再进一步讨论”一题做出肯定选择的人有61%。人是很容易受到暗示的，情绪也是相互感染的，当夫妻发生冲突时，容易口不择言，相互激惹，致使矛盾不断激化升级。这种情形下，离开当时的氛围和环境，可以让自己的情绪恢复平和，双方冷静下来，再商量解决之道。青年人认为分离的方式有助于冲突的解决，52.2%的人赞同“分离一段时间可以很好地使我们的冲突降温”。看来，分离的方式在现实中是行之有效的，被大部分的青年人所采用。

6. 仅有19.3%的人会希望在冲突中占上风，掌控局面。

“当我们争论时，我让我的爱人知道我是主宰者”，有19.3%的人做出肯定选择，同时有57.5%的人做出了否定选择。这和前面妥协方式中的结果是一致的，大部分夫妻是平等地协商解决冲突，但是也有少量的人还是有封建思想残留。“当我们有冲突时，我强迫爱人接受我所认为的最合适的解决方案”，仅有20.4%的人做出肯定选择，有56.3%的人做出否定选择。说明大部分人是不认可这种强势的处理方式，这种家长制的作风表面上看冲突停止了，实质上冲突只是被压抑了，屈从的一方不是心甘情愿的，只是无力反抗，为后继冲突埋下隐患。

（二）婚姻冲突应对方式的性别差异

从表5-2可以看出，婚姻冲突的应对方式上不存在显著性的性别差异，也就是说，男女青年对待婚姻冲突的应对方式是相同的。这一点与毕爱红（2014）的研究结果不同，她们的结果表明在冲突解决策略的回避和服从维度上男性的得分显著高于女性。其原因可能是研究对象不同，她们的研究对象是20—66岁之间的已婚人士，而我们的研究对象是40岁以下自评婚姻状态良好的青年人。这也反映出青年人的婚姻冲突应对方式与过去传统的婚姻冲突应对方式有很大的不同。传统意义上，男性占主导地位，女性只有听从于男性。一旦发生冲突，妻子一般采取的是隐忍和服从的方式，丈夫不会和妻子平等协商，丈夫具有绝对的控制权。现代青年人在婚姻冲突的应对上体现出了平等、积极的观念。

表 5－2　　　　婚姻冲突应对方式的性别差异比较

冲突类型	性别	n	M	SD	t 值
总分	男	829	125.69	19.385	－0.878
	女	1204	126.47	19.562	
妥协	男	829	51.41	9.799	－0.694
	女	1204	51.72	9.833	
回避	男	829	11.04	2.643	－1.285
	女	1204	11.20	2.657	
行为反应	男	829	15.64	4.980	0.274
	女	1204	15.58	4.943	
分离	男	829	16.92	4.042	－0.907
	女	1204	17.08	3.731	
控制	男	829	16.15	5.622	－0.237
	女	1204	16.21	5.297	
服从	男	829	14.53	4.181	－0.819
	女	1204	14.69	4.163	

（三）婚姻冲突应对方式的年龄差异

总体来看，青年人的婚姻冲突应对方式在年龄因素上存在着显著差异，30 岁以下的青年人显著高于 30—40 岁的人。具体地说，在行为反应和控制、服从三个因素上，30 岁以下的人较为显著，即在解决冲突时，采用的是口头辱骂、肢体冲突、暴力等伤害性方式，其中一方希望完全按照自己的方法来解决冲突，另一方会选择听从对方。

表 5－3　　　　婚姻冲突应对方式的年龄差异比较

冲突类型	年龄	n	M	SD	t 值
总分	30 岁以下	729	127.39	18.866	2.151*
	30—40 岁	1304	125.46	19.802	
妥协	30 岁以下	729	51.56	9.439	－0.130
	30—40 岁	1304	51.62	10.026	
回避	30 岁以下	729	11.05	2.570	－1.084
	30—40 岁	1304	11.18	2.696	
行为反应	30 岁以下	729	16.05	5.194	3.012**
	30—40 岁	1304	15.35	4.803	
分离	30 岁以下	729	17.12	3.710	0.903
	30—40 岁	1304	16.95	3.943	
控制	30 岁以下	729	16.69	5.481	3.166**
	30—40 岁	1304	15.90	5.383	
服从	30 岁以下	729	14.92	3.997	2.483*
	30—40 岁	1304	14.45	4.256	

（四）婚姻冲突应对方式的结婚年限差异

表 5－4 的数据表明：在妥协维度上，结婚年限在 5 年以下的得分较高，意味着 5 年以下的人较容易采用妥协的冲突应对方式；在服从维度上，结婚年限在 5 年以上的得分较高，意味着 5 年以上的人较容易采用服从的冲突应对方式。

表 5 -4　　婚姻冲突应对方式的结婚年限差异比较

冲突类型	结婚年限	*n*	*M*	*SD*	*t* 值
总分	5 年以下	916	126.87	16.666	1.556
	5 年以上	1117	125.56	21.519	
妥协	5 年以下	916	52.38	8.538	3.365**
	5 年以上	1117	50.95	10.714	
回避	5 年以下	916	11.24	2.463	1.718
	5 年以上	1117	11.04	2.796	
行为反应	5 年以下	916	15.49	4.880	-0.957
	5 年以上	1117	15.70	5.020	
分离	5 年以下	916	17.10	3.675	0.934
	5 年以上	1117	16.94	4.007	
控制	5 年以下	916	16.35	5.522	1.268
	5 年以上	1117	16.05	5.353	
服从	5 年以下	916	14.31	4.190	-3.094**
	5 年以上	1117	14.88	4.137	

（五）子女数对夫妻婚姻冲突应对方式的影响

表 5 -5 表明：子女数对夫妻婚姻冲突应对方式的影响显著，子女数量越多，影响越大。尤其是在分离、妥协、回避等因子上，子女数量越多的家庭，越倾向于采用冷处理的方式，愿意协商解决，他们会尽量避免和对方发生冲突。

表 5－5　　婚姻冲突应对方式的子女数差异比较

冲突类型	子女数	n	M	SD	F 值
总分	无子女	540	123.71	21.044	6.142**
	1—2 个	1446	126.96	18.713	
	3 个及以上	47	129.30	22.095	
妥协	无子女	540	50.46	11.117	5.016**
	1—2 个	1446	51.98	9.272	
	3 个及以上	47	52.62	9.373	
回避	无子女	540	10.87	2.858	3.924*
	1—2 个	1446	11.22	2.570	
	3 个及以上	47	11.47	2.510	
行为反应	无子女	540	15.39	4.786	1.037
	1—2 个	1446	15.66	5.004	
	3 个及以上	47	16.28	5.420	
分离	无子女	540	16.46	4.060	9.786***
	1—2 个	1446	17.17	3.771	
	3 个及以上	47	18.40	3.512	
控制	无子女	540	16.13	5.354	0.191
	1—2 个	1446	16.22	5.449	
	3 个及以上	47	15.77	5.802	
服从	无子女	540	14.39	4.271	1.130
	1—2 个	1446	14.70	4.124	
	3 个及以上	47	14.77	4.390	

（六）婚姻冲突应对方式的受教育程度差异比较

表 5－6 表明，受教育程度对夫妻的婚姻冲突影响显著。文化程

度越低的人，越倾向于采用行为反应、服从、回避等方式来应对冲突，会有较多的争吵打骂等伤害性行为，或者是为了避免冲突，一方会服从另一方。在“中国婚姻关系中的亲密状况调查报告（2017）”中，我们同样可以看到受教育程度对婚姻关系的影响和我们的研究结果是一致的，受教育程度越高，夫妻关系更亲密，冲突时也不会出现一些伤害双方感情的过激行为。

表5－6　婚姻冲突应对方式的受教育程度差异比较

冲突类型	受教育程度	*n*	*M*	*SD*	*F* 值
总分	高中及以下	756	127.84	19.840	5.216**
	大专	385	126.10	19.111	
	本科及以上	892	124.74	19.257	
妥协	高中及以下	756	51.58	9.683	0.026
	大专	385	51.51	9.354	
	本科及以上	892	51.64	10.131	
回避	高中及以下	756	11.35	2.661	4.025*
	大专	385	11.05	2.593	
	本科及以上	892	10.99	2.660	
行为反应	高中及以下	756	16.16	5.110	10.781***
	大专	385	15.80	4.841	
	本科及以上	892	15.05	4.820	
分离	高中及以下	756	17.17	3.913	1.186
	大专	385	17.03	3.704	
	本科及以上	892	16.87	3.881	

续表

冲突类型	教育程度	n	M	SD	F 值
控制	高中及以下	756	16.40	5.587	1.675
	大专	385	16.34	5.415	
	本科及以上	892	15.94	5.297	
服从	高中及以下	756	15.19	4.073	11.220***
	大专	385	14.38	4.216	
	本科及以上	892	14.25	4.184	

（七）婚姻冲突应对方式的收入水平差异比较

根据表5-7的数据来看，收入水平对夫妻的婚姻冲突应对方式影响较为显著。经济收入越低的人，越倾向于采用行为反应、服从、回避等方式，这个结果与受教育程度是一致的。在我国，受教育程度与收入水平基本上呈正相关关系，即受教育程度越高，收入会越高。在婚姻中，处理婚姻冲突时，同一群人的处理方式是相同的。

表5-7　**婚姻冲突应对方式的收入水平差异比较**

冲突类型	收入水平	n	M	SD	F 值
总分	5万元以下	341	128.16	21.040	3.530*
	5万—10万元	415	127.59	18.819	
	10万—20万元	385	126.10	19.111	
	20万元以上	892	124.74	19.257	

续表

冲突类型	收入水平	n	M	SD	F 值
妥协	5 万元以下	341	51. 08	10. 039	0. 560
	5 万—10 万元	415	52. 00	9. 372	
	10 万—20 万元	385	51. 51	9. 354	
	20 万元以上	892	51. 64	10. 131	
回避	5 万元以下	341	11. 47	2. 800	3. 118*
	5 万—10 万元	415	11. 25	2. 541	
	10 万—20 万元	385	11. 05	2. 593	
	20 万元以上	892	10. 99	2. 660	
行为反应	5 万元以下	341	16. 61	5. 220	8. 951***
	5 万—10 万元	415	15. 79	4. 993	
	10 万—20 万元	385	15. 80	4. 841	
	20 万元以上	892	15. 05	4. 820	
分离	5 万元以下	341	17. 34	3. 895	1. 223
	5 万—10 万元	415	17. 02	3. 927	
	10 万—20 万元	385	17. 03	3. 704	
	20 万元以上	892	16. 87	3. 881	
控制	5 万元以下	341	16. 59	5. 708	1. 370
	5 万—10 万元	415	16. 24	5. 487	
	10 万—20 万元	385	16. 34	5. 415	
	20 万元以上	892	15. 94	5. 297	
服从	5 万元以下	341	15. 06	4. 351	7. 666***
	5 万—10 万元	415	15. 29	3. 831	
	10 万—20 万元	385	14. 38	4. 216	
	20 万元以上	892	14. 25	4. 184	

（八）婚姻冲突应对方式的职业分类比较

表5－8的结果表明：职业分类对青年人的婚姻冲突应对方式影响不太大，只是自由职业者会较多采用服从的方式，听从另一方的安排。这有可能与自由职业者的职业风险较大、收入不稳定有关。

表5－8　　婚姻冲突应对方式的职业分类比较

冲突类型	职业分类	*n*	*M*	*SD*	*F* 值
总分	公务员	85	126.27	22.555	1.812
	事业单位人员	377	123.44	19.086	
	公司人员	492	126.13	17.683	
	个体经营者	299	125.97	18.537	
	自由职业者	480	127.31	20.712	
	其他	131	126.53	17.668	
妥协	公务员	85	50.91	11.211	0.435
	事业单位人员	377	51.47	9.875	
	公司人员	492	52.12	9.080	
	个体经营者	299	51.98	9.365	
	自由职业者	480	51.48	10.249	
	其他	131	51.87	10.455	
回避	公务员	85	10.98	2.650	1.842
	事业单位人员	377	10.89	2.744	
	公司人员	492	11.41	2.436	
	个体经营者	299	11.20	2.657	
	自由职业者	480	11.21	2.709	
	其他	131	11.12	2.801	

续表

冲突类型	职业分类	*n*	*M*	*SD*	*F* 值
行为反应	公务员	85	15.96	5.236	2.415*
	事业单位人员	377	14.98	4.632	
	公司人员	492	15.11	4.707	
	个体经营者	299	15.44	4.908	
	自由职业者	480	15.94	5.014	
	其他	131	15.18	4.706	
分离	公务员	85	16.99	4.210	0.843
	事业单位人员	377	16.66	3.883	
	公司人员	492	17.01	3.693	
	个体经营者	299	17.10	3.919	
	自由职业者	480	17.15	3.958	
	其他	131	17.21	3.530	
控制	公务员	85	16.80	5.184	2.157
	事业单位人员	377	15.77	5.207	
	公司人员	492	15.77	5.261	
	个体经营者	299	15.63	5.419	
	自由职业者	480	16.57	5.505	
	其他	131	16.37	5.725	
服从	公务员	85	14.64	4.200	4.609***
	事业单位人员	377	13.67	4.057	
	公司人员	492	14.70	4.092	
	个体经营者	299	14.62	4.063	
	自由职业者	480	14.97	4.230	
	其他	131	14.77	4.423	

（九）婚姻冲突应对方式的做家务时间差异比较

表 5－9 的数据表明：做家务时间会对冲突应对方式有显著影响，每天做家务时间较长的人更容易采用妥协的方式，而从来不做家务的人喜欢采用行为反应和控制的方式，即那些从不做家务的人会用打骂等伤害性方式应对冲突，或者希望对方完全听命于自己，由自己来掌控局面。国内外的研究已经证实，控制和行为反应对婚姻质量起消极作用，这个结果值得青年人重视。

表 5－9　　婚姻冲突应对方式的做家务时间差异比较

冲突类型	做家务时间	n	M	SD	F 值
总分	从来不做	149	124.91	24.680	0.642
	1 小时以下	812	125.68	18.585	
	1—3 小时	690	126.67	18.436	
	3 小时以上	230	125.18	19.405	
妥协	从来不做	149	49.17	11.739	6.770***
	1 小时以下	812	51.29	9.554	
	1—3 小时	690	52.80	9.272	
	3 小时以上	230	51.71	10.231	
回避	从来不做	149	10.72	3.060	1.900
	1 小时以下	812	11.14	2.519	
	1—3 小时	690	11.25	2.645	
	3 小时以上	230	11.32	2.763	
行为反应	从来不做	149	16.74	5.437	4.202**
	1 小时以下	812	15.38	4.721	
	1—3 小时	690	15.21	4.785	
	3 小时以上	230	15.27	4.993	

续表

冲突类型	做家务时间	*n*	*M*	*SD*	*F* 值
分离	从来不做	149	16. 46	4. 494	2. 061
	1 小时以下	812	16. 90	3. 744	
	1—3 小时	690	17. 23	3. 745	
	3 小时以上	230	17. 11	4. 040	
控制	从来不做	149	17. 39	6. 178	4. 389**
	1 小时以下	812	16. 16	5. 101	
	1—3 小时	690	15. 80	5. 443	
	3 小时以上	230	15. 54	5. 489	
服从	从来不做	149	14. 44	4. 465	1. 950
	1 小时以下	812	14. 81	4. 126	
	1—3 小时	690	14. 38	4. 153	
	3 小时以上	230	14. 23	4. 152	

（十）婚姻冲突应对方式与婚姻满意度的相关分析

为了了解婚姻冲突应对方式对婚姻满意度的影响，对二者进行了相关分析，发现在 6 种应对方式上都与婚姻满意度显著相关，其中行为反应、控制两种方式是显著负相关。这证明在处理婚姻冲突时，良好的方式可以促进婚姻满意度，而破坏性的方式会降低婚姻满意度。

表 5－10　　婚姻冲突应对方式与婚姻满意度的相关分析

	妥协	回避	行为反应	分离	控制	服从	满意度
妥协	1						
回避	.678**	1					
行为反应	－.048*	－0.022	1				
分离	.533**	.475**	.207**	1			
控制	－0.041	－0.017	.606**	.203**	1		
服从	.249**	.276**	.388**	.312**	.289**	1	
满意度	.601**	.456**	－.195**	.331**	－.093**	.166**	1

（十一）婚姻冲突应对方式与社会支持利用度的相关分析

统计表明，（1）客观支持与妥协、回避、分离等方式显著正相关，与行为反应、控制等方式显著负相关。（2）主观支持与妥协、回避、分离、服从等方式显著正相关，与行为反应存在负相关。（3）对支持的利用度与妥协、回避、分离、服从等方式显著正相关。可见，社会支持可以有效减少在婚姻冲突中出现伤害性的行为，有效促进协商解决冲突。

婚姻本就是求同存异的过程，彼此相互包容才能长治久安。单方面的强势会使婚姻不平等，两个人的婚姻从来都不是只有一个人付出，如果两人都是同样以自我为中心，不懂得包容和体谅对方，婚姻是不可能持续下去的。

表 5 - 11　婚姻冲突应对方式与社会支持利用度的相关分析

对社会支持的利用度	妥协	回避	行为反应	分离	控制	服从	客观支持分	主观支持分	对社会支持的利用度
妥协	1								
回避	.678**	1							
行为反应	-.048*	-0.022	1						
分离	.533**	.475**	.207**	1					
控制	-0.041	-0.017	.606**	.203**	1				
服从	.249**	.276**	.388**	.312**	.289**	1			
客观支持分	.183**	.114**	-.095**	.102**	-.089**	0.006	1		
主观支持分	.442**	.358**	-.055*	.284**	-0.031	.155**	.291**	1	
对社会支持的利用度	.136**	.096**	0.032	.099**	0.024	.051*	.074**	.074**	1

五　青年人婚姻冲突应对的特点

谈恋爱的时候两人在一起有说不完的话，觉得对方就是自己的理想伴侣。结婚之后就慢慢放松了情感的交流和沟通。青年人在工作上处于爬坡的阶段，需要努力表现，展现自己的工作能力。一些人也觉得既然已经结婚，家庭稳定下来了，就要在工作和事业上发展，因此会在工作中投入大量的精力。回到家后，觉得家是让自己放松的地方，是可以展示自己真实自我的地方，但是它需要家里的每个人一起营造，需要考虑家人的感受，需要在工作和家庭之间寻求良好的平衡。

经过调查和统计分析，发现青年人的婚姻冲突应对方式有如下特点：

1. 平等协商是青年人应对婚姻冲突的主要方式。绝大部分青年人会尽量避免和配偶冲突，对于婚姻冲突感到痛苦。分离是青年人常用的一种有效方式，绝大多数人不会采用过激的行为反应方式。

贾茹和吴任钢（2012）对我国夫妻婚姻冲突应对方式的调查表明：使用妥协的应对方式的人数占 45.8%，回避占 17.5%，分离占 14.1%，控制占 12.1%，服从占 6.6%，行为反应占 4.0%。这表明在婚姻冲突中我国夫妻较多使用的方式是妥协。该调查也发现用妥协这一冲突应对方式来解决婚姻冲突的夫妻，其婚姻质量要显著高于使用其他 5 种冲突应对方式的夫妻。妥协是积极的冲突应对方式，对婚姻有正向的积极作用，可以提高婚姻质量。控制、服从和行为反应属于消极的应对方式，对婚姻有消极的作用。回避和分离策略对婚姻是积极的还是消极的目前尚无定论，一方面回避和分离可以使夫妻减少冲突，冷静后理智地处理问题；另一方面逃避冲突和冷战对于矛盾解决没有任何帮助，夫妻如果不积极地一起想办法解决冲突，一味回避矛盾，冲突只是被掩盖了，并没有得到妥善解决，积沙成塔，将来对于婚姻造成的影响更大。

青年人的婚姻冲突应对方式具体特点如下：74%的人认为婚姻冲突应该协商解决；70%青年人会避免和配偶冲突；54.1%的人对于婚姻冲突感到痛苦；62.6%的人表示不会采用过激的行为反应方式；61%的人会选择分离的应对方式，52.2%的人认为分离有助于冲突的解决；仅有19.3%会希望在冲突中占上风，掌控局面。我们很欣慰地看到，青年人在处理婚姻冲突的时候很理智、很冷静，其最大的特点是平等协商，不再是封建家长专权制，以解决问题为目的，会尽最大限度满足夫妻彼此的需求和利益，而不是强制一方无条件服从。有62.6%的人明确表示不会采用过激的行为反应方式，这是社会进步的一种体现。仓廪实而知礼节，我国的现代化发展让国民素质和道德修养有了很大的提高，同时政府大力倡导的家庭文化建设也使人们认识到家庭和睦的重要性，人民的心态祥和而平实。青年人对待婚姻的观念也有了很大的变化：如果觉得婚姻不幸福，大不了离婚，没有必要打得头破血流，争得你死我活。在婚姻冲突中的这种理念会极大降低婚姻中暴力行为，有利于家庭和谐。

2. 青年人的婚姻冲突应对方式没有显著性的男女性别差异，但是年龄差异显著。30岁以下的人会采用行为反应和控制等消极的冲突应对方式。

婚姻冲突的产生之所以经常发生是因为，第一，所有夫妻在情绪和偏好上都会存在差异，不可能完全步调一致。第二，婚姻关系的相互依赖性与个体的独立自由之间需要辩证处理。人们常常希望按自己的意愿自由做事，都珍视自己的独立和自主，但是同时又渴望与配偶之间温暖而亲密的关系，鱼和熊掌不可兼得，必须要有所取舍，否则夫妻之间就会出现婚姻冲突。夫妻之间的冲突随时随地都可能发生，他们会因为一句话和一个眼神而冲突，也会为了子女的教育和老人的赡养而冲突。

有的夫妻吵了一辈子的架，但是他们的婚姻看起来很满足、很稳定。那么吵架到底是促进还是破坏夫妻的感情？这取决于两个因素：夫妻偏好的相似性和吵架进行的方式。Marilyn等人（1997）发现在处理婚姻冲突中，女性更喜欢谈论、讨论冲突，男性却总是在冲突中退出，避开冲突。在看到丈夫的消极态度后，妻子会抱怨、挑剔和批评，激起丈夫对婚姻的不满，引发夫妻冲突；而妻子则变得更加生气。婚姻冲突时，听到配偶陈述的理由和做法，许多人的第一反应是直接做出评价或判断，而不是试图先去理解它，尤其是体会配偶这样做的理由和背后深层次的原因。当丈夫或妻子表达了某种感受、态度、信念，另一半倾向于不假思索地进行评判：那是对的还是错的，应该怎样做。不会去仔细地倾听对方的陈述，理解此事对他（她）本人来说究竟有什么意义，他（她）为什么这样做。如果能从配偶成长和所经历的事情中去体谅对方，可能就会理解他（她）。如果配偶能接纳对方的恐惧和稀奇古怪的想法，理解其不幸和沮丧的感受，相信对方是善良的、是爱自己的，肯定配偶的积极取向，那么这种对配偶的理解可以使得对方发生变化。现代家庭中男女的权力已经逐渐趋于平等，女性拥有经济独立权，对夫妻双方的角色、责任与义务也有与传统不同的看法，要求丈夫承担起家务与教养子女的责任，丈夫必须做出相应的改变，适应现代的家庭生活，不能依然停留在过去的观念中。如果双方都能积极改变，顺应时代的变化，婚姻就会朝向积极的、建设性的、自我实现的、成熟成长的、社会化的方向发展。

婚姻是需要磨合的，这种磨合其实就是在不断的冲突中训练出来的一种理解对方的能力，这种理解能力很重要，不单单对配偶重要，也有助于自己。人本主义心理学家罗杰斯认为理解具有极大的价值，理解是在以一种双重的方式丰富自己。婚姻生活是一个流动变化的过程，彼此不理解时，出现一些冲突和矛盾是正常的，随着年纪的增长和相处时间的增加，夫妻越来越熟悉对方的思维习惯和处理问题的风格，彼此也就越能够理解和体谅，越能相互被充分地理解和接纳，就越容易摒弃那些造成冲突的观念，婚姻就越容易朝着面向良好的未来的方向发展。

3. 结婚时间较短的人会平等协商解决冲突；结婚时间长的人会形成固定的家庭模式，由其中一方做主。

婚姻冲突应对方式的选择会对夫妻的交流造成影响，也会影响他们解决问题的方式，影响夫妻的婚姻质量。夫妻婚后彼此需要一段时间的相互适应，了解对方的脾气和秉性，及至双方足够了解和信任之后，就会找到一个彼此都能接受的模式，发挥各自的优势，让自己小家庭的利益能够得到保障。

刚刚结婚的时候，夫妻处于蜜月期，对于未来生活充满激情与期盼。出现矛盾时，二人愿意进行交流和沟通。沟通是最有效的方式，能够清楚地表达内心的真实想法，增进彼此的了解，在发生矛盾时能够为他人考虑，找出发生冲突的原因，化解不必要的误会。在谋求问题解决的过程中，把握共赢的原则，因为夫妻是一个共同体。听取双方的立场和理由，共同协商解决冲突。

随着结婚时间的增加，对婚姻的认识不断加深，遇到的问题也越来越多，夫妻双方的了解程度也不断增加，对于彼此的能力有了准确的把握，在共同经历了一些事情之后，夫妻之间会形成一定的默契，由那个最有掌控力的人做出决定，以追求婚姻和家庭利益的最大化。对于家庭的经济责任，也由传统的以男方为主转变为共同承担。徐安琪等（2012）的调查表明，在家庭大事的决策上，69.95%的夫妻选择共同商议。在家庭经济的管理上，68.91%的人认为应当由理财能力好的一方管理，可见很多夫妻在现实中是很科学地进行分工与协作。这种夫妻模式形成后，在处理冲突的时候，会由一方成为主导，另一方服从。每一对夫妻都在冲突中不断成长，经过痛苦的磨合，最后形成一个较为合理、被双方接受的冲突应对模式。

4. 子女多的夫妻，会尽量避免发生矛盾，夫妻会协商解决冲突。

“大量研究指出婚姻冲突与儿童问题行为紧密相关，但在二者关系的解释上有不同观点。其中代表性的理论有社会学习理论、间接作用观点、认知—背景理论和情绪安全假设等。”（池丽萍、王耘，2002）根据班杜拉的社会学习理论，儿童会通过观察和模仿父母的行为来形成自己的社会行为，父母在冲突中的行为和后果会被儿童学习，如果家长整天打架、吵架，孩子就会认为攻击行为是一种合理可行的解决冲突的方法，这种错误观念会导致儿童问题行为。父母冲突发生的频率越高，儿童观察和学习的机会就越多，其产生问题行为的可能性就越大。间接作用的观点是采用家庭系统理论的观点，将家庭比喻成一个系统，由家庭成员、沟通方式、互动形态、家庭规则、权力结构等因素构成，家庭成员之间会相互影响、塑造彼此的行为。当婚姻冲突破坏家庭系统的均衡状态时，儿童受内心激发或被家人逼迫，会在父母之间选择一个人支持，和他（她）结盟，以稳定关系并减轻原有的焦虑。认知—背景理论则认为，儿童不是被动的接受者，而是一个积极的认识主体和问题解决者，儿童会根据自己以往的经历来努力理解和应对父母冲突所带来的压力；只有那些对冲突不恰当的归因和应对失败所带来的压力才会导致儿童问题行为。“情绪安全假设”着重强调儿童情绪在感知、解决父母婚姻冲突中的核心作用，婚姻冲突直接或间接地影响儿童的情绪安全，进而导致儿童出现问题行为。首先，婚姻冲突会导致儿童的长期情绪压力，尤其是经常出现的、对家庭产生破坏性的冲突会导致儿童的消极情绪和不安全感。另外，长期的消极情绪状态会让儿童对婚姻冲突做出不恰当的归因，导致儿童问题行为的发生。

婚姻冲突会影响子女的身心健康、学业、人际关系的发展。赵梅（2005）研究了婚姻冲突对子女的影响，发现孩子对父母的冲突感到恐惧、焦虑和郁闷，即使幼小的孩子也会有很强烈的不安全感。在长期冲突氛围下长大的孩子，非常敏感、容易受到惊吓；他们过早地感受到婚姻家庭的不幸，比较早熟，容易形成悲观的性格。婚姻冲突不可避免，也不可能回避子女，最好的教育来自父母的榜样。如果父母能够积极地面对和解决婚姻冲突，让孩子学习到如何建立和保持亲密关系，如何和他人相处，对于他们的社会化程度的提高是极好的实践机会。“对孩子来说，若观察到父母间的婚姻冲突不能很好地解决，则他们在进行同伴交往时也不会很好地化解冲突，影响到孩子的同伴接纳和朋友数量。反之，若父母之间虽然有冲突，但冲突都能很好地

解决，则这种冲突就不会给孩子的社会交往造成不利的影响。”（陈红香、郑建梅，2012）

在我们传统的文化背景下，许多人会将子女放在家庭的首位，希望给孩子提供一个良好的成长环境。在许多父母眼中，孩子是家庭的未来，他们希望能给孩子一个幸福而美好的童年。夫妻一般不愿意在孩子面前暴露矛盾，甚至会刻意掩盖矛盾，以免对孩子造成不良的影响。子女数量多的夫妻，为了给孩子树立良好的榜样，会采取冷处理的方式，分开一段时间，经过冷静分析后，理性地协商解决冲突，会努力在孩子面前保持美好而亲密的婚姻关系形象，让孩子能养成正确的观念和行为。我们常说孩子是父母感情的纽带，他们确实在父母冲突时会发挥一定的“灭火器”的作用。

5. 受教育程度低、经济收入低的夫妻大多采用消极的冲突应对方式。

2020 年 5 月 28 日，李克强总理在记者会上提到，“有 6 亿人每个月的收入也就 1000 元，1000 元在一个中等城市可能租房都困难”。在北上广深这样的一线城市，每个月 1000 块钱，吃饭都吃不饱。这让大家认识到，我国很多人的收入并不高，他们的家庭生活质量受到严重的影响。

夫妻双方不但是感情共同体，也是经济共同体。由于社会经济发展的不均衡，贫富的差距很大，家庭生活条件、经济收入等存在较大的差距。家庭生活不是简单解决温饱就可以了，生育、子女教育、养老、医疗等都需要经济支撑。受教育程度低的人，收入也相对较低，生活压力较大，容易发生冲突。当发生争执时，夫妻双方互不相让就会使冲突升级，夫妻不注重交流沟通，会采用一些过激的吵架、辱骂、撕打、暴力行为。一旦出现一些暴力行为，女性作为弱势群体，会在生理和心理上受到较大的伤害；儿童作为父母婚姻冲突的牺牲品，其情绪和心理健康会受到严重影响，甚至出现问题行为，形成反社会人格。肖武（2016）的调查显示，已婚青年中有 11.2% 的人表示曾经遭受过家庭暴力。可见即使有婚姻承诺的存在，婚姻出现冲突时，采取暴力手段伤害配偶的行为还是不少。

低收入和受教育程度较低的群体的婚姻就需要政府、妇联、社会组织提供援助，帮助他们解决实际问题，减少婚姻冲突，为冲突中的妇女和儿童提供庇护，帮助他们摆脱不安全的家庭环境，让儿童健康成长。这些弱势群体的婚姻家庭是和谐家庭建设中应该重点关注的对象。

6. 家务对婚姻冲突应对方式的影响极大。每天做家务时间在1—3小时的人愿意在冲突中妥协；那些从不做家务的人采用行为反应和控制等消极的冲突应对方式。

有人笑称：天灾人祸不一定能击垮一对夫妻，但今天谁洗碗却可以。许多婚姻就因为家务而闹得鸡飞狗跳，家务引发的矛盾是婚姻冲突最常见的原因。为家务发生冲突的高达51.7%（徐安琪、叶文振，2002）。因为受中国传统的家庭模式中“男主外，女主内”的影响，家务活多半由女性承担。但现如今，越来越多的女性参加工作以后，拥有经济独立的意识，社会地位也明显提高，对于这种传统的家务分工模式越来越强烈地感到不公平，她们希望家务活是夫妻双方共同参与，共同分担。同时她们希望能够和丈夫增加沟通和交流，彼此理解，相互支持，显现出现代社会女性独立意识的增强。

我国女性的地位虽然上升，但传统思想仍然在生活中发挥着作用，认为女性在家庭中就应该扮演好母亲、好妻子的角色，应该做一个合格的家庭主妇。女性的性别观念总体上更趋现代，而且越年轻者性别观念越趋向于现代；男性的性别观念则更偏传统。（刘爱玉等，2014）当代女青年自主意识增强，多数女青年认为家务、抚养子女是夫妻共同的责任；男性却依然持有男权的思想观念，习惯于女性花更多的时间处理家庭事务，必然就会引起冲突。所以许多青年夫妻会仔细讨论好婚姻中的角色分工，甚至细化到谁买菜、做饭、打扫卫生这种细节。对于其中有分歧的部分，夫妻会尽可能地以真诚的态度来协商处理，达成意见一致。避免很多可能发生的矛盾，让家庭更加和谐、幸福。

与老一辈相比，越来越多的年轻人对待婚姻家庭生活很重视权利和义务的平等。在家务处理上，青年人大多选择“共同承担，有商有量”。在家务劳动上，做饭洗衣已不再是妻子的义务，大部分青年人会选择以分工合作为主，或者具体情况具体分析地选择有偿服务。例如遇上大量保洁劳动、不想或者不会做饭、不想洗衣服或者不会洗衣服等情况，他们会选择家政公司、叫外卖或上父母家蹭饭、请保姆和钟点工、送洗衣店等方式，现代社会发达的服务业让许多青年人选择付费解决家务劳动，这与传统的生活方式有很大的不同。

7. 婚姻冲突应对方式对婚姻满意度的影响较大。

婚姻冲突的结果有可能促进夫妻的感情，让夫妻更好地相互了解，对自己的婚姻更满意；也有可能彼此疏离，不愿意和对方交流，对婚姻的满意度降低；还可能导致夫妻感情破裂，婚姻解体。婚姻关系是否存续，取决于婚姻冲突的处理结果。

王存同和余姣（2013）发现女性对婚姻满意度的感受整体上低于男性。他分析这种社会差异是由性别所引起的，受到男女心理特征差异和社会文化建构的影响。在性别文化的影响下，女性的情感细腻，对浪漫爱情的期望较高，对婚姻生活充满幻想与期盼。许多女性受言情小说和影视作品中的爱情模式和理想丈夫形象的影响，代入性地认为理想的婚姻状态就是被丈夫宠爱，自己生活得安逸而快乐，“你负责赚钱养家，我负责貌美如花”。现实与理想的反差让许多女性的梦想破灭，对婚姻生活失望，婚姻满意度较低。

虽然青年人男女平等的观念很强，但是当今社会的权利结构依然是男性主导，男性在职业领域承担的角色更重要，也更重视自己的社会角色和事业价值。现代女性虽然已经普遍就业并在某些领域展现了自己的才华，但是大多数女性在社会工作上还是承担次要的角色，大部分的女性较看重家庭角色和爱情价值，认为为家庭的付出理所当然。家务活动还是主要由女性承担，加上工作压力，这使得多重压力下的女性对婚姻的满意度较低。

8. 社会支持可以有效减少在婚姻冲突中出现伤害性的行为，促进协商解决冲突。

夫妻即使在冲突中，也要呵护和尊重对方，维护夫妻尊严，有效解决冲突。冲突积极的处理方式可以促进夫妻的感情，增加彼此的信任，让夫妻的婚姻满意度增加。好的婚姻可以让夫妻双方都更好地认识自己，共同获得成长。

婚姻表面上看是两个人在一起生活，实际上，每一个人后面都有一个庞大的亲朋好友队伍。父母、兄弟、姐妹、亲戚、朋友都是强有力的社会支持系统。夫妻发生矛盾了，两个人自己不能很好解决，可以请求亲人和朋友的帮助。对父母、亲戚、朋友等求助、诉苦，将心里对对方的不满意表达出来，亲人朋友以旁观者的身份在夫妻之间进行调解，不满的情绪就会得到化解，更能有效地帮助夫妻增进感情。

六　结论

不要企图消灭婚姻冲突，要接受婚姻冲突会永远存在的事实，因为那是爱的一部分。面对冲突，积极应对，有效解决，这是当代青年人的共识。他们的婚姻冲突应对方式具有如下特征：

1. 平等协商是青年人应对婚姻冲突的主要方式，74% 的人认为婚姻冲突应该协商解决。

2. 青年人的婚姻冲突应对方式没有显著性的男女性别差异，但年龄差异显著。30 岁以下的人会采用行为反应和控制等消极的冲突应对方式。

3. 结婚时间较短的人会平等协商解决冲突；结婚时间长的人会形成固定的家庭模式，由其中一方做主。

4. 子女多的夫妻，会尽量避免发生矛盾，夫妻会协商解决冲突。

5. 受教育程度低、经济收入低的夫妻大多采用消极的冲突应对方式。职业对婚姻冲突影响不大。

6. 家务对婚姻冲突应对方式的影响极大。每天做家务时间在 1—

3 小时的人愿意在冲突中妥协；那些从不做家务的人采用行为反应和控制等消极的冲突应对方式。

7. 婚姻冲突应对方式对婚姻满意度的影响较大。消极的应对方式会降低婚姻满意度。

8. 社会支持可以有效减少在婚姻冲突中出现伤害性的行为，促进协商解决冲突。

第六章　当代青年的婚姻压力与社会支持（上）

开门七件事：柴、米、油、盐、酱、醋、茶，指的是古代中国老百姓每天为生活而奔波的七件事，这些构成了农业社会中人们的生活压力。在信息化时代，每个家庭除了面临上述的日常生活的物质因素外，生活节奏更快，工作要求更高，精神追求更丰富。青年人结婚之后要承担起家庭责任，需要适应家庭角色的转变，要养育子女和赡养老人，为发展自己的事业而努力工作，各种外在的压力和内在的心理压力纷至沓来，来自方方面面的压力对青年的婚姻稳定和婚姻质量产生了明显的影响。

压力在婚姻当中是普遍存在的，夫妻双方的压力可能来自于生活中的各个方面，如：经济压力、人际关系压力、性生活压力、子女教育压力、养老压力、工作压力等等。婚姻压力的存在对夫妻双方无论是从身体还是心理来说都会产生一定的消极影响。

婚姻危机理论认为，压力事件出现得越多，婚姻越脆弱，持续的易感性、压力事件和不良适应过程能够降低婚姻的质量。侯娟（2015）发现在压力情境下夫妻表现出如批评、挑衅、压制、退缩、轻视等消极沟通模式，这些消极沟通对预测低婚姻满意度和高离异风险较为显著。在各种压力之下，夫妻共处的时间会随着压力而变短，夫妻共同参加娱乐活动和分享情感的机会会减少，家庭意识变弱。夫妻生理和心理健康的风险也会随着压力增加。生理或心理问题带来的慢性压力，增加了给对方带来的限制和彼此间照料的负担，减弱了夫妻之间的亲密性和平等性，进一步影响到婚姻满意度。

期盼根本没有压力或者压力自动消失的生活是不切实际的。凡是生存皆有压力，只有压力大小、类型不同而已。婚姻压力虽然各不相同，但是面对压力只有积极应对，通过家庭成员通力合作，合理解决压力，使夫妻双方从中得到历练和成长，才能促进夫妻关系和婚姻家庭生活，提高个体的主观幸福感。

婚姻压力和家庭压力不同，二者虽然有重叠之处，但婚姻压力有其独特之处，婚姻压力除了要应对家庭压力之外，还要面对夫妻的感情、性等个人的私密的压力。目前对婚姻压力研究得较少，更多研究的是有关家庭压力的，家庭压力的一些理论对研究婚姻压力有指导和借鉴作用。

一　婚姻压力的内涵

对婚姻压力的研究，需要关注压力源、对压力的心理认知、夫妻相互支持、家庭和社会资源支持、心理调适能力等多重因素的相互影响。如果对压力的认知不正确，缺乏应对压力的社会支持，压力就容易造成婚姻关系的紧张。在考察婚姻压力时，需要考察夫妻所拥有的社会支持系统的强度和力度，社会支持系统对于婚姻压力起到强有力的支撑作用。

（一）婚姻压力的概念

Lazarus（1999）认为压力取决于个体对事件的主观评估，建立在个体对压力源、对压力的主观认知、缓解压力所拥有的资源以及调适等多重因素的相互影响上。心理学家倾向认为，压力是由于个体感知到的环境要求超出了自己能力范围而产生的一种伴随不适感、紧张感的情绪体验。（陈秋燕，2016）

唐海波和胡青竹（2015）对压力的定义进行了梳理，认为有以下三种方式：（1）压力作为刺激，引起心理和生理上的反应；（2）压力作为一种特殊的由于急性或持续的需要所引起的生理和心理反应；（3）压力作为人和环境之间的一种交互作用。

关于婚姻压力的概念界定，目前学界并没有一个统一的看法，但经过整合可分为两种观点。一种观点认为：婚姻压力是指夫妻双方在婚姻过程中所遇到的挑战性的、难以磨合的具体困难性事件。另一种观点则认为：婚姻压力就是个体在婚姻家庭生活适应过程中的一种身心紧张的状态，它是源于环境要求与自身应对能力不平衡而引起的心理感受。第一种概念强调具体的客观刺激，第二种则强调主观的心理感受。婚姻中的压力通常是二者的结合，既有客观的刺激，也有夫妻进行社会比较之后的主观心理感受。同一事件，不同夫妻所感受的压力程度是不同的，所以对于婚姻压力的研究比较困难。

（二）婚姻压力的相关理论

到目前为止，有关婚姻压力的理论大多是采用的家庭压力的理论。Hill（1949）提出了 ABC－X 模型，其中的 A 是引发压力的事件/情境，B 是家庭拥有的资源与弹性，C 是家庭对事件的主观定义，X 是压力或危机的程度。该模型强调应激源、资源和认知的函数。该模型被视为系统理论分析家庭压力与应用的重要研究基础，其不足之处是将家庭压力视为静态而非动态。

McCubbin（1987）提出了家庭压力调节与适应的弹性理论。该理论认为，对家庭心理适应弹性建构有较大影响的因素有危机评估、家庭价值观、家庭适应类型、家庭资源、家庭图式以及社会支持等。危机评估是指遇到压力时夫妻对压力的主观评价；家庭价值观是指夫妻所拥有的信仰及其对周围客观事物总的看法与评价；家庭适应类型是指家庭应对压力的方式，有的家庭适应弹性较好，有的家庭是脆弱退缩类型的。家庭资源是指夫妻间或者与原生家庭、单位等拥有的潜在的经济与精神方面的资源；家庭图式是指家庭整体表现出的世界观、人生观、期望及目标等。社会支持是指遇到压力时，夫妻可能从家庭、单位、朋友、战友、父母等得到的帮助与支持；McCubbin 认为，家庭图式是婚姻满意度评估的关键。压力事件会首先改变现有的家庭图式，家庭必须利用自身资源、社会支持、一致性等发展出新的图式，新的家庭图式决定了在面临危机时，家庭是否能够战胜危机，维护婚姻稳定，提高婚姻质量。这个理论常常被用于婚姻压力的解释。

Karney 和 Bradbury（1995）提出易感性—压力—适应理论，婚姻质量受到三个方面因素的影响：（1）个体的易感性，如原生家庭的结构混乱、神经质的人对压力的感受性较强。（2）压力事件，如重大生活事件、突如其来的环境变化、压力性环境。（3）不良的适应过程，如冲突、防御、缺乏问题解决能力、敌意等。如果个体是易感性高的人，会感知到更大的压力，在遇到紧急性的生活事件或水平较高的慢性压力时，会导致适应不良，对婚姻产生影响，婚姻质量将会下降。

Bodenmann（2000）提出压力事件对婚姻功能的影响模型。该模型关注日常微小压力对于亲密关系的结构和婚姻满意度的影响，以及离婚的可能性。这些微小压力产生时的即刻影响不大，所以通常伴侣们不能及时意识到，但是这些看似微不足道的细小生活压力，会通过伴侣间的相互影响，日积月累，逐渐降低亲密关系的质量。日常压力的影响途径有：（1）在一起的时间减少了，从而减少了共同经历和体验，使得亲密感变弱。（2）交流的质量降低，由于压力的影响，双方的互动大多为负性的，回避行为增多。（3）心身方面问题增多，例如睡眠困难、性功能障碍、情绪障碍等，对婚姻功能造成一定的影响。（4）出现一些问题行为，如焦虑、相互攻击、敌意等。日常微小压力下，夫妻缺乏相互支持和协助，缺乏沟通和交流了解，婚姻的满意度会降低，一旦遇到激发事件就可能导致离婚。

有关婚姻压力的理论均认为，压力导致的适应不良在高压力事件和婚姻质量间起着中介作用，即婚姻压力会带来夫妻冲突，产生诸多心理和生理问题，消极情感增加，导致婚姻质量下降。压力对婚姻满意度和婚姻持续时间起到威胁作用。根据社会系统的观点，压力是由社会、文化、个体自身、伴侣之间的交互作用共同决定的，因此研究者认为亲密关系中的压力不只是个体自身的压力感知及其应对，夫妻中一方的压力也会对另一方产生影响，因为夫妻双方是相互影响的一个系统单元。（唐海波、胡青竹，2015）

二　婚姻压力的相关研究

婚姻中的压力通过影响个体，对配偶、子女、亲属的身心健康造成影响。近些年关于婚姻压力的研究多集中于婚姻压力对人身体和精神上的影响，以及如何减轻婚姻压力对夫妻双方的影响，探讨从心理学的角度，对于由于婚姻压力导致的不同问题寻求解决的办法，以降低婚姻压力。

（一）国外关于婚姻压力的研究

压力对个体的认知、情感、性格都会产生影响，引起个体的心理、生理和行为的相应变化。压力会对人的神经系统、内分泌系统和免疫系统产生影响，为了应对所面临的压力环境，个体会出现一系列的生理反应、心理反应和行为的改变。人在压力的作用下，会出现焦虑、愤怒、恐惧、抑郁和敌意等负面情绪，这些负面情绪对个体产生不良的影响，影响个体其他的心理功能和行为活动，使人的自我意识变窄，认知能力下降，社会适应能力变弱，尤其是对个体的行为能力影响较大。

1. 婚姻压力对婚姻的影响

Thomas（2010）研究了345对夫妇关于关系压力与婚姻质量之间的关系。其假设关系压力使个体层面的外部压力和婚姻功能相关联，并得出在个人的关系压力中，与伴侣的外部压力相比自己一个人的外部压力更强烈。Fallahchai（2019）认为双职工夫妇在面对工作和家庭压力时，工作压力与婚姻质量呈现显著负相关，性别差异显著，工作压力大的女性婚姻质量较低。

Rebecca 等人（2008）对于新婚夫妻的角色压力、伴侣支持以及婚姻满意度进行研究，该研究在 3 年内连续 4 次进行了测量，在个体和伴侣之间考察各因素的相关程度，结果显示配偶支持和婚姻满意度相关显著，表明配偶支持能显著调节角色压力对于婚姻满意度的影响。Tess 等人（2009）研究了日常家庭压力对婚姻质量的影响，结果显示，婚姻适应性在婚姻压力与婚姻质量中发挥着中介作用。Neff 和 Karney（2004）的研究发现，在外部的压力下，夫妻会更同情和支持对方，形成夫妻共同应对的模式。但是如果压力是源自夫妻中的另一方，对方就不会同情、支持和理解配偶。面对压力时，夫妻相互间的支持性行为，如同情的聆听和关心、策略性的转移注意力、建设性的批评、无条件的支持、问题解决、提供建议等对于压力的应对有积极的影响。

Chester 和 Blandon（2016）对正在抚育 15—16 个月婴幼儿的妈妈进行了调查，发现母亲的育儿压力与她所感知的婚姻亲密感呈负相关，也就是说，如果丈夫与孩子母亲的关系越亲密，给予的支持和帮助越大，母亲的育儿压力就越小。夫妻的亲密关系可以降低育儿压力。

Dew（2018）的研究表明，在经济衰退时期，当夫妻面临较大的经济压力时，他们的婚姻关系保持、婚姻承诺、社会支持都提高了，这个研究结果很鼓舞人心，说明经济压力也可以对婚姻起到积极的促进作用。

2. 婚姻压力和儿童的关系

婚姻压力与儿童成长的紧密联系是不可避免的，婚姻压力会让儿童有更高的外化问题，而由婚姻压力所带来的外化问题同时也会给父母带来更大的挫败感，从而导致更高的婚姻压力，所以如何减轻婚姻压力给儿童带来的影响是值得研究的课题。

Eldik（2017）研究了处于婚姻压力家庭中的儿童在儿童中期的外化行为。在这一研究中，纵向调查了父母在青春期早期的一致性与一年半后儿童外化行为的关联性。相比之下，婚姻压力水平高的父母预测一致性水平较低。Jody（2013）从发展的角度来看，纵向研究了婚姻压力中父母与儿童外化行为的联系。运用了双变量潜伏生长模型和交叉滞后的小组模型揭示了婚姻压力与外化行为以及与父母能力之间的相互关系。最后得出结论，婚姻压力和外化行为随着时间的推移而发展，也就是说，青春期表现出较高外化问题的孩子的父母在两年后呈现出更高的婚姻压力和较低的能力感。

3. 如何降低婚姻压力

除了理论上的研究，国外更是在如何降低婚姻压力的临床试验上做出了一定的成果。Shakarami（2014）研究了以解决方案为主的简短疗法是否能有效地降低女性婚姻压力，发现在治疗师的帮助下是有可能减少夫妻在婚姻当中的各种问题的。这表明夫妻经过专业心理咨询的指导是可以有效应对婚姻压力的。认知疗法从改变夫妻对压力源的心理认知着手，引导他们的认知合理化，从而降低压力的心理感知程度。即压力没有任何改变，但是认知的改变，让夫妻对压力的心理感受降低了。

由于婚姻压力是一个复杂的因素，它和婚姻中的其他方面紧紧交织在一起，这就使得在研究过程中很难将婚姻压力抽离出来，将其作为一个单独的概念去讨论。不同的家庭有不同的婚姻压力，为了能更好地深入探索现代婚姻压力的内核，应将婚姻压力的线性发展做一个总结与概括。

（二）国内关于婚姻压力的研究

国内对于婚姻压力的研究大多是和婚姻中其他因素放在一起考察的，如与婚姻承诺、婚姻质量、婚姻满意度、婚姻倦怠、离婚意向与夫妻支持等方面结合，对婚姻压力及其影响进行全方位的诠释。

1. 婚姻压力的类型

李永鑫和吴瑞霞（2009）提出我国城市居民婚姻压力主要有感情压力、经济压力、性压力三种，并据此编制了城市居民婚姻压力问卷。该问卷的信度和效度良好，已经被应用在婚姻压力的研究中。

杨薇（2017）对军人的婚姻压力及其对婚姻质量的影响进行了测量。结论如下：（1）我国军人婚姻压力包括职业工作压力、婚姻家庭压力、负性事件压力、应激任务压力以及经济压力五个维度。（2）军人的婚姻压力处于较低水平，压力从大到小的依次为：职业工作压力，婚姻家庭压力，应激任务压力，负性事件压力。（3）军人的婚姻压力与婚姻质量间存在显著负相关。在婚姻压力对婚姻质量的影响中应对方式起着中介作用。社会支持水平越高，军人婚姻压力对婚姻质量的影响就越小。

目前我国有关婚姻压力的研究开展得较少，问卷方面也只有上文提及的李永鑫和吴瑞霞编制的问卷。但是在实际生活中，我们发现他们对婚姻压力的类型划分太少，在和青年人的沟通过程中，我们了解到，除了感情压力、经济压力、性压力之外，青年人自述面临的压力还集中在另外两个方面：来自老人赡养和子女教养的压力。来自老人赡养的压力主要是对双方父母的照顾、与父母的关系、父母对自己婚姻的投入和帮助；来自子女教养的压力主要是子女的教育方面投入的金钱、时间、精力，以及夫妻教育方式的分歧引起的矛盾等等。许多父母把自己在生活中没有实现的愿望寄托在孩子身上，认为孩子是家庭的未来，愿意为孩子的抚育和教育投入巨大的经济、机会和心理成本。子女养育成本不断增加，主要是教育投入随着子女的成长而逐年上涨。徐安琪（2013）的调查显示，家庭中赡养父母和养育子女两大功能最受人们关注。83.1%的人赞成“当父母年老生活难以自理时，子女应和他们一起住”。同意“只要为了孩子好，父母可以牺牲一切”的观点的人占被调查人数的57.8%。所以，在研究中国青年人婚姻压力时不能忽视老人赡养和子女教养的压力。

对中国青年人的婚姻研究必须扎根于中国大地，根据中国社会的实际情况来研究分析。因此，在研究婚姻压力时，应该将来自父母方面的压力和来自子女方面的压力也考虑进来，如此才能对青年人的婚姻压力有更为全面的了解。

2. 婚姻压力对婚姻的影响

李艺敏、吴瑞霞、李永鑫（2014）对婚姻压力、婚姻倦怠与离婚意向之间的关系进行分析，发现婚姻压力对离婚意向的影响是通过婚姻倦怠来实现的。具体来说，婚姻压力既可以直接预测个体的离婚意向，也能通过婚姻倦怠间接地预测个体的离婚意向，这表明感情是婚姻关系的基础；经济压力通过婚姻倦怠来间接影响离婚意向，她们分析认为这是由于人们对于婚姻的需求和评价标准多元化，而经济压力只是影响婚姻关系的因素之一，并不是决定性因素。

侯娟和方晓义（2015）的研究表明，丈夫感知到的婚姻压力水平高于妻子。丈夫会较多地感知到财务与经济方面的压力；丈夫感知到的婚姻质量也显著高于妻子；夫妻所感知到来自配偶的支持水平均较高。丈夫和妻子的婚姻质量受到自身感知的婚姻压力的影响。夫妻的婚姻压力与婚姻承诺、夫妻支持、婚姻质量呈显著负相关。夫妻的婚姻压力能显著负向预测各自的婚姻质量，妻子感知的婚姻压力能显著负向预测丈夫的婚姻质量。

黄迎春、王华昕、李永鑫（2016）探讨城市居民婚姻压力、社会支持与离婚意向之间的关系，发现社会支持能有效调节婚姻压力与离婚意向。这说明社会支持能降低婚姻压力的负面影响，从而降低离婚意向。他们分析，我国城市居民的婚姻家庭中，能实际得到的社会支持和感受到的社会支持可以缓解日常生活中出现的压力。

罗鹏峰（2014）利用问卷调查的形式对“80后”婚姻压力与婚姻承诺、婚姻满意度之间的关系进行讨论。结论如下：（1）婚姻压力不受性别和家庭收入的影响；年龄对经济压力和性生活压力有显著影响；子女因素对经济压力有显著影响；婚姻压力和性生活压力会受到结婚年限的影响；文化程度对经济压力和婚姻压力方面有显著性影响。（2）婚姻压力、经济压力与婚姻满意度显著相关。（3）婚姻压力、经济压力与夫妻交流显著正相关，性生活压力与夫妻交流显著负相关。他在调查中还发现，婚姻承诺和婚姻压力之间密切相关，婚姻承诺能有效缓解婚姻压力。婚姻承诺水平高的夫妻会选择共同面对压力，一起克服压力。

还有一些研究表明，工作压力和婚姻冲突呈显著相关性；徐安琪

(2012)的研究证实经济压力会导致夫妻婚姻冲突和互动上的障碍，影响婚姻和家庭关系满意度。经济压力催化情绪压力，夫妻互动中支持减少，与频繁和激烈的婚姻冲突呈显著相关性。孩子的到来让夫妻面对更大的压力。夫妻身份转变为父母身份，婚姻冲突急剧上涨，积极的婚姻相互作用迅速下降。夫妻间压力性事件越多，冲突越多，亲密关系质量也就越差，进而出现新的冲突或者加剧原有的冲突。(侯娟，2015)

三　研究对象与方法

(一) 研究对象

1. 问卷调查的被试与研究三选取的被试相同。

2. 访谈对象。

共访谈了 47 人，全部是自我评价婚姻状态良好、年龄在 40 岁及以下的已婚青年。采用熟人介绍的方法，一对一访谈。访谈由受过训练的研究生分别进行，最后统一对谈话进行录音整理后分析。

女性被访者 31 人，男性被访者 16 人；年龄 30 岁以下 18 人，30 岁以上 29 人；文化程度在本科及硕士以上 20 人，大专及以下 27 人；结婚年限 5 年以下 15 人，5 年以上 27 人；没有小孩的 14 人，有 1 个小孩 26 人，有 2 个小孩 7 人。

(二) 研究工具

1. 城市居民婚姻压力问卷

我们对李永鑫和吴瑞霞编制的“城市居民婚姻压力问卷”进行了修订。“城市居民婚姻压力问卷”包括感情压力、经济压力和性生活压力 3 个方面，共 18 个项目。具有良好的信度和效度。在前期研究中，发现原来问卷的三种压力仅仅涉及夫妻二人，没有考量到家庭的其他成员。现实中，来自家庭成员的压力也是一种现实存在的不容忽视的压力源。所以在和原问卷编制者之一李永鑫教授商讨之后，加入了两个因子：老人赡养压力和子女教养压力。在原来的问卷基础上增加了8道题目（每个因子4道题），并对问卷的信度和效度进行了检验。结果表明，补充因子后的问卷具有较好的信度和效度。

表6－1　　婚姻压力问卷的信度系数

	总问卷	感情压力	经济压力	性生活压力	老人赡养压力	子女教养压力
α系数	0.868	0.874	0.805	0.782	0.647	0.663
分半系数	0.790	0.752	0.690	0.581	0.534	0.557

表6－2　　婚姻压力模型的拟合指数

模型	X^2	df	X^2/df	GFI	CFI	NFI	IFI	TLI	RMSEA
单因素模型	789.807	5	157.961	0.848	0.774	0.773	0.774	0.547	0.294
五因素模型	1914.606	179	10.696	0.902	0.888	0.878	0.888	0.868	0.073

“城市居民婚姻压力问卷”（修订版）包括感情压力、经济压力、性生活压力、老人赡养压力、子女教养压力5个方面，共26个项目。项目采用5级计分，从“极不符合”到“非常符合”分别计“1”到“5”分。

2. 社会支持量表

社会支持量表是由肖水源等（1986）编制，共10个条目，用来评价个人在社会中获得的支持以及对所获得的支持的利用情况。量表包括三个维度：1. 客观支持：指可实际得到的支持。2. 主观支持：指个体在社会中感受到的被尊重、被理解与支持。3. 对支持的利用度：是指个体对所获得的支持的利用程度。该量表信度为0.92，具有良好的实证效度。

3. Kansas婚姻满意度量表

Kansas婚姻满意度量表（Kansas marital sati－sfaction scale，KMS）是美国心理学家Schumm等人于1986年编制。KMS三个题目分别代

表对配偶、对婚姻和对婚姻关系的满意程度。Schumm 认为人们对婚姻的满意程度是这三方面的满意程度的综合。KMS 量表简短易行，使用方便，题目不涉及价值观及社会文化因素，仅仅考量共同对婚姻满意程度的主观感觉或评价，可以适用于不同文化层次的人群。李虹和陈启芳（2002）对 KMS 量表进行了修订并建立起北京和香港的常模，其研究结果表明 Kansas 婚姻满意感量表的信度、效度良好。

4. 自编婚姻压力访谈提纲

访谈提纲由访谈指导语、访谈主题两部分组成。访谈指导语部分主要介绍主试身份、研究目的、研究意义、保密性原则等。访谈主题部分首先收集有关受访者人口统计学背景信息，然后聚焦于青年人婚姻压力对婚姻造成的影响。访谈主要围绕以下方面展开：第一，婚姻压力的赋值；第二，婚姻压力对婚姻的影响；第三，婚姻压力的应对。访谈问题的形式均为开放式问题，从各个不同的侧面了解青年人婚姻压力及其对婚姻影响的自我体验。

问题如："在日常生活中，你觉得自己的压力大吗？如果 5 分评分，1 代表无压力，越往上压力越大，那么你评几分？这些压力都是从哪来的呢？/压力事件都有哪些？""在面对这些影响婚姻关系的压力时，你会做什么来解决问题？你的爱人会做什么来解决问题？你们解决问题的方式是如何相互影响的？"总共 8 道大题目。

四　调查结果与分析

经过对调查结果的统计分析，发现了青年人婚姻压力具有以下特点，下面分别进行分析。

（一）青年人婚姻压力的总体情况

青年人的婚姻压力处于中等水平，男性和女性对婚姻压力的感受没有显著差异。这和前面我们在婚姻冲突中的研究结果相同，无论是婚姻冲突还是婚姻压力都不存在性别差异，这正是男女平等的最好诠释。表6－4的结果进一步表明在具体的压力类型上，男女之间没有差异。

表6－3　　婚姻压力的总体比较

压力类型	n	M	SD	t值
婚姻压力总分	2033	54.26	12.613	
男性婚姻压力总分	829	54.18	12.524	－.220
女性婚姻压力总分	1204	54.31	12.678	

表6－4　　婚姻压力的性别差异比较

压力类型	性别	n	M	SD	t值
感情压力	男	829	15.10	5.345	－0.546
	女	1204	15.23	5.345	
经济压力	男	829	9.48	3.757	0.169
	女	1204	9.45	3.703	
性生活压力	男	829	10.15	3.405	－0.154
	女	1204	10.18	3.224	
老人赡养压力	男	829	10.23	3.192	－0.185
	女	1204	10.26	3.305	
子女教养压力	男	829	9.22	2.655	0.233
	女	1204	9.19	2.683	

统计结果表明：性别因素在婚姻压力上没有差异，男女对压力的感受是一样。在结婚之后，双方是一个联合体，当家庭面临压力时，双方的感受是一样的，只有共同面对压力，想办法解决困难，才能打造幸福的婚姻家庭生活。这充分体现了在青年人的婚姻生活中的平等性，这种平等意识不仅仅表现在生活的享受上，也体现在压力的共同承担上。

（二）青年人对压力感受的具体特征

1. 63. 7%的青年人对自己的性生活不满意，夫妻间关于性的交流和沟通较少。

对于“我很满意我和配偶的性生活”选择肯定的仅为 14. 5%，否定 63. 7%。这个结果表明大部分青年人对自己的性生活不满意。夫妻在性生活之外，也没有其他亲密行为，57. 5%对“除性之外，我和配偶日常生活中还有很多亲昵行为”选择否定，由此可见青年人在性的方面压力较大。相互之间对于性的交流和沟通进行得较少，52. 4%的人对“我和配偶能很好地讨论性的问题”选择否定。

现代生活节奏紧张，很多夫妻一睁眼就去上班，中午各自在单位吃饭，晚上乘坐拥挤的地铁或公交回到家后，已经筋疲力尽了，年青的夫妻真是没有太多的精力和时间来风花雪月，卿卿我我了。

2. 子女教养压力较大，对子女的教育投入大量的金钱和精力。

有 59. 1%的被访者承认“在孩子的教育上我们花了很多钱”。56. 5%的人认为“为孩子的教育付出了很大的精力”，可见年青的父母在孩子的教育方面投入了大量的金钱，同时也会付出极大的精力。

目前的子女教育是每个家庭关注的重点，年青的父母在正常的学校教育之外，非常重视孩子的素质教育，会给孩子报很多兴趣班和辅导班，这些兴趣班的价格普遍比较昂贵，所以一般有孩子的父母都会在孩子的教育上花很多钱。夫妻同时或至少有一个人会辅导孩子的作业、接送孩子上兴趣班、辅导班，这需要付出时间和精力。在子女教育过程中，不可避免地会产生矛盾和冲突，31. 8%的夫妻承认“我和配偶总是为如何教育孩子而争吵”。可见子女养育的压力会导致婚姻冲突的增多，影响到婚姻的满意度。

3. 经济压力对婚姻有影响，大多数青年人能够理性面对。

居家过日子，方方面面都需要钱，许多青年人都面临着一定的经济压力，这种压力对夫妻之间的感情会造成一定的影响。

26. 2%的青年人认为“家庭的经济压力影响了我和配偶之间的感

情”。17.6%的青年人表示“我和配偶经常因为家庭债务而争吵”。但是大多数青年人能够理性面对经济压力，努力工作，共同面对，不会太过为难对方，67.7%人表示“配偶没有埋怨过他们的工资低”。

4. 老人为子女结婚花钱较多，小夫妻在照顾老人方面花时间较多，传统的婆媳矛盾已经不多见。

39.4%的青年人承认“父母为我们结婚花了很多钱”，可见中国父母对子女结婚的经济支持是巨大的。父母会花巨资为子女购买婚房、操办婚礼等等，许多父母省吃俭用地攒钱，就是为了让子女能风风光光结婚。

青年人依然恪守中华民族优良的传统，愿意为父母养老。30.7%的青年表示“我和配偶要花很多时间照顾双方的父母。”青年人中，许多人是独生子女，照顾双方的老人，压力较大。

青年人与对方父母的矛盾一般以婆媳矛盾较突出，女婿和岳丈岳母之间的矛盾较少。现代的青年人大多是自己的核心小家庭独立居住，不和父母居住在一起，彼此的距离减少了许多矛盾的产生，因此，婆媳矛盾冲突大大减少，对“配偶和我的父母之间常发生矛盾”选择肯定的仅为16.4%，选择否定的高达67.4%。

5. 感情压力程度较弱，但是在价值观和思想观念方面存在冲突。

青年人的婚姻自主程度很高，一般在结婚前都有充分的了解，他们的感情基础较好。在对感情压力的调查中，对于下列题目选择可以看出他们的感情压力较小。

对“配偶对我总是不理解”选择肯定的仅为23.5%，选择否定的为54.6%。对“配偶对我不够体贴和关心”选择肯定的仅为22.5%，选择否定的为59.4%。对“配偶总是过分指责我的缺点和毛病”选择肯定的仅为22.8%，选择否定的为59%。

但是，价值观和思想观念的冲突似乎对夫妻构成较大的压力。近三分之一的青年人存在这方面的压力感受。对“我和配偶经常因为价值观和思想观念不同而发生矛盾”选择肯定的占30.4%，选择否定的占47%。这是一种进步，青年人不仅仅是追求感情，而且重视在世界观、人生观、价值观方面的追求，希望能够三观基本一致，共同携手追求美好的婚姻生活。

（三）婚姻压力的年龄差异

婚姻压力在不同年龄段的差异显著。具体来看，与30—40岁的青年人相比，30岁以下的青年人在经济压力上显著较大，在感情压力和子女教养压力上也较大。

表6－5　婚姻压力的年龄差异比较

压力类型	年龄	n	M	SD	t值
总分	30岁以下	729	55.18	13.024	2.425*
	30—40岁	1304	53.74	12.352	
感情压力	30岁以下	729	15.53	5.426	2.230*
	30—40岁	1304	14.98	5.290	
经济压力	30岁以下	729	9.76	3.887	2.658**
	30—40岁	1304	9.29	3.621	
性生活压力	30岁以下	729	10.18	3.354	0.174
	30—40岁	1304	10.16	3.268	
老人赡养压力	30岁以下	729	10.37	3.336	1.257
	30—40岁	1304	10.18	3.214	
子女教养压力	30岁以下	729	9.33	2.545	1.662*
	30—40岁	1304	9.13	2.737	

（四）结婚年限对婚姻压力的影响

结婚年限对婚姻压力影响表现为：与结婚时间在5年以下的青年人相比，结婚5年以上的青年人在性生活压力和老人赡养压力方面显著较大。

表 6－6　婚姻压力的结婚年限差异比较

压力类型	结婚年限	n	M	SD	t 值
总分	5 年以下	916	53.26	12.905	－3.245**
	5 年以上	1117	55.08	12.313	
感情压力	5 年以下	916	15.21	5.368	0.205
	5 年以上	1117	15.16	5.327	
经济压力	5 年以下	916	9.28	3.779	－1.943
	5 年以上	1117	9.61	3.674	
性生活压力	5 年以下	916	9.81	3.247	－4.436***
	5 年以上	1117	10.46	3.312	
老人赡养压力	5 年以下	916	9.89	3.287	－4.494***
	5 年以上	1117	10.54	3.207	
子女教养压力	5 年以下	916	9.07	2.655	－2.083*
	5 年以上	1117	9.31	2.680	

（五）婚姻压力的子女数差异

表 6－7 的数据表明，子女数在子女教养压力上有显著性的差异。3 个及以上子女的夫妻，感到的子女教养压力显著较大。这是因为在现代社会中养育孩子的成本在不断增高，养育孩子同时需要付出巨大的精力和时间，拥有 3 个或更多的孩子占用父母的经济和精力显然较多。

表 6 - 7　　婚姻压力的子女数差异比较

压力类型	子女数	n	M	SD	F 值
总分	无子女	540	52. 42	12. 950	8. 274***
	1—2 个子女	1446	54. 87	12. 436	
	3 个及以上	47	56. 49	12. 126	
感情压力	无子女	540	14. 77	5. 227	2. 369
	1—2 个子女	1446	15. 32	5. 358	
	3 个及以上	47	15. 77	6. 066	
经济压力	无子女	540	9. 37	3. 566	0. 311
	1—2 个子女	1446	9. 48	3. 770	
	3 个及以上	47	9. 74	4. 115	
性生活压力	无子女	540	10. 16	3. 458	0. 174
	1—2 个子女	1446	10. 16	3. 233	
	3 个及以上	47	10. 45	3. 450	
老人赡养压力	无子女	540	10. 16	3. 175	0. 432
	1—2 个子女	1446	10. 27	3. 297	
	3 个及以上	47	10. 53	3. 028	
子女教养压力	无子女	540	7. 96	3. 053	86. 163***
	1—2 个子女	1446	9. 64	2. 365	
	3 个及以上	47	10. 00	2. 350	

（六）婚姻压力的受教育程度差异

婚姻压力的受教育程度差异极其显著，文化程度越低，婚姻压力越大，几乎在所有的婚姻压力上，文化程度高的人，压力较小。

表 6－8　　　　　　婚姻压力的受教育程度差异比较

压力类型	受教育程度	n	M	SD	F 值
总分	高中及以下	756	57.01	12.449	40.549***
	大专	385	55.09	11.525	
	本科及以上	892	51.57	12.660	
感情压力	高中及以下	756	16.01	5.578	21.105***
	大专	385	15.48	4.870	
	本科及以上	892	14.35	5.218	
经济压力	高中及以下	756	10.00	3.869	21.010***
	大专	385	9.78	3.756	
	本科及以上	892	8.87	3.496	
性生活压力	高中及以下	756	10.44	3.292	9.352***
	大专	385	10.46	3.224	
	本科及以上	892	9.81	3.304	
老人赡养压力	高中及以下	756	10.82	3.432	21.078***
	大专	385	10.19	3.078	
	本科及以上	892	9.79	3.107	
子女教养压力	高中及以下	756	9.73	2.531	28.012***
	大专	385	9.18	2.538	
	本科及以上	892	8.76	2.762	

（七）收入水平对婚姻压力的影响

收入水平对婚姻压力的影响显著，总体上，收入越高，婚姻压力越小。个人收入低于 5 万元的青年人在除老人赡养压力和性生活压力之外的其他压力方面都是最大的；收入在5万—10万元的青年人在老人赡养方面压力最大；收入在10万—20万元之间的人，在性生活方面的压力最大，显著超过其他收入水平的青年人。

表6－9　　　　婚姻压力的收入水平差异比较

压力类型	收入水平	*n*	*M*	*SD*	*F*值
总分	5万元以下	341	58.25	12.705	29.182***
	5万—10万元	415	55.99	12.156	
	10万—20万元	385	55.09	11.525	
	20万元以上	892	51.57	12.660	
经济压力	5万元以下	341	16.73	5.694	17.980***
	5万—10万元	415	15.42	5.416	
	10万—20万元	385	15.48	4.870	
	20万元以上	892	14.35	5.218	
感情压力	5万元以下	341	10.41	4.074	16.607***
	5万—10万元	415	9.66	3.663	
	10万—20万元	385	9.78	3.756	
	20万元以上	892	8.87	3.496	
性生活压力	5万元以下	341	10.45	3.315	6.233***
	5万—10万元	415	10.43	3.278	
	10万—20万元	385	10.46	3.224	
	20万元以上	892	9.81	3.304	

续表

压力类型	收入水平	n	M	SD	F 值
老人赡养压力	5 万元以下	341	10.79	3.445	14.064***
	5 万—10 万元	415	10.85	3.426	
	10 万—20 万元	385	10.19	3.078	
	20 万元以上	892	9.79	3.107	
子女教养压力	5 万元以下	341	9.87	2.537	19.215***
	5 万—10 万元	415	9.62	2.523	
	10 万—20 万元	385	9.18	2.538	
	20 万元以上	892	8.76	2.762	

（八）婚姻压力的职业差异

职业分类对婚姻压力的影响极其显著。总体上看，自由职业者的婚姻压力最大。在各个具体的压力上看，在经济压力、感情压力、性生活压力、老人赡养压力等方面，自由职业者都是压力最大的；个体经营者在子女教养压力上最大，在其他方面仅次于自由职业者，压力也比较大。

表 6－10　　**婚姻压力的职业分类比较**

压力类型	职业分类	n	M	SD	F 值
总分	公务员	85	53.06	13.648	8.849***
	事业单位人员	377	51.09	11.486	
	公司人员	492	52.86	12.270	
	个体经营者	299	54.41	11.920	
	自由职业者	480	56.37	12.512	
	其他	131	52.85	12.833	

续表

压力类型	职业分类	*n*	*M*	*SD*	*F* 值
经济压力	公务员	85	14.72	5.808	6.548***
	事业单位人员	377	13.94	4.609	
	公司人员	492	14.70	5.098	
	个体经营者	299	15.27	5.203	
	自由职业者	480	15.91	5.616	
	其他	131	15.27	5.574	
感情压力	公务员	85	8.91	3.769	6.469***
	事业单位人员	377	8.69	3.188	
	公司人员	492	9.13	3.494	
	个体经营者	299	9.16	3.508	
	自由职业者	480	10.01	3.873	
	其他	131	9.22	3.705	
性生活压力	公务员	85	9.87	3.854	2.341*
	事业单位人员	377	10.24	3.303	
	公司人员	492	9.86	3.191	
	个体经营者	299	10.01	2.981	
	自由职业者	480	10.53	3.307	
	其他	131	10.16	3.353	
老人赡养压力	公务员	85	10.41	3.607	6.922***
	事业单位人员	377	9.46	2.781	
	公司人员	492	10.07	3.101	
	个体经营者	299	10.45	3.298	
	自由职业者	480	10.50	3.374	
	其他	131	9.40	2.792	

续表

压力类型	职业分类	n	M	SD	F 值
子女教养压力	公务员	85	9.15	3.084	4.449***
	事业单位人员	377	8.75	2.646	
	公司人员	492	9.10	2.630	
	个体经营者	299	9.53	2.626	
	自由职业者	480	9.43	2.534	
	其他	131	8.80	2.797	

（九）做家务时间对婚姻压力的影响

做家务时间对婚姻压力的影响较小，仅仅体现在性生活压力上，做家务时间在 3 小时以上的青年人压力最大，这可以理解为每天繁重的家务劳动让人很疲劳，没有精力投入性生活中；而且让一个人单方面承担大量的家务，难免心生不满，难以获得性的享受和愉悦。

表 6－11　　婚姻压力的做家务时间差异比较

压力类型	做家务时间	n	M	SD	F 值
总分	从来不做	149	54.61	14.744	1.763
	1 小时以下	812	53.62	12.312	
	1—3 小时	690	53.16	11.899	
	3 小时以上	230	55.15	12.298	
经济压力	从来不做	149	15.43	5.912	1.768
	1 小时以下	812	15.06	5.159	
	1—3 小时	690	14.71	5.217	
	3 小时以上	230	15.50	5.385	

续表

压力类型	做家务时间	n	M	SD	F 值
感情压力	从来不做	149	9.59	3.954	0.848
	1 小时以下	812	9.33	3.549	
	1—3 小时	690	9.13	3.566	
	3 小时以上	230	9.37	3.657	
性生活压力	从来不做	149	10.38	3.957	4.739**
	1 小时以下	812	10.10	3.176	
	1—3 小时	690	9.94	3.072	
	3 小时以上	230	10.84	3.462	
老人赡养压力	从来不做	149	10.47	3.657	0.781
	1 小时以下	812	10.06	3.169	
	1—3 小时	690	10.09	3.099	
	3 小时以上	230	10.00	3.113	
子女教养压力	从来不做	149	8.74	3.290	2.900
	1 小时以下	812	9.07	2.673	
	1—3 小时	690	9.29	2.454	
	3 小时以上	230	9.43	2.688	

（十）婚姻冲突与婚姻压力的相关分析

感情和经济两种压力都与妥协、回避呈显著性负相关，与行为反应、分离、控制、服从显著正相关。这表明在青年人面临的感情压力和经济压力越大，他们越不愿意采用妥协和回避的方式来解决冲突，而会采用激烈的争吵、压制胁迫对方服从自己等不理性的方式应对冲突。

性生活压力与行为反应呈显著性正相关，与其他呈显著性负相关。性生活压力大时，会出现激烈的行为反应，但是较少采取其他行为来应对冲突。

表 6 - 12　　婚姻压力与婚姻冲突的相关分析

	妥协	回避	行为反应	分离	控制	服从	感情压力	经济压力	性生活压力	老人赡养压力	子女教养压力
妥协	1										
回避	.678**	1									
行为反应	-.048*	-0.022	1								
分离	.533**	.475**	.207**	1							
控制	-0.041	-0.017	.606**	.203**	1						
服从	.249**	.276**	.388**	.312**	.289**	1					
感情压力	-.165**	-.095**	.617**	.109**	.523**	.342**	1				
经济压力	-.141**	-.077**	.610**	.121**	.496**	.380**	.764**	1			
性生活压力	-.543**	-.382**	.072**	-.345**	-.044*	-.226**	.135**	.102**	1		
老人赡养压力	.044*	0.039	.464**	.177**	.341**	.388**	.528**	.588**	-.087**	1	
子女教养压力	.207**	.214**	.248**	.274**	.193**	.329**	.269**	.319**	-.177**	.497**	1

老人赡养压力除回避方式外，与其他方式显著正相关。可见，在涉及老人赡养压力时，青年人会采取各种方式来处理。

子女教养压力与所有婚姻冲突的应对方式正相关。这表明，作为家庭的主要压力源，在子女教养问题上，夫妻需要不断面对压力引起的冲突。

五 青年人婚姻压力的特点

每一对夫妻都有不同的压力，每一个压力后面都有个人、家庭、社会多方面的综合影响。经济的全球化，社会的飞速发展，知识的爆炸，不确定的因素大大增加，职业的更新和不稳定，人际交往范围的不断扩大，相互影响的速度和力度都在空前增加。婚姻必然会受到影响，压力自然也随之而来。

经过调查，青年人的婚姻压力有如下特点：

1. 青年人的婚姻压力总体处于中等水平，男性和女性的婚姻压力感受没有差别。

在婚姻压力方面男女的感受都是一样的，这一点可以从社会性别理论的角度来解释。性别可以分为生理性别和社会性别，生理性别是人与生俱来的生物特征。社会性别是在特定社会文化影响下形成的，包括性别规范、性别角色及两性的行为方式，是文化习俗影响的结果。人的社会性别因时间、民族、地域的不同而各不相同。当代的女性与男性一样，都是家庭经济的贡献者，她们在家庭中的地位和权利与丈夫基本平等，女性同时在家庭中承担子女教养和家务等责任，应该感受的压力体验在某种程度要大于男性，我们看到无论是冲突还是压力方面，男性和女性的感受是一样的，究其原因，应该是现代青年人的婚姻平等意识较强，地位平等，相应的责任和义务是平等的，对压力的感受也是平等的。

在访谈中，80%的被访者对自己的压力自评为中等，约20%的人自评压力为5分（压力赋值：1分为没有压力，5分为压力最大）。男性认为压力的来源主要是工作、经济、子女教育。

访谈对象23：男，38岁，硕士，结婚10年，有2个男孩子。自评压力5分。

压力很大。现在这个阶段是压力最大的阶段，但是都能够承受得住。评5分吧。工作和家庭孩子，然后还有就是身体状况。

访谈对象41：男，28岁，大专，结婚3年，有1个女孩。自评压力3分。

这个压力评分的话，我估计在3分左右吧，具体的压力呢，我感觉可以从各个方面，包括我的工作，我的家庭，我的父母，包括我的妻子还有孩子这一块儿。人肯定是往好处想的，希望肯定都是美好的，你期待以后能更好，所以这方面的压力会比较大。因为我想创造更好的未来给我的家庭，包括未来对父母亲的赡养等这一系列，所以说压力就比较大一点儿。

访谈对象15：男，34岁，初中，结婚8年，有1个男孩和1个女孩。自评压力4分。

工作，家庭，孩子，钱不够花。

访谈对象14：男，29岁，专科，结婚1年，没有孩子。自评压力3分。

压力谁都会有，我目前压力应该是3分，相对来说，不算大也不算小。压力主要的途径基本就是工作和生活，目前主要是工作。

年长一点女性自评压力较小。

访谈对象 41：女，33 岁，初中，结婚 10 年，有 1 个男孩和 1 个女孩。压力自评为 3 分。

> 3 分。压力来自家庭：孩子，工作，丈夫不管孩子，不干活（家务）。

访谈对象 38：女，30 岁，初中，结婚 6 年，育有 1 个男孩。自评压力 2 分。

> 压力不太大，2 分。压力主要来自外界，经济压力（车贷），2 分。家里的就是孩子的教育。

年青的女性面临工作或学业冲突、经济、子女教养等，压力较大。

访谈对象 19：女，26 岁，硕士在读，结婚 1 年半，有 1 个仅 6 个月大的女孩。压力自评为 5 分。

> 压力很大，我给自己评 5 分。我现在的压力真的很多，因为我和我老公现在都在上学，经济压力很大，然后又有了宝宝，现在就是上学期间有时间时我老公会找兼职，然后多一半还是要靠家里面帮助。还有我要发表的论文，以及毕业后的打算。我之前有继续读博的想法，但是现在因为有孩子，所以还在考虑中，因为我老公毕业是直接去读博，我如果再考，可能经济压力会更大了。

访谈对象 18：女，26 岁，本科，结婚 8 个月，没有孩子。压力自评为 5 分。

5分。大部分来自工作和家庭。工作比较忙，学生还多，都是叛逆期，无形中又增加了工作压力。家庭方面爸妈身体不好，因工作的原因又没有办法去照顾。现在还没有孩子，等以后有了孩子，压力会更大。压力现在导致的孩子都不敢要。

也有的人对生活很满意，认为自己没有压力。

访谈对象37：男，31岁，本科，结婚5年，有1个男孩和1个女孩。压力自评为1分。

结婚5年以来，生活上没有压力，房子、车都不缺，家庭氛围和谐，就没有太多烦恼，没遇到过重大的问题和影响婚姻的事件。

访谈对象28，男，29岁，高中，结婚2年，1个孩子。自评压力1分。

暂时没感受到压力。有事情我妈会帮我们。

2. 青年人的性压力、子女教养压力较大；老人对青年人有较大的经济支持，减轻了青年人的经济压力；青年人在老人赡养方面投入的时间较多；感情压力不大，但是三观不同带来的压力较大。

下面，一起来了解一下青年人婚姻压力的一些具体数据：

（1）67.7%的人表示配偶没有埋怨过他们的工资低，但是26.2%的人承认经济压力影响了夫妻感情，有17.6的人会经常为经济而争吵。

风笑天（2014）对全国五大中心城市的1216对青年夫妻进行了婚配模式的调查，发现青年人在婚配模式上有高度的同质性：在文化程度上，丈夫和妻子文化程度相等的达到60%；年龄上，大约60%

的丈夫比妻子大1—4岁；60%的夫妻也基本在同一职业群体内；夫妻在城乡背景上同样显著相关，具有城市背景人85%的人会选择同样是城市背景的人结婚，60%农村背景的人会选农村背景的人结婚。这种在年龄、文化程度、职业、城乡背景等方面基本相同的夫妻，对于彼此的收入和行业特点等都是十分了解和熟悉，知道以他们自身的资历和能力所能得到的经济收入情况，所以深知这不是个人所能决定的，也根本没有抱怨的必要。例如访谈对象23就表示："因为我和我爱人在一个公司，所以对于工作情况两个人都会了解，都清楚对方的工作压力。对家庭方面更是我们两个人共同面对，一般不会吵架。"

但是，一般青年人收入水平不高，小家庭的日常开销却很大，捉襟见肘的时候发生一些争吵和抱怨也是在所难免的。

（2）63.7%的青年人对自己的性生活不满意，夫妻间关于性的交流和沟通较少。

性欲、情感是人自然属性的重要组成部分，是人的基本权利。青年人重视性的独立性和性权利。2006年全国调查中，对"丈夫有义务满足妻子"的回答中，总体结果显示对妻子性权利有较高认同度。在传统婚姻中，女性总是处于被动的一方，性生活是为了"满足丈夫"。该调查结果中，对丈夫"义务"的强调不是"矫枉过正"，而是对性生活中双方权利的觉醒。（王东，2008）在徐安琪和叶文振（1999）对于中国人婚姻质量的调查中，发现夫妻之间平时很少甚至没有亲昵行为的高达74.4%，经常进行性感受交流和沟通的夫妇只有不到5%。他们的研究还证实，"夫妻的感情交流对其性生活的满意度的影响最大"。

"婚姻关系中的亲密状况调查报告"（中国妇女杂志社，2017）显示：54.1%的男性和42.2%的女性将"性生活不和谐"作为伤害夫妻关系的主要因素。对于性生活的自我评价中，有41.2%的男性认为自己表现"很好"，28.9%的男性认为自己表现"比较好"；30.8%的女性认为自己表现"很好"，29.6%的女性认为自己表现"比较好"。可见夫妻双方已经将性作为婚姻生活的重要组成部分，但是女性对自己的性表现不是很自信。他们的调查结果和本结果不同：夫妻的自评性生活质量较高，“性生活质量满分为 10 分，男性自评的平均分为 7.65 分，女性自评的平均分为 6.86 分。可见，男性对性生活质量的满意度高于女性”。这个结果的差异与取样的年龄有关，他们的取样是 21—56 岁，我们的取样是 40 岁以下自评婚姻生活幸福的青年人，结果反映的也是青年人的看法。

现代青年人在性的知识的了解上已经大大超过了父辈，他们可以通过互联网很方便地学习有关性的知识，但是性观念的改变不是一朝一夕的事情。传统的性禁锢、性愚昧的思想还在影响着部分青年人，工具化、政治化的性文化还有巨大的束缚力，男女的性观念、性态度需要逐步转变。需要清理传统的性价值、性道德、性文化中的糟粕部分，摒弃世俗的愚昧和偏见，普及科学的性知识，让性成为自然的生命存在，让青年人真正享受生命的乐趣，体验到夫妻的情趣，体会到婚姻的“性”福，提高夫妻的性生活质量。

（3）57.5%的青年人承认子女教养压力较大，对子女的教育投入大量的金钱和精力。

在访谈中，也普遍反映子女的教育方面压力较大。

访谈 7：37 岁，女，本科，结婚 9 年，有 2 个孩子。

> 两个孩子一个上小学，一个上幼儿园，我工作本来就很忙，还要管两个孩子，有点力不从心，老公大男子主义，基本上不管孩子，孩子病的时候，我压力极大，经常是其中一个孩子病了之后，我和另一个孩子也会病倒。

访谈 2：38 岁，女，硕士，结婚 15 年，有 1 个孩子。

> 孩子学习中等偏上，总是不尽如人意，心情不好，总是感觉孩子的学习情况没有自己小时候好，孩子对学习的态度也不认真，不知道他未来何去何从。会影响与爱人的互动，爱人总认为

孩子应该顺其自然，但是我认为应该人为干预。

一些家长受“不能让孩子输在起跑线上”观念的影响，从胎儿时期就开始胎教，美其名曰开发早期智力。上学后，对子女的学习成绩期望过高，在择校、家教/补习、英语、兴趣班等方面投入大量的资金、时间和精力。也有家长对孩子溺爱，认为不能苦了孩子，别人家孩子有的自己孩子也必须有，超出自己经济能力也要给孩子创造良好的条件。徐安琪（2004）的研究表明，用于子女学校教育的费用是子女总支出主要部分。这些教育支出是用于如补课、培训、家教、书报、文具等费用。但是，家庭的经济付出与孩子的学业成绩、心理素质、身体健康和社会适应能力之间没有显著相关，这表明，并非在子女身上投入的经济成本越高对子女健康成长和全面发展就越有利。父母要多与孩子沟通、交流，注重培养孩子的社会适应能力，给孩子爱和支持，让孩子健康成长。

访谈对象 37 表示：“孩子学钢琴每节课的学费、学英语、奥数等每个月的开销很大。”

访谈对象 25：“在学校附近买了个房，方便孩子上学。他妈妈专门陪读。我要还房贷，还要供家里日常开销，经济压力很大。”

孩子成长过程中最渴望的是家长的陪伴，家长可以和孩子一起参加活动、多与人交往，和别的孩子一起玩耍、沟通、交流，注重孩子的心理素质的培养，锻炼孩子的学习自觉性、情绪自控能力和社会适应性。

（4）39.4%的青年人承认父母为他们结婚花了很多钱，30.7%的青年人在照顾老人方面投入的时间和精力较大。

我国传统的思想观念是“养儿防老”，在今天人们的观念中依然在发挥着重要的作用，只不过更进了一步，不单是儿子会承担赡养老人的责任，女儿也会赡养老人。独生女儿的家庭，在婚后女儿和女婿也会肩负起养老的重担。但是现实生活中，独生子女政策下的“4－2－1”家庭结构以及过重的生活负担让年轻的父母不堪重负，赡养老人心有余而力不足。我国已进入老龄化社会，在目前社会养老保障体系仍不完善的情况下，一些子女确实无力承受赡养之重。但是值得欣慰的是，很多青年人愿意投入时间和精力来照顾双方的老人。肖武（2016）的调查显示，已婚的受访者中有60.7%的人愿意婚后与父母同住，58同城、安居客近日发布《2020年女性置业报告》发现，在“是否介意与伴侣父母同住”问题中，有59.3%的女性表示不介意。这说明夫妻愿意与父母生活在一个屋檐下，买房子的时候都会考虑到与父母生活在一起。许多父母十分乐意和儿女住在一起，他们也热心地帮助小夫妻照看小孩，让正处于工作关键时期的儿女能投入工作中，更好地平衡家庭与工作的冲突。老人也缓解了寂寞和空虚，一大家子热热闹闹，共享天伦之乐。

“反哺之心”是人类的高级情感，我们很欣慰地看到中华民族的优良家庭传统在今天的青年人身上得到传承和弘扬。在社会转型的过程中，养老不仅仅是亲情寄托，更是社会责任，这种家庭式养老方式是最科学、最人性化的养老模式，让老人老有所依、老有所养，幸福地安度晚年，满足人们对美好生活的追求。

（5）30.4%的人会经常和配偶因为价值观和思想观念不同而发生矛盾。

过去的婚姻常常说的是“八字不合”，现在青年人的婚姻常常提及的是“三观不合”。“三观不合”就是指两个人的世界观、人生观、价值观不一致。其实三观一致，并不是要求两人完全一样，而是彼此之间能够求同存异，懂得包容和欣赏。否则，你跟他分享快乐，他觉得你在显摆；你跟他倾诉难过，他觉得你是矫情。

这是青年人在婚姻中讨论比较多也是比较受重视的方面，很多青年人重视婚姻的沟通，发现与对方的沟通存在观念上的不同。其实，真正的三观不合，不是夫妻行为爱好的不同，而是做自己的事情时拼命诋毁对方的爱好，这才是三观不合。这种观念上的分歧会造成婚姻的冲突，带来婚姻压力。

访谈对象7：“我老公是独生子女，他觉得带孩子就是女人的事情，关系不大……我来自农村，我老公是高干子弟，我们是在大学自由恋爱的，但是他的父母并不赞成，现在我又生了两个女孩，公公婆婆更不待见我了”。

访谈对象48：“我老公一天到晚打麻将、喝酒，跟他说，他从来都不听。”

3. 青年人的婚姻压力会受到结婚年限、年龄、子女等因素的显著影响。结婚5年以上的青年人在性生活压力和老人赡养压力方面显著较大。30岁以下的青年人在经济上压力较大，在感情和子女教养上有一定的压力。3个及以上子女的夫妻，感受到的子女教养压力较大。青年人对0—3岁婴幼儿照料压力大。

池丽萍（2016）对中国人婚姻与幸福感关系的研究结果发现，随着结婚时间的延续，个体幸福感会发生变化。在婚后第1年和第2年的幸福感最高，第3年突然下降，第4年到第7年的幸福感较平稳，7年之后开始逐渐下降，直到婚后20年时与单身水平接近。也有研究证实家庭生命周期会对夫妻冲突产生影响，在婚姻生活不同时期夫妻冲突的发生率呈“倒U形”曲线变化（徐安琪、叶文振，2002）。虽然没有关于家庭生命周期与婚姻压力的实证研究，但是婚姻压力过大会导致婚姻冲突是研究者公认的，因此可推断，家庭生命周期与压力之间也存在着类似的相关。

30岁以下的青年人刚刚进入婚姻时间不长，结婚买房子、举办婚礼等开销较大，他们才开始参加工作，收入较低，必然感到经济方面的压力。感情压力较大是由于这一时期还处于婚姻的磨合期，双方都会觉得配偶对自己不理解，对自己不够体贴和关心，总是在不断指责对方的缺点和毛病，觉得双方总是在发生冲突，感情波动较大。孩子诞生之后，父母的二人世界不复存在，会把精力和关注点放在孩子身上，夫妻的感情受到影响。同时，照料婴幼儿是一件非常劳心劳力的过程，现在的月子中心费用昂贵，孩子的奶粉、尿布、看护等都需要钱，在怀孕和孩子幼小的时候，妈妈无法正常工作，经济收入必然受到影响。教养孩子既需要金钱更需要爱心，如果有3个孩子，通常是母亲因为要照顾孩子而不能工作，仅仅依靠丈夫一个人的收入养活5口之家，这确实是一副沉甸甸的担子。

现代人由于生活节奏过快和工作投入的影响，处于一种高度紧张的状态中，不同程度地对个体的精力造成了一定影响，所以在性生活中会有力不从心的感觉。女性在生育和哺乳期间，身材会臃肿，产后也会有一些后遗症，性生活也会受到影响。一些男性会在婚后出现“幸福肥”，油腻的大肚腩也没有了往日的风采，性的吸引力大幅度下降。

父母的年龄渐渐步入老年，身体机能衰退，生病概率增加。夫妻在处理婚姻、家庭和职业问题之外，开始承担照顾老一代人的担子。假如老人身体健康，照顾的难度不大，老人还会给子女看护孩子，帮忙家务；如果老人身体不好，那么照顾的压力就很大。许多空巢期的老人身体有病之后需要子女照顾，部分子女和父母不在一个地方，离得较远无法照顾；即使在一个城市，子女忙于工作和自己的小家庭生活，也不可能长时间照顾老人。许多家庭是独生子女，没有任何可以互相帮忙的兄弟姐妹，夫妻要照顾4个老人还有自己的孩子，压力可想而知。

在访谈中，所有已经有孩子的青年夫妻都提到一点：0—3岁婴幼儿的看护困难。目前我国的幼儿园招收的是3岁以上的孩子，0—3岁的婴幼儿都是由家庭照看的。有的家庭老人帮不上忙，保姆也找不到合适的；月嫂、保姆的费用太高；新手父母缺乏经验也缺乏指导；女性产假满后上班，没有办法哺乳等一系列困难让青年人无力承担，压力很大。许多青年人表示，不敢再生二胎了，没有精力也没有时间养育二孩了。2021年5月，政府在宣布实施三胎政策时，就提出要出台相应的配套政策，这种家庭友好型政策的实施将会有效减轻青年人的抚养压力。

4. 受教育程度、经济收入、职业对婚姻压力的影响显著。

文化程度越高、经济收入越多，压力越小。个人年收入低于5万元的青年人在经济压力、感情压力、子女教养压力等方面都是最大的；年收入在5万—10万元的青年人在老人赡养方面压力最大；年收入在10万—20万元之间的人，在性生活方面的压力最大。自由职业者在经济、感情、性生活、老人赡养四个方面压力都是最大的，个体经营者在子女教养方面压力最大，其他仅次于自由职业者。

2017年，中国妇女杂志社开展的“婚姻关系中的亲密状况调查”显示：被访者中，2016年个人年收入为3万—6万元的占38.0%；3万元以下的占26.2%；6万—12万元的占23.1%；12万—18万元的占6.9%；24万元以上的占3.5%；18万—24万元的占2.3%。可见大部分人的收入水平还是很低的，面临的经济压力较大，由此影响到夫妻的感情和子女的教养。年收入在5万—10万元之间的青年人赡养老人压力最大，由于政策的原因，收入较低的家庭可以领取低保，而他们这种情形不符合政策条件，所以需要家庭养老，而个体的收入又不高，所以带来较大的压力。

性压力最大的是年收入10万—20万元的青年人，这些被称为白领的青年人，收入相对较高，但是付出的辛劳也是有目共睹的，加班对他们来说是司空见惯，在单位基本上是干活最多的，他们的大部分时间都被工作占据。“996”的工作之后，青年人的精力已经耗尽，许多人面对着镜子感慨自己不断后移的发际线、疲劳的颈椎和腰椎，感觉已经步入老年。工作压力过大，会对家庭造成一定的影响，出现交叉传递效应，即个体在工作中体验到的压力传递到配偶的家庭生活，使配偶感受到明显的压力与紧张，影响到家庭生活。（王贝、陆婧晶、陆昌勤，2012）

自由职业者的收入水平不是很稳定，所以在经济基础上不能带给婚姻足够的安全感，面临的压力较大。个体经营者由于职业需要，必须将大量的时间和精力投入工作中，无暇顾及子女的教养，但是身为父母又希望子女能有好的前程，希望能给子女良好的教育，自己的知识水平和能力有限，有的家长只知道一味地给孩子钱，纵容娇惯孩子，不知道该怎样正确教育孩子，因此在这方面压力较大。

受教育程度与婚姻的关系前面已经讨论了很多，良好的教育可以让你的家庭婚姻生活幸福。

5. 做家务时间对青年人的性生活压力影响显著，每天做家务时间在 3 小时以上的人，性生活压力显著较大。

由中国妇女杂志社和华坤女性生活调查中心进行的第 12 次中国城市女性生活质量调查显示：被调查女性上下班平均所用时间为 1.2 小时；每天的工作时间平均为 8.4 小时；每天的家务劳动时间（包括辅导孩子和照顾老人）平均为 2.6 小时；65% 的女性是家中家务活的主要承担者，被调查女性的丈夫是家务活主要承担者的比例仅为 6.8%。这一组数据描绘了一个城市职业女性的每天生活：和丈夫一样为工作投入 9.6 小时后，回家之后 65% 的女性还要做 2.6 小时的家务。女性在承受工作的压力之外，回家后要照顾丈夫、赡养老人、抚养子女，整天处于一种高度紧张的精神状态之中，每天这样筋疲力尽在工作和家务中无休止地付出，无暇放松，更无暇风花雪月地顾及丈夫的感受，肯定没有更多的精力投入性生活中去。妻子没有时间和精力享受性生活，也意味着夫妻没有时间和精力享受美好的人生。

调查中每天做家务时间在 3 小时以上的被调查者性生活压力最大，疲劳导致青年人的性生活无力满足，这是目前青年人的真实生活反映。这个结果没有体现出性别差异，但是上述调查数据中也表明仅有 6.8% 的丈夫会做家务。性生活是需要夫妻二人高度合作和交流的，如果妻子疲惫不堪，难以全身心地投入其中，丈夫的性生活必然会受到影响。所以，丈夫和妻子共同分担家务，也是在造福自己，可以让自己和妻子的感情更甜蜜，性生活更和谐。值得欣慰的是，冯春苗等人（2018）的调查显示，关于“和谐的性生活是维系婚姻的重要因素”有 80.41% 的已婚者表示赞同，这说明青年人对性在婚姻中的作用很重视。该调查中，关于“夫妻双方都有工作时，丈夫应该与妻子共同承担家务”这一的回答，85.91% 的男性表示认同，89.9% 的女性表示认同，这是一个很好的表现，如果能够在现实生活中实现的话，可以积极促进婚姻质量的提高。

6. 婚姻压力对婚姻冲突影响显著。感情压力、经济压力、性生活压力较大时，青年人倾向于采用激烈的争吵、压制胁迫对方服从自己、暴力等不理性的方式来应对冲突，这种消极的冲突应对反过来又加大了压力，形成恶性循环。

压力会导致人在生理、情绪、认知、行为等方面产生变化。压力过大时，生理上会出现多种躯体疾病；情绪会失控，容易出现负面的情绪如莫名烦躁、焦虑不安、愤怒、恐惧、抑郁；在认知上，会出现记忆力下降、注意力不集中、思维迟缓等；在行为上，容易对人冷漠，与别人发生冲突。压力过大会导致人们自我否定，认为自己无能，产生强烈无助感。

丈夫和妻子的婚姻质量直接受到自身感知到的婚姻压力的影响，婚姻压力越大，感知到的婚姻质量越低（侯娟、方晓义，2015）。2017 年，中国妇女杂志社开展的“婚姻关系中的亲密状况调查”显示，伤害夫妻关系的五大因素是：漠视（56.4%）；猜忌少信任（53.9%）；出轨（52.4%）；性生活不和谐（46.5%）；家庭暴力（43.1%）。本调查结果证实婚姻压力会导致一些负面的破坏性的婚姻冲突应对方式，也就是说，即使在自评为婚姻满意度较高的青年夫妻中，在较大的婚姻压力之下，他们仍然采用的是辱骂、暴力、强制服从等不良的行为来处理婚姻冲突。

中国社会科学院发布的《1995—2005 年：中国性别平等与妇女发展报告》表明，中国 2.7 亿个家庭中，约有 30% 存在家庭暴力，实施暴力者有 90% 是男性。全国妇联的 2013 年抽样调查表明，有 16% 的女性承认被配偶打过，14.4% 的男性承认打过自己的配偶，每年约 40 万个解体家庭中有 25% 源于家庭暴力（牟文余、蒋曼，2013），在被殴打妇女中，年龄主要集中在 30—40 岁，这个年龄段被殴打女性占了被殴打女性总数的 46.3%。这些数据都表明，青年人的婚姻压力较大时，不理性的婚姻冲突应对行为大量出现，产生的恶果是家庭暴力的大量出现，而这些家庭暴力的受害者正是处于 30—40 岁年龄段的青年女性，对她们的伤害不仅仅会影响婚姻质量和家庭的氛围，还会间接影响到下一代的抚养和上一代的赡养照顾，这对于和谐家庭文化的建设是十分不利的。

以上，我们分析了青年人的婚姻压力的特征，下一章我们进一步探讨如何为青年人提供有效的社会支持，缓解青年人的婚姻压力。

六　结论

1. 青年人的婚姻压力总体处于中等水平，男女青年的婚姻压力感受没有差别。

2. 性压力大。结婚 5 年以上的青年人的性压力较大，对自己的性生活不满意，夫妻间关于性的交流和沟通较少。做家务时间的长短对青年人的性生活压力影响显著，每天做家务时间在 3 小时以上的人，性生活压力显著较大。年收入在 10 万—20 万元之间的人，在性生活方面的压力大。

3. 子女教养压力大，对子女的教育投入大量的金钱和精力。30 岁以下的青年人、3 个及以上子女的夫妻都认为子女教养压力大。青年人对 0—3 岁婴幼儿照料压力大。

4. 30 岁以下的青年人在经济压力上显著较大。父母对青年人有较大的经济支持。青年人在老人赡养方面投入的时间较多；结婚 5 年以上和年收入在 5 万—10 万元的青年人在老人赡养压力上最大。

5. 受教育程度、经济收入、职业对婚姻压力的影响显著。文化程度越高、经济收入越多，压力越小。个人年收入低于 5 万元的青年人在经济压力、感情压力、子女教养压力等方面都是最大的；自由职业者在经济压力、感情压力、性生活压力、老人赡养压力四个方面压力都是最大的，个体经营者在子女教养方面压力最大，其他仅次于自由职业者。

6. 婚姻压力对婚姻冲突影响显著。在感情压力、经济压力、性生活压力较大时，青年人倾向于采用激烈的争吵、压制胁迫对方服从自己、暴力等不理性的方式来应对冲突，这种消极的冲突应对反过来又加大了压力，形成恶性循环。

第七章　当代青年的婚姻压力与社会支持（下）

当人们面对压力时，一般会采取两条途径来应对压力：问题指向的应对和情绪指向的应对。（Billing、Moos，1982）问题指向的应对即直面问题，通过直接的行动或问题解决行为来改变应激源。关注的焦点是要对付的问题和产生压力的事件。在采取行动时，需要对压力情况和其所拥有的应对资源有所估计，还要采取适当的反应来消除或减轻威胁，这种方式对于那些可控的应激源是有效的。情绪指向的应对方法用于应付那些不可控应激源产生的影响更为奏效，目的是减轻压力产生的不适，需要改变自己的认知和情绪，而不是去改变应激源。

认知评估是对应激源的一个认知解释和评估的过程。认知评估是对压力情况的判定——要求是什么，威胁有多大，自己拥有的资源。（Lazarus，1993）在压力是既定的、无法改变的情况下，自己拥有的资源就成为应对压力的重要力量。个体拥有的资源有来自个体内部的资源，也有来自外部的社会资源。内部的资源就是个体的心理素质和心理承受能力，外部的资源就是社会支持。

社会支持是借由他人（个人或团体）的互动获得心理或实际上的协助，以缓和压力对生理及心理所造成的冲击，增进个体对生活的适应。（闻锦玉，2008）每一个人都不是孤立的存在，他（她）一经诞生，就处于家庭、亲属等构成社会系统中，这种血缘关系、工作关系、地缘关系所组成的社会网络，影响着个人的态度和行为，也是每个人拥有的重要的社会资源。

个体得到的支持来自正式社会网络和非正式社会网络。正式社会网络包括各级政府、企事业单位、社会组织、社区及街道办事处、居委会等等。非正式的社会网络包括个人的血缘关系，如夫妻的父母，兄弟姐妹及子女；亲缘关系有双方的亲戚；业缘关系有同事和同学；地缘关系有邻居和私人关系的朋友。

社会支持是个体经历被爱、有价值感和被他人所需要的一种信息，是在社会环境中推动人类进步发展的力量。一般来说，一个人拥有的社会支持越多，就越能够更好地应对各种挑战和问题，缓解压力和冲突。心理学家认为，具有良好社会支持的个体会有比较高的主观幸福感、生活满意度、积极情感和较低的消极情感。（张羽、邢占军，2007）婚姻作为众多社会关系的一种，同样需要社会支持发挥积极的作用。许多研究都证明社会支持在婚姻关系中占据非常重要的位置，对婚姻质量产生重要的影响。

一　社会支持的理论研究

社会支持是个体所拥有的、可以利用的社会资源，这些资源可以是有形的，如物质、金钱；也可以是无形的，如感情、亲密的社会交往、尊重等。当人们在面临婚姻压力时，可以为他（她）们提供帮助和支持的资源有多少，影响着夫妻的压力评估和应对。

（一）社会支持的分类

各种社会支持是一个紧密联系的统一整体，不同的社会支持之间存在着交叉和相关。为了研究方便起见，研究者根据一定的标准对社会支持进行了分类。

House（1981）将社会支持分成情感型支持、评价型支持、信息型支持、援助型支持四种形式。情感型支持是指情感上的投入、喜欢或尊重。评价型支持是通过分享观点来提供与自我评价有关的信息。信息型支持是提供个体所需要的信息。援助型支持是提供各种形式的直接帮助。

Barrera 和 Ainlay（1983）将社会支持分为以下六类：（1）物质的帮助，是提供金钱和其他物质性的帮助。（2）行为的援助，比如分担体力劳动的工作。（3）亲密的交往行为，通过倾听和交谈，表达关心、理解和支持。（4）指导，提供帮助、信息和指导。（5）反馈，提供有关行为、思想和感情的反馈。（6）积极的社会交往，一起参加娱乐活动和放松的社会交往。

Cohen 和 Wills（1985）根据社会支持所提供资源性质，将社会支持分为四类：（1）尊重的支持，是指个体被他人尊重和接纳。（2）信息支持，是指对问题事件进行说明、理解和应对。（3）社会成员身份，是指一起共度时光，从事放松的娱乐活动。满足个体与他人接触的需要，转移对压力问题的忧虑和消极情绪。（4）工具性支持，指提供财力帮助、物质资源或所需服务等。

此外，Granovettor（1973）依据个人间关系的力量不同，将社会支持划分为强支持与弱支持。强弱是根据情感紧密性、熟识程度、相互信任程度、互惠服务、互动所花的时间量等因素来衡量。Langford 等（1997）把社会支持归纳为四种：（1）情感支持，包括理解、关心、爱和信任等。（2）工具支持，包括物资、金钱、时间和服务等。（3）信息支持，指提供建议、消息等。（4）评估支持，有反馈、比较等。

社会支持的分类虽然纷繁复杂，但是对个体来说，在面临压力的时候，能够利用到并且对自己有帮助作用的就是最好的社会支持。

（二）社会支持的理论模型

已有的研究证实了社会支持与个体心理健康密切相关。社会支持对个体心理健康的作用机制，存在三种假设：一是社会性支持直接影响人们的身心健康，被称为主效应模型。个体面临压力时，高水平的社会支持会让人安心，不会慌乱；所接受的社会支持越直接、越充满感情，个体就越不会出现生理或心理的应激反应。二是认为社会支持可以通过减小压力事件对身心的消极影响，间接保持个体身心健康水平，被称为缓冲器模型。例如，某人需要钱来支付房子的首付，他的朋友直接借钱给他，就间接降低了他的焦虑程度。社会支持就起到了缓冲作用，抑制了压力源产生应激的作用。三是认为压力与社会支持是相互影响和相互作用的，这种关系会随着时间的改变而变化，被称为动态效应模型。动态效应模型是以发展和变化的视角看待压力，婚姻中的很多压力事件与社会支持的关系可以用这个模型来有效解释。Turner 等（1990）的研究表明：社会支持作用模型受社会经济地位的影响。主效应模型对于低社会经济地位的人有效，缓冲效应模型在高经济地位的条件下应用得多，婚姻领域的研究证明动态效应模型的作用较大。

我国学者肖水源（1987）根据社会支持性质将其分为主观支持、客观支持和支持利用度。主观支持是主观的、体验到的情感上的支持，是个体在社会中受尊敬、被支持、被理解的情感体验和满意度，是个体的主观感受。客观支持包括物质上的直接援助，社会网络、团体关系的存在以及个体的参与程度，有家庭、婚姻、同事、朋友等稳定的社会关系，或非正式团体、暂时性社会关系等不稳定的社会关系，这类支持是客观存在的现实。此外，个体对社会支持的利用也存在着差异，有些人拥有较好的社会支持资源，可以获得良好的支持，却拒绝接受别人的帮助。社会支持是一个相互作用的过程，每个人在支持别人的同时，也为自己获得别人的回报性支持打下了基础。因此，社会支持还应该包括个体对社会支持的利用度，即个体在遇到困难、压力时对所能获得的支持的利用程度。

程虹娟和张春和等（2004）认为应该从三个方面来认识社会支持：一是从社会互动关系上来说，社会支持是一种交换而不仅仅是一种单向的关怀或者帮助，它是发生在人与人之间的一种互动关系；二是从社会行为性质来看，社会支持是一种能够促进和帮助的社会行为或过程，是在社会环境中能促进人类发展的力量；三是从社会资源的作用上来看，社会支持的资源来自于社会关系的帮助、人们联系的密切性以及社交网络中成员间的资源交换。

贺寨平（2001）介绍了国外的社会支持网络的研究情况。个人的社会支持网就是指个人能借以获得各种资源支持如金钱、情感、友谊等的社会网络。人们在解决日常生活中的问题和危机时，会运用社会支持网络的帮助，维持日常生活的正常运行。良好的社会支持网被认为有益于减缓生活压力，有益于身心健康和个人幸福。

二 社会支持的实证研究

婚姻中的社会支持与个体在其他事情上所能得到的社会支持有着很大的不同：由于涉及婚姻的私密性和个体的自尊等因素，在面临压力时，当事者往往不愿意让别人知道，这就严重影响了传播的效果，所获得的社会支持力度和广度就会不足，所以即使一个拥有良好社会支持系统的人，在面临婚姻压力时，也可能发现其可利用的社会支持资源很匮乏。因此，开展婚姻中的社会支持的研究具有较强的现实意义。

（一）以血缘关系组成的社会支持系统为主

在现实生活中，人们最常用的社会支持是由血缘关系组成的家族网络。马春华（2011）于2008年在五城市开展的家庭调查发现，“中国城市的核心家庭并没有散落成一个个独立的原子，而是通过血缘、姻缘、地缘等关系结成了一个个密切的网络”。通过血缘关系，依然紧紧地维系着家族成员，网络间不仅流动着亲情，还互相依存，流动着各种经济的和非经济的、物质的和非物质的资源。这说明中国人原有的社会支持系统仍然以血缘的形式强有力地存在。古老的农耕文明中亲缘之间的守望相助，在信息时代仍然在发挥着作用。青年人独立的身影背后，依然是家族强大的血脉支持。该调查发现，当今父母对子女婚嫁时的经济资助，不仅没有随年代推移而减少，反而大幅增加。

（二）社会支持对婚姻质量的影响

刘文、姜鹏、邹庆红等（2013）调查了“80后”群体的婚姻现状，发现“80后”青年难以从周围社会网络中合理获取利用物质和精神的支持。青年夫妻所获得的社会支持主要来自以双方父母为主的亲缘关系网，其次是同事、朋友和邻居。青年人重视个人的隐私，在婚姻遇到困难时倾诉、求助愿望不强，这就可能使压力得不到有效释放，对情绪和心理造成一定的影响。随着社会流动性的加大，一部分青年人离开故土，到异地求学、工作、结婚、生子，成为新移民一族，他们远离父母和原有的社会关系网络，需要适应新的环境并重新构建社会关系网络，能够利用的社会支持力量有限。在婚姻中如果遇到冲突矛盾从而影响双方婚姻关系维持时，如果一方积极寻求身边朋友亲人的支持帮助，倾诉婚姻烦恼、宣泄不满情绪或者寻找方法调和，比两个人冷战而面临关系破碎要好得多。

杨薇（2017）发现社会支持能够直接地调节军人婚姻压力对婚姻质量的影响，社会支持水平越高，婚姻压力对婚姻质量的影响就越小，社会支持作为调节变量对婚姻压力和婚姻质量的负向预测起到了缓冲作用。

婚姻质量还可细化为丈夫的婚姻质量和妻子的婚姻质量。刘宣文（2015）研究表明：社会支持中的夫妻消极互动能反向预测丈夫的婚姻质量，夫妻问题解决中的积极行为能正向预测妻子的婚姻质量。妻子对双方在解决婚姻冲突中的积极行为比较敏感，更在意两人如何化解冲突。对丈夫来说，影响婚姻质量的是夫妻社会支持的消极互动。男性和女性在婚姻中的需求是不同的，女性在关系中追求的是亲密感，而男性追求的是寻求对方对自己事业的支持和鼓励。

“在社会支持时，妻子的积极比起丈夫的积极，对丈夫的婚姻质量更具正向影响力。”这是琚晓燕等（2013）的研究发现，也就是说，在夫妻间的相互支持中，妻子的积极行为很重要，特别是在丈夫遇到困难并向妻子表露出自己的脆弱和无助时，丈夫希望妻子能够以温暖、支持、倾听的方式回应。男性由于受到性别角色社会化的束缚，不愿意表达自己遇到的困难和挫折，宁愿自己扛着。如果他们表现出来，内心希望能得到理解和支持时，没有感受到妻子的关心支持，那么丈夫的自尊心就会受到伤害，会觉得妻子不理解自己，将会影响他下次在相同情境下的表达，久而久之便对婚姻会失望。

（三）社会支持对婚姻满意度的影响

有关社会支持对婚姻满意度的影响方面的研究较多。徐红红、胡佩诚（2010）研究表明：较多的主客观社会支持及对支持良好的利用度与婚姻幸福程度呈正相关。在婚姻情境中的社会支持，主要来源于伴侣，即婚内支持。伴侣能够为对方及时提供所需，一起面对生活压力事件，营造安全、有效的支持性的伴侣关系。

邢颖、李宁宁等（2009）研究表明：婚姻满意度总分与客观支持有显著的正相关，婚姻满意度的社会层面与社会支持的利用度呈现正相关。婚姻满意度可以由客观支持预测，这说明城市家庭的物质生活还需要提高，只有物质需求得到充分的满足，才会上升到精神需求的层面。一个人的人际资源越丰富，社会交往越活跃，就会既有资源又有能力去利用自己的社会支持网络，提高婚姻生活的质量。

尚文、张进辅（2013）研究表明：在军婚中，军嫂的自我和谐水平越高，社会支持水平和婚姻质量也就越高。鉴于军婚的特殊性，丈夫几乎无法承担自己的家庭分工，军嫂也就面临更大的婚姻压力，包括抚育教养孩子、负担生活支出、提供生活保障，因此应给予军嫂更多的社会支持。

男性因为更注重得到社会的认可与别人的尊重，他们拥有的工具性支持（工具性支持：物质条件、社会认可等非情感因素）高于女性，但女性在情感上的强关系支持网络远高于男性，男性拥有的情感支持网络往往比较弱。（曹锐，2010）

刘宣文和琚晓燕（2013）采用社会支持观察研究范式及问卷调查相结合的方式，对41对新婚夫妻进行提供支持、接收支持以及婚姻满意度测量，分析提供支持与配偶接收支持之间关系的性别效应以及婚姻满意度的情感覆盖效应。他们的研究结果发现：提供支持行为与配偶接收支持之间的不一致受到婚姻满意度的情感覆盖效应影响，这种影响具有性别差异。女性在感知丈夫的支持行为时，容易受到自身婚姻满意度的情感覆盖效应影响；而男性就没有这种效应。

（四）社会支持对子女教养的作用

社会支持的获得对于新手妈妈的身心健康、角色适应以及家庭关系有着重要的作用。阿布都热西提·基力力和王霞（2013）通过对已有研究梳理后发现：新手妈妈主要是从家庭成员处获得育儿指导、情感支持和实质性的帮助。丈夫和女性亲友对新手妈妈的帮助最大，医护人员和商业育儿机构也会提供一定的帮助；新手妈妈会通过网络，不受时空的限制，自由地与同辈群体的妈妈一起分享育儿经验、交流感情。新手妈妈在网络获得育儿指导和情感支持更多、更加便捷，是在家庭成员、亲友以及医务人员等传统的社会支持体系的一种有效补充。

许岩（2010）研究表明：主观支持与父亲参与教养的各维度呈显著相关；客观支持与规则约束、情感表达、间接支持存在显著正相关。也就是说，当父亲对社会支持的主观体验和满意度越高时，参与对儿童的教养越多。

此外，研究者还研究了社会支持能否预测离婚意向。黄迎春等人（2016）研究表明：客观支持和主观支持能够有效预测个体的离婚意向，表明社会支持在婚姻关系保持中发挥的直接作用；客观支持和支持利用度能有效调节婚姻压力与离婚意向的关系，表明社会支持通过降低婚姻压力的负面影响，从而降低个体的离婚意向。总体上看，社会支持在我国城市居民的婚姻关系中影响重大，得到社会支持和感受到支持可以帮助夫妻缓解日常生活中的各种矛盾、压力。在面临婚姻压力时，社会支持有效调解，防止压力矛盾进一步扩大化，对家庭和婚姻造成负面影响。

随着经济的发展和社会的进步，我国为保障婚姻关系良好发展做出了许多努力，但现阶段婚姻关系的发展仍面临许多问题。总的来说，青年人的婚姻压力问题较大，现有的正式社会支持系统不足以满足需求，非正式社会支持系统也因角色转化、地位弱化等原因影响有限。

三　调查结果与分析

在对婚姻压力进行调查的同时，对青年人婚姻中所能获得的社会支持进行了调查，以期更好地探讨如何帮助和支持青年人应对婚姻压力，促进和谐婚姻家庭文化的建设。

（一）青年人社会支持的总体分析

在对一些具体题目的选择上，我们可以看出青年人的社会支持的特点。

1. 94.6%的人有关系密切的朋友，这表明绝大部分青年人有自己的社会支持系统。对“您有多少关系密切、可以得到支持和帮助的朋友?”的选择中，94.6%的人有朋友，认为可提供帮助的朋友有3—5人的占比43.2%，认为可提供帮助的朋友有1—2人占比33.3%。

2. 青年人在家庭成员中得到的支持和照顾主要来自配偶和父母，其次是子女和兄弟姐妹。

表7－1　　青年人在“从家庭成员得到的支持和照顾”一题的选择情况

	无	极少	一般	全力支持
A. 配偶	2.9	6.5	34.1	56.4
B. 父母	3.3	6.8	32.4	57.5
C. 子女	16.3	10.2	28.1	45.4
D. 兄弟姐妹	7.6	12.8	38.6	41.0
E. 其他成员（如嫂子）	13.4	19.2	38.3	29.1

从表7－1中我们可以看出，从父母、配偶、子女、兄弟姐妹处能得到全力支持的分别是57.5%、56.4%、45.4%和41.0%，子女

稍低一点，这可能和多数青年人的孩子尚小有关。可见，家庭永远是青年人的坚强后盾。

3. 青年人在“急难情况”下所得到的帮助很少，71.1%的青年人选择“无任何来源”。尤其是来自官方和社会组织的支持较少，来自党团工会等官方或半官方组织的帮助占比5.1%，宗教、社会团体等非官方组织占比为3.4%。

（1）在情感支持方面，对于“过去，在您遇到急难情况时，曾经得到的安慰和关心的来源有”的选择中，71.1%的青年人选择“无任何来源”。

进一步对选择有支持来源的人进行分析发现：绝大多数情感支持来自于父母、配偶、朋友和兄弟姐妹（亲戚），具体占比分别为73.0%、70.0%、68.6%和57.4%；其次是同事的占比为35.4%，来自单位占比为13.8%；来自党团工会等官方或半官方组织占比为5.1%，宗教、社会团体等非官方组织占比为3.4%。

（2）青年人得到的实质性的帮助更少。对于“过去，在您遇到急难情况时，曾经得到的经济支持和解决实际问题的帮助来源有”的选择中，72.7%的青年人选择“无任何来源”。

进一步对选择有支持来源的人进行分析发现：绝大多数支持依然来自于父母、配偶、朋友和兄弟姐妹（亲戚），具体占比分别为73.8%、63.5%、58.0%和54.1%；其次是同事和单位，分别占比为26.9%和14.1%；最后，来自党团工会等官方或半官方组织占比为5.8%，宗教、社会团体等非官方组织占比为3.2%。

上述数据表明，在青年人的社会支持系统中，政府和社会组织在对青年人的支持和帮助方面发挥的作用较小，必须加大对青年人婚姻家庭的支持和援助力度。

4. 青年人对支持的利用度较低，不愿求助，参加团体活动较少。61.5%的青年人在遇到烦恼时从不向任何人倾诉。仅有6.6%的人会在网上诉说自己的烦恼，以获得支持和理解，这和人们印象中青年人喜欢在网络上发泄情感、对网络的利用度高不相符。

在遇到烦恼时的求助方式中，61.3%的人选择“只靠自己，不接受别人帮助”。“向家人、亲友、组织求援”的人只有26.6%。

对于各种团体活动，51.1%的青年人是偶尔参加，从不参加的占比12.1%。

（二）社会支持在性别方面的差异性分析

社会支持在性别因素上没有显著差异。结婚之后，夫妻是一个联合体，他们的所有资源都是共享的。在传统观念中，男性能得到自己家族的帮助，女性也可以相应得到来自娘家的一定支持，“一个女婿半个儿”，说明女性虽然嫁到婆家，但是女方的父母仍然会将女儿女婿视作家庭成员，会给予帮助。目前，在许多独生女的家庭中，父母会倾力帮助小夫妻。同时，正如前面我们讨论过的，由于女性社会地位的提高，她们从外界如政府机构、志愿者组织能得到的社会支持比较多，可利用的社会支持也比较多，所以在现实中与男性的社会支持度是一样的。

这和国外学者的研究结果相同，Neff和Karney（2005）的研究就发现丈夫和妻子在社会支持能力上没有差异。

表7－2　**社会支持的性别差异比较**

支持类型	性别	n	M	SD	t值
总分	男	829	39.30	6.719	－1.115
	女	1204	39.64	6.768	
客观支持分	男	829	10.54	3.439	－0.602
	女	1204	10.63	3.481	
主观支持分	男	829	23.80	4.536	－1.444
	女	1204	24.09	4.524	
对支持的利用度	男	829	4.99	1.494	0.922
	女	1204	4.93	1.342	

（三）社会支持在年龄方面的差异

表7－3的结果表明：30岁以下的青年人在对支持的利用度上显著高于30—40岁年龄组。这是由于30岁以下的青年人刚刚结婚，在他们筹备婚礼的过程中，会得到双方家庭和亲朋好友的帮助，这是人生的一件大事，也是家族的喜事，家族成员都会送上自己的祝福。尤其是婚礼的时候，几乎所有亲戚朋友都会出席，各个环节都需要人去帮忙，大家也都愿意分享他们的甜蜜。新人们由衷地感受到来自家族亲戚和朋友们的祝福和关心。

表7－3　　**社会支持的年龄差异比较**

支持类型	年龄	*n*	*M*	*SD*	*t* 值
总分	30岁以下	729	39.36	6.551	－0.712
	30—40岁	1304	39.58	6.858	
客观支持分	30岁以下	729	10.39	3.296	－1.999*
	30—40岁	1304	10.71	3.549	
主观支持分	30岁以下	729	23.81	4.426	－1.224
	30—40岁	1304	24.06	4.586	
对支持的利用度	30岁以下	729	5.16	1.593	4.859***
	30—40岁	1304	4.84	1.277	

（四）结婚年限对社会支持的影响

结婚年限对社会支持的影响极其显著。结婚年限在5年以上的青年人无论是总体上的社会支持度还是客观支持、主观支持得分都显著高于婚龄在5年以下者。结婚5年之后，意味着婚姻步入稳定的阶段，双方有了一定的积蓄，有稳定的家庭生活。夫妻双方也会共享各自的人际资源和社会资源，他们会接纳对方的家族人员，会被对方的朋友和同事接纳，社会资源网络会大幅增加。同时，幸福的婚姻生活可以让青年人的情感需要和爱的需要得到满足，在工作和生活中得到理解和支持，所以体现在客观支持、主观支持以及总体的社会支持度都高。

表 7－4　社会支持的结婚年限差异比较

支持类型	结婚年限	n	M	SD	t 值
总分	5 年以下	916	38.85	6.587	－3.951***
	5 年以上	1117	40.03	6.835	
客观支持分	5 年以下	916	10.16	3.003	－5.271***
	5 年以上	1117	10.95	3.763	
主观支持分	5 年以下	916	23.48	4.618	－4.473***
	5 年以上	1117	24.38	4.417	
对支持的利用度	5 年以下	916	5.21	1.624	7.188***
	5 年以上	1117	4.75	1.159	

（五）子女数对青年人社会支持的影响

子女数对青年夫妻的社会支持影响显著。总体上看，1—2 个子女的夫妇社会支持显著高于 3 个及以上子女的和无子女的夫妇。在对支持的利用度上 1—2 个子女的夫妇显著高于其他组夫妇。在主观支持上，3 个及以上孩子的夫妇最高。

表 7－5　社会支持的子女数差异比较

支持类型	子女数	n	M	SD	F 值
总分	无子女	540	38.49	7.370	8.232***
	1—2 个	1446	39.87	6.469	
	3 个及以上	47	39.68	6.692	

续表

支持类型	子女数	n	M	SD	F 值
客观支持分	无子女	540	10.58	3.849	0.235
	1—2 个	1446	10.59	3.305	
	3 个及以上	47	10.94	3.596	
主观支持分	无子女	540	23.23	4.868	10.035***
	1—2 个	1446	24.24	4.366	
	3 个及以上	47	24.26	4.590	
对支持的利用度	无子女	540	4.73	1.102	13.407***
	1—2 个	1446	5.06	1.493	
	3 个及以上	47	4.49	1.381	

从人数统计来看，大部分青年人会选择生 1—2 个孩子，无孩子或 3 个以上孩子的相对比较少。养育孩子既需要客观支持如经济支持，也需要主观支持如情感上的关心和支持。尤其是在孩子幼小的时候，夫妻初为人父母，缺乏照料婴幼儿的经验，同时由于母亲要照顾幼小的孩子，无法外出工作，收入会受到影响。青年人在经济上、家务上、子女看护上，都需要帮助和支持。双方的父母一般会帮忙看护照顾孩子，也会给予经济支持。政府在法律和制度上给予支持和保护，比如提供相应的劳动保障，生育和哺乳假期的增加，鼓励更多的男性参与到养育中来。

（六）受教育程度对青年人社会支持的影响

总体上看，本科及以上受教育程度的青年人社会支持显著高于较低文化程度的人，尤其是表现在客观社会支持上。接受过本科及以上教育的人，其获得的工作和收入要高于受教育水平低的人，他们拥有的社会资源和接触的社会平台等更多更大，其客观社会支持资源也更多。

表7－6　　社会支持的受教育程度差异比较

支持类型	受教育程度	n	M	SD	F 值
总分	高中及以下	756	39.53	6.527	4.955**
	大专	385	38.58	6.781	
	本科及以上	892	39.87	6.888	
客观支持分	高中及以下	756	10.44	3.508	9.846***
	大专	385	10.08	3.318	
	本科及以上	892	10.95	3.452	
主观支持分	高中及以下	756	24.14	4.421	2.854
	大专	385	23.48	4.685	
	本科及以上	892	24.04	4.543	
对支持的利用度	高中及以下	756	4.98	1.646	1.568
	大专	385	5.04	1.416	
	本科及以上	892	4.90	1.158	

（七）经济收入对青年人社会支持的影响

经济收入在客观支持方面的差异显著，收入在20万元以上的客观支持显著大于其他收入水平，在对支持的利用度方面收入在5万—10万元的人较显著。

表7－7　　社会支持的经济收入水平差异比较

支持类型	收入水平	n	M	SD	F 值
总分	5万元以下	341	39.12	6.757	4.063**
	5万—10万元	415	39.87	6.321	
	10万—20万元	385	38.58	6.781	
	20万元以上	892	39.87	6.888	

续表

支持类型	收入水平	n	M	SD	F 值
客观支持分	5 万元以下	341	10.17	3.577	7.839***
	5 万—10 万元	415	10.66	3.439	
	10 万—20 万元	385	10.08	3.318	
	20 万元以上	892	10.95	3.452	
主观支持分	5 万元以下	341	24.16	4.742	1.905
	5 万—10 万元	415	24.12	4.144	
	10 万—20 万元	385	23.48	4.685	
	20 万元以上	892	24.04	4.543	
对支持的利用度	5 万元以下	341	4.82	1.625	3.799*
	5 万—10 万元	415	5.12	1.652	
	10 万—20 万元	385	5.04	1.416	
	20 万元以上	892	4.90	1.158	

（八）职业对青年人社会支持的影响

不同的职业对社会支持有一定的影响，尤其是表现在对支持的利用度上，公务员和事业单位人员显著高于其他职业者。公务员和事业单位人员收入稳定，社会地位比较高，社会接触面较大，可以利用的资源较多。同时，他们对于一些政策方针了解比较多，会广泛利用所能获得的帮助和支持。

表 7 - 8　　社会支持的职业分类差异比较

支持类型	职业分类	*n*	*M*	*SD*	*F* 值
总分	公务员	85	40. 27	6. 915	2. 251 *
	事业单位人员	377	40. 28	7. 054	
	公司人员	492	39. 39	6. 335	
	个体经营者	299	39. 81	6. 651	
	自由职业者	480	39. 49	6. 980	
	其他	131	38. 17	7. 295	
客观支持分	公务员	85	10. 64	3. 722	3. 019 *
	事业单位人员	377	11. 18	3. 564	
	公司人员	492	10. 72	3. 436	
	个体经营者	299	10. 71	3. 636	
	自由职业者	480	10. 33	3. 425	
	其他	131	10. 21	2. 989	
主观支持分	公务员	85	24. 45	4. 568	2. 482 *
	事业单位人员	377	24. 15	4. 419	
	公司人员	492	23. 98	4. 268	
	个体经营者	299	24. 45	4. 343	
	自由职业者	480	24. 62	4. 720	
	其他	131	23. 24	5. 108	

续表

支持类型	职业分类	*n*	*M*	*SD*	*F* 值
对支持的利用度	公务员	85	5.19	1.210	9.641***
	事业单位人员	377	5.00	1.179	
	公司人员	492	4.75	1.117	
	个体经营者	299	4.65	1.065	
	自由职业者	480	4.55	1.131	
	其他	131	4.72	1.152	

（九）做家务时间对青年人社会支持的影响

做家务时间越长，社会支持越高，那些每天做家务在3小时以上的人，主观的社会支持显著高于其他少做或不做家务的人。从做家务时间上我们可以推测出对家庭的关心程度，那些愿意任劳任怨去从事烦琐的家务劳动的人，对家庭必然是极其热爱的，希望让家人有一个舒适、干净的生活环境。他们的劳动付出必然会得到家人的肯定和赞扬，在感情上得到一定的满足。可以看到他们注重的是情感的获得，所以表现在主观支持方面显著高于那些不愿意做家务的人。

表7-9　　**社会支持的做家务时间差异比较**

支持类型	做家务时间	*n*	*M*	*SD*	*F* 值
总分	从来不做	149	38.32	8.173	4.971**
	1小时以下	812	39.24	6.775	
	1—3小时	690	40.05	6.553	
	3小时以上	230	40.53	6.569	

续表

支持类型	做家务时间	n	M	SD	F 值
客观支持分	从来不做	149	10.62	4.232	1.776
	1 小时以下	812	10.51	3.471	
	1—3 小时	690	10.75	3.330	
	3 小时以上	230	11.08	3.527	
主观支持分	从来不做	149	23.16	5.430	5.564**
	1 小时以下	812	24.01	4.336	
	1—3 小时	690	24.50	4.380	
	3 小时以上	230	24.82	4.692	
对支持的利用度	从来不做	149	4.58	1.047	3.221*
	1 小时以下	812	4.73	1.100	
	1—3 小时	690	4.84	1.191	
	3 小时以上	230	4.66	1.186	

（十）社会支持、婚姻压力、婚姻满意度的相关分析

1. 客观支持和主观支持都与感情压力、经济压力、性生活压力之间存在显著性负相关；二者与子女教养压力存在显著性正相关；主观支持与父母赡养压力之间存在正相关，即主观和客观支持越大，情感、经济、性生活压力越小，说明社会支持发挥了有效的减压作用；但是在子女教养压力方面，来自外界的社会支持越大，压力也越大；主观支持越多，父母赡养压力越大。

2. 对支持的利用度与性生活的压力存在显著负相关，与父母压力和子女压力存在显著性正相关。说明在父母赡养和子女教养上压力大时，会充分利用能提供支持的力量；但是性生活压力大时，不会利用社会支持。

表 7－10　**婚姻压力、社会支持、婚姻满意度的相关分析**

	感情压力	经济压力	性生活压力	父母赡养压力	子女抚养压力	满意度	客观支持分	主观支持分	对支持的利用度
感情压力	1								
经济压力	.764**	1							
性生活压力	.135**	.102**	1						
父母赡养压力	.528**	.588**	-.087**	1					
子女教养压力	.269**	.319**	-.177**	.497**	1				
满意度	-.315**	-.260**	-.600**	-0.022	.183**	1			
客观支持分	-.168**	-.124**	-.132**	0.034	.079**	.214**	1		
主观支持分	-.136**	-.110**	-.307**	.063**	.220**	.436**	.291**	1	
对支持的利用度	0.013	0.042	-.116**	.089**	.065**	.093**	.074**	.074**	1

3. 婚姻满意度与子女压力呈显著性正相关；与感情压力、经济压力、性生活压力呈显著性负相关；婚姻满意度与社会支持的三个维度之间也是显著性正相关。

四 青年人社会支持的特点

任何的生活事件都可能对婚姻造成压力，但压力对夫妻的婚姻是否会产生影响，则取决于个体对该潜在压力和自身所拥有的应对资源的综合评估。如果夫妻有足够的资源进行应对，他们就会积极面对压力，该事件也不会影响到家庭日常生活。所以在面临婚姻压力时，夫妻能得到多大程度的社会支持非常重要，夫妻是否能够积极运用社会支持来有效缓解压力更为重要。

1. 94.6% 的青年人有关系密切的朋友，社会支持主要来源于亲缘关系。

积极心理学的基本前提是：人类的优点和长处与缺点和脆弱一样真实。（Peterson，2016）每个人都有自己脆弱的一面，有无法战胜的问题，这时候，我们需要外界的力量给我们支持和鼓励，抚慰我们受伤的心灵，重新点燃我们的勇气。这正是我们需要亲密关系的原因，从亲人和朋友身上可以得到爱和关心，满足我们安全和自尊的需要。社会支持可以为人提供摆脱生活或工作困境的重要物质与精神资源。

在调查中，94.6% 的人表示自己有关系密切的朋友，这表明绝大部分青年人有自己的社会支持系统。这对于青年人的身心健康十分有益，当压力过大时，向朋友倾诉可以让负面情绪得到宣泄，朋友的劝解可以让人回归理性，更客观地面对压力。

从父母、配偶、子女、兄弟姐妹（亲戚）处能得到全力支持的分别是 57.5%、56.4%、45.4% 和 41.0%，说明来源于血缘和亲缘关系的支持是青年人社会支持的主要部分。我国是集体主义文化，重视整体的家族利益，家本位对于凝聚民心、促进社会的进步起着巨大的作用，现在这种家人之间的守望相助依然是一种重要的社会支持力量。2014 年居民社会支持调查报告也显示，受访者认为亲人给予的社会支持最大，亲戚次之。（谢耘耕，2015）徐安琪和张亮等人（2007）进行的"风险社会的家庭压力和社会支持"的调查结果也表明，以亲缘为中心的社会支持是最主要的支持，56% 的支持来自于父母、子女、兄妹。这些结果与本次调查的结果是一致的，说明目前中国人所获得的社会支持主要来源渠道还是亲缘关系。

2. 遇到"急难情况"时，青年人所得到的情感和实质性的帮助较少，尤其缺乏来自官方和社会组织的支持。青年人对支持的利用度较低，参加团体活动较少，也不愿意在网上倾诉。

"天有不测风云"，一个人在急难情况时是最需要社会支持的。我们很遗憾地看到，大部分的青年人在需要援助的时候求助无门，没有任何可提供援助的来源。71.1% 的青年人对在遇到"急难情况"时获得的情感支持选择"无任何来源"，遇到"急难情况"时获得的实质性的帮助就更少，72.7% 的青年人选择"无任何来源"。这种现象不利于社会的稳定，如果压力过大，没有社会支持，容易让青年人情绪失控而走向极端，产生一些恶性的后果。

进一步对选择有支持来源的人进行分析发现：绝大多数情感和物质支持首先来自于父母、配偶、朋友和兄弟姐妹（亲戚），其次是同事，再次是来自单位、来自党团工会等官方或半官方组织，最后是宗教、社会团体等非官方组织占比为 3.4%。青年人的社会支持系统中，政府和社会组织在对青年人的支持和帮助方面发挥的作用较小。在徐安琪等人（2007）的调查中，有 22% 的社会支持是来自街道、居委会、社工或单位等公共领域的社会支持。谢耘耕（2015）的调查结果显示，就工作单位而言，有 25.8% 的受访者认为其给予的帮助"一般"，有 18.6% 的认为"完全没有"，16.4% 的认为"比较大"，仅有 6.3% 的认为"非常大"。就政府机构而言，近半数的受访者表示当他们遇到困难时，政府所给予的帮助为"完全没有"，仅有 1.2% 的认为政府的帮助"非常大"。总体上看，这些调查结果都表明，政府必须加大对婚姻家庭的支持和援助力度。

61.5%的青年人在遇到烦恼时从不向任何人倾诉。仅有6.6%的人会在网上诉说自己的烦恼，以获得支持和理解，这和人们印象中青年人喜欢在网络上发泄情感、对网络的利用度高不相符。因此，今后应该大力发展现实中的社会支持资源的作用。

即使拥有社会支持系统，青年人也因为过于注重独立性和隐私性不会求助，更不愿意参加一些团体性的组织活动。在遇到烦恼时的求助方式中，61.3%的人选择“只靠自己，不接受别人帮助”。对于各种团体活动，51.1%的青年人是偶尔参加。所以，如何让那些需要帮助的人得到必要的帮助是亟须展开研究的课题。不能让这些人因为没有得到帮助而绝望，进而导致一些恶性的社会事件发生。

刘文、姜鹏等人（2013）的研究表明：婚姻质量与社会支持的主观支持维度以及社会支持总分呈正相关，而与客观支持维度和利用度维度相关不显著。得出结论的原因有三：第一，“80后”夫妻遇到困难时倾诉、求助愿望不强，可供利用的支持资源较少，社会支持网络构建并不完善。第二，“80后”性格独立，缺乏团体合作意识，难以从周围的社会网络中恰当获取并合理利用工具性支持、信息支持等。第三，网络的普及使得足不出户办事成为现实，在一定程度上影响了现实人际交往，削弱了“80后”获得客观支持和合理利用支持的能力。

如何让青年人在面临婚姻家庭问题时能够自觉和坦然接受社会的帮助，这是未来值得研究和探讨的。

3. 男女青年的社会支持没有差别。

闻锦玉（2008）的调查表明，社会支持存在性别差异。男性在“客观支持”维度上比女性拥有更广泛的支持源；在“主观支持”维度上拥有人际支持，但在“社会支持的利用度”上却显著低于女性。也就是说，男性有优厚的社会资源和人脉可以帮助他度过困难，但是男性却不愿意去使用社会支持资源。国外研究也表明，妻子给丈夫提供的社会支持比丈夫给妻子提供的社会支持更多，并且妻子提供的社会支持更能促进冲突解决与提升婚姻质量。（Cotrona，1996）

但是无论是社会支持能力，还是冲突解决能力，中国的妻子都低于丈夫。（叶筱珍，2012）面对压力时，妻子的心态比较消极；无论作为支持提供者还是接收者，妻子的消极行为都显著高于丈夫，丈夫的积极行为显著高于妻子。但是在本书的研究没有发现性别差异。

费孝通先生认为中国社会是一种“差序格局”，按照男系血缘来决定亲疏、远近的特点，组成亲属网络。民间有所谓“女婿是半边子，外甥是自家人”，讲的就是在归属上如何看待女婿和外甥。对于女性来说，直系亲属要区分为婆家和娘家，女儿是“嫁出去的闺女，泼出去的水”，娘家一般不会给女儿经济上的支持，因为这样会“肥水流了外人田”。但是在社会转型中，这种观念已经改变。计划生育让很多家庭的独生女得到了和男性一样的地位与继承权，这些家庭不会区别对待已经出嫁的女儿，在女儿女婿需要的时候会极力支持。现实生活中，我们也会看到很多岳父和岳母给小夫妻帮忙照顾小孩，买房子、办婚礼时给予大力支持。由于交通和通信的发展，现在人们在寻求亲缘网络的支持时，更多地依据资源的可得性，不会依照“差序格局”所确定的亲疏远近来寻求支持。只要有能力，男女双方的亲戚都会支持，不会觉得女方的亲属更疏离而放弃支持。

4. 青年人的社会支持会受到年龄、结婚年限、子女等因素的显著影响。30 岁以下、结婚时间在 5 年以下的青年人在对支持的利用度较好；结婚 5 年以上的青年人在总社会支持度、客观支持、主观支持上较好；1—2 个子女的夫妻在社会支持总分上和对支持的利用度上最高。

社会支持在与个人需求相匹配时效果最好。青年人在结婚和组建自己的小家庭时，需要的客观支持尤其是经济支持比较多，这时候父母和亲戚朋友的援助就很重要，他们也会广泛利用这些支持来让自己能够买得起婚房，办好婚礼，风风光光地结婚。

闻锦玉（2008）调查显示，“总社会支持”在“婚姻状况”这个人口特征上有显著差异。“已婚有小孩”的“总社会支持”均分最高，“已婚没有小孩”的“总社会支持”均分居中，“未婚”的“总社会支持”均分最低。看来，孩子、婚姻、家庭还是人们认可的一种生活模式，也愿意帮助和支持他们。

社会支持是个人处理紧张事件和问题的一种潜在资源，是个体与他人或群体间可以相互进行交换的社会资源。个体所拥有的社会支持网络越大，抗风险和抗压力能力就越大。个人的社会支持网络不是自然发生的，需要自己去努力构建。结婚之后，夫妻开始精心经营自己的小家，逐步建立自己的工作和生活的人际交往网络，会发展和培养自己的兴趣爱好，会在各个方面发展自己，在这个过程中同时也和他人建立起广泛的联系。这些人与人相互之间的亲密关系就是自己宝贵的社会支持网络，与结婚时间较短的人相比，结婚时间在 5 年以上的人，其社会支持网络已经基本发展成熟，所以在主观和客观支持方面都比较好。夫妻之间的相互支持也是非常重要的，Rauer 和 Volling（2013）对那些婚姻幸福的人进行了分析，根据他们在问题解决时的行为表现，在相互支持的群体中，配偶的亲密感和维持能力更高，冲突和矛盾情绪更少。

5. 受教育程度、经济收入、职业对社会支持的影响显著。

本科及以上文化程度的青年人总体社会支持较高，其客观社会支持度高。年收入在 20 万元以上的客观支持度最高。公务员和事业单位人员对支持的利用度显著高于其他职业。

客观支持是物质上所能得到的直接帮助，是社会网络、团体关系对个体困难的直接解决方式，这些资源都是客观存在的现实。受教育程度较高的青年人的认识水平、人际关系、社会资源等方面普遍较高，他们的经济收入也比较高，所以客观支持最高。谢耘耕（2015）调查发现文化程度为大学本科的受访者对社会支持感知评价最高，不同收入水平的受访者对社会支持的感知评价无显著差异。年收入 20 万元对青年人来说是一个较高的收入，可以让他们的婚姻生活在经济方面没有太大的压力（如果不在一线城市买房子的话）。

公务员和事业单位的人员，收入虽然不高，但是工作稳定，收入有保障，社会地位高，人际交往面大，社会信誉良好，所以，一般他们如果有困难，向别人求助的时候，由于其潜在的发展优势明显，很多人愿意帮忙。同时，这些人对国家的政策法规比较了解，他们会合理利用，表现在社会支持方面，他们的利用度也是最高的。

6. 做家务时间越长，获得的社会支持越高。每天做家务在3小时以上的人，所获主观的社会支持较高。

家务分工的公平感会影响到个体对婚姻关系的评价。在婚姻中，夫妻双方都需要收益与付出平衡，收益大于付出的婚姻关系将使人感受到更高的婚姻满意度，爱、地位、服务都可以作为资源进行交换。家务劳动会被作为一种资源在家庭中进行交换。左际平（2002）访谈中发现，无论是夫还是妻，他们在家庭中的权力大小与他们参与家务劳动的程度成正比。谁家务做得多、操心多，谁的决策权就大。徐安琪、叶文振（2002）发现：夫妻对婚姻关系的满意度高于物质生活满意度，主观满意度高于客观满意度；夫妻在婚姻期望、角色扮演和需求满足等方面的差异是由社会文化所期待、所塑造的，并不是两性生理差别的延伸；家务分工的公平感与对婚姻关系的主观评价相关性最强；城市夫妻比农村夫妻更容易获得婚姻满足感；收入较高者的婚姻满意度也相对较高，表明生活质量的提高有助于婚姻质量的提高。这个研究结果证明了，家务劳动的公平性与婚姻满意度具有密切关系。

对于规模较小的核心家庭来说，家务量不会太大。如果一方承担了3小时以上的家务劳动，基本上就是承包了所有的家务。按照公平的原则，当夫妻中的一方在付出的时候，另一方必须要进行相应的回报，这种回报可以是物质的，也可以是精神的。如果夫妻中的一方出力做家务活了，另一方没有给予肯定和夸奖，那么付出者就会觉得不公平，就会进行抱怨，甚至发生婚姻冲突。

7. 社会支持、婚姻压力、婚姻满意度的关系。

理论上，良好的社会支持可以有效缓解婚姻压力，婚姻压力的顺利解决可以提高婚姻满意度，现实中，我们发现在青年人的婚姻中这三者的关系有不同的特点。

社会支持与婚姻压力 主观和客观的社会支持在情感、经济、性生活压力方面起到良好的减压作用，在父母赡养和子女教养方面是增压的作用。在父母赡养和子女抚养上压力大时，会充分利用能提供社会支持的力量，但是性生活压力大时，不会利用社会支持。

对于不同的压力，有效社会支持的类型是不一样的。经济的压力需要真金白银的支持来缓解，但是情感方面的压力需要的只是一种被关心和关爱的感受。同时，在对社会支持的利用程度方面，如果是涉及父母赡养和子女教养方面的压力，夫妻会愿意利用社会支持来应对压力。

婚姻中的一些阶段如果没有社会支持，青年人是难以自己顺利应对压力的。比如新手父母就急需社会支持的力量帮助他们渡过养育的难关。社会支持有助于新手妈妈完成母亲角色的转变，新手妈妈的角色胜任和育儿效能感与所获得的社会支持呈正相关，所获得的社会支持越多，越能够享受初为人母的快乐。Tarkka（2003）对新手妈妈的问卷调查发现，在照顾孩子和做家务方面获得帮助会影响新手妈妈的精神状态，大力的帮助和支持可以增强母亲角色的胜任度。新手妈妈获得情感支持、育儿指导和帮助的主要来源是家庭成员，孩子的父亲是最受新手妈妈认可的支持源；其次是孩子的祖父母或者外祖父母；再次是朋友、兄弟姐妹。女性亲友如自己的母亲、阿姨、姐妹等是新手妈妈主要的社会支持来源，这一点上中国和外国的情况是一样的。

社会支持与婚姻满意度密切相关 婚姻满意度总分与客观支持有显著的正相关。婚姻满意度的社会层面与社会支持的利用度有显著的正相关。社会支持系统能在人们面临压力时能促进个人身体和心理的健康发展。在婚姻关系中，得到社会支持多的夫妻的婚姻质量更高，对婚姻更满意。夫妻的相互支持是社会支持系统的重要组成部分。Weiss（1980）提出了一个关于夫妻间认知/情感反应的“情感覆盖”的假说，即夫妻对配偶行为的认知和情感反应受到一段时间内对其配偶的一般性情感和总体关系满意度的影响。在积极情感覆盖时，个体总是以积极的态度解释所有来自他们配偶的信息，这些信息被他人认为是消极的，但是个体会坚持认为它是积极的。配偶的安慰和帮助会给人以巨大的力量，对于缓解压力作用巨大。配偶的支持是其他关系中的支持难以代替的，因此许多人变得非常依赖配偶，并把配偶作为重要的支持来源。

良好的社会支持让个体会有比较高的主观幸福感，会对生活很满意，自我感觉良好，掌控力感觉极佳，积极情感体验较多。一个人的人际资源越丰富，说明他的社会交往越活跃，他既有资源又有能力去利用社会支持网络，可以对其家庭和婚姻生活提供安全保障。婚姻满意度是个体对于婚姻的主观判断和评价，是对自己的婚姻期待与现实之间的差距评判。在生活节奏加快、生活压力变大的时代，青年人对婚姻的期待很高，这种婚姻期待既表现于对婚姻本身也表现于对配偶的期待上，但是期待和现实中间存在差距，如果良好的社会支持可以填补差距的话，婚姻还是积极乐观的，因为未来可期。所以社会支持状况实际上是对个体婚姻和家庭的抗压能力的检验，良好的社会支持可以让人对婚姻保持信心。

婚姻满意度与婚姻压力　婚姻满意度不受父母赡养压力的影响。感情、经济、性生活压力大时，婚姻满意度低；子女教养压力大时，婚姻满意度高。

赡养老人是中国人的传统观念，这个观念已经深入人心，对青年人造成一定的压力和照料方面的困难，但是这种压力不会影响到青年人对婚姻的评价。青年人的婚姻重视感情，如果感情出现了问题，许多人会难以接受，尤其是因为性生活的不和谐或者性方面出轨等造成的问题，对婚姻伤害很大。经济压力也会影响婚姻，带来冲突。在子女教养压力上，夫妻高度一致，因为很多父母将家庭和自己的希望寄托在子女身上，子女成为他们阶层向上流动的期盼，所以即使带来一定的压力，夫妻也会团结一心，目标一致，促进婚姻关系的亲密程度。

五 结论

通过对社会支持的调查，发现青年人的社会支持现状有如下特点：

1. 94.6%的青年人有关系密切的朋友。社会支持主要来源于亲缘关系，来自父母的支持为57.5%，来自配偶的支持为56.4%，来自子女为45.4%，来自亲戚为41%。

2. 遇到“急难情况”时，青年人所得到的情感和实质性的帮助极少，71%的人表示无任何来源；而来自官方和社会组织的支持占比仅5.1%。青年人对支持的利用度较低，61.5%的人不愿求助，选择在网上倾诉的人仅占6.6%。51.1%的人会偶尔参加团体活动。

3. 青年人的社会支持会受到年龄、结婚年限、子女等因素的显著影响，不受性别因素的影响。30岁以下、结婚时间在5年以下的青年人在对支持的利用度上较好；结婚5年以上的青年人在总社会支持度、客观支持、主观支持上较好；1—2个子女的夫妻在社会支持总分上和对支持的利用度上最高。

4. 受教育程度、经济收入、职业对社会支持的影响显著。本科及以上文化程度的青年人总体社会支持较高，其客观社会支持度高。年收入在20万元以上的青年人客观的社会支持最高。公务员和事业单位人员对支持的利用度显著高于其他职业。

5. 做家务时间越长，社会支持越高。每天做家务在3小时以上的人，社会支持总分和主观的社会支持较高。

6. 主观和客观的社会支持在情感、经济、性生活压力方面起到良好的减压作用，在父母赡养和子女教养方面是增压的作用。社会支持对婚姻满意度的影响较大。婚姻满意度不受父母赡养压力的影响。感情、经济、性生活压力大时，婚姻满意度低；子女养育压力大时，婚姻满意度高；婚姻满意度受社会支持的影响较大。

第八章　支持青年人的婚姻，促进社会心理服务体系建设

一代人有一代人的生活方式，我们不可能用过去的方式来要求今天的青年人。时代在发展，青年人的观念和处理婚姻问题的方式也在变化和发展，他们面临的许多婚姻问题是过去社会生活中不存在的，这些新问题的解决没有任何经验可循，需要把握问题的特征，探索解决之道，创建和发展新的理论体系。这不仅仅是青年人的事情，也是关乎民生根本、关乎下一代接班人发展的大事，需要全社会一起面对，需要国家政策支持。

婚姻的功能是“发挥规模效益，根据性别进行劳动分工，满足生育和抚育的需要，满足情感需要，以较低的性搜寻成本实现性满足，降低社会管理成本，降低犯罪率（尤其是现代社会的一夫一妻制），缓解政治危机（尤其是古代社会的多妻制），以及（更为根本的）限制社会的性竞争”（李拥军、桑本谦，2010）。婚姻作为一种非常古老的习俗根深蒂固地存在于人们的观念之中，它是家庭的基础，但是它基本上是自我维持的；与维持其他制度相比，国家为维持婚姻制度而投入的资源是微不足道的。

习总书记在党的十九大报告中提出要“加强社会心理服务体系建设，培育自尊自信、理性平和、积极向上的社会心态”。婚姻家庭处在民众生活的最表层，是形成良好的社会心态的最根本的出发点。加强婚姻家庭的建设，使千万和谐家庭成为社会和谐发展、国家富强繁荣、民族团结进步的重要基石。

通过调研，我们可以了解到在社会转型期青年人婚姻心理的特征。在婚姻承诺方面，青年人重视婚姻承诺，承诺水平总体较高；男青年对婚姻的信念坚定；夫妻相互信任，努力让自己的婚姻关系美满幸福，希望夫妻能白头偕老。在婚姻关系保持方面，总体水平较高；富有家庭责任感，共同分担家庭事务；努力保持愉快、平等的婚姻关系；信守自己的婚姻承诺，愿意表现出对婚姻的忠诚；关心夫妻双方的亲戚朋友，乐于帮助亲朋好友。

在婚姻冲突的应对方式方面，平等协商是青年人的主要应对方式；绝大部分青年人会尽量避免婚姻冲突；在发生冲突的时候会采取分离等方式冷静处理，合理解决冲突，婚后会形成固定的家庭模式，有效解决争端。在婚姻压力方面，总体压力感受处于中等水平，男女压力感受没有区别；老人在子女的婚姻中花费较大，子女照顾老人方面投入的时间和精力也较多。在社会支持方面，94.6%的青年人有关系密切的朋友，社会支持主要来源于亲缘关系，其中来自于父母和配偶的支持最多；社会支持可以缓解婚姻压力，有效减少婚姻冲突中出现的伤害性行为。

研究还发现家务对婚姻的影响较大，在婚姻冲突的应对方式中，从不做家务的人倾向于采用消极的应对方式，而做家务时间在1—3小时的愿意在冲突中妥协；在婚姻压力中，每天做家务时间在3小时以上的人，性生活压力显著较大；在社会支持方面，每天做家务时间在3小时以上的人，得到的主观社会支持较高。这些结果表明，在家庭中夫妻分担家务是最公平、最有利于婚姻和睦的方式。研究也同时证实，受教育程度对婚姻承诺、婚姻关系保持、婚姻冲突应对都有积极的影响，受教育程度越高，其婚姻的各个方面越重视，会采用各种策略来将婚姻保持在一个愉快的状态，对社会支持的利用度也越高，能积极解决婚姻中的压力和冲突。

我们同时也发现了其他一些值得重视的结果。虽然此次调查的对象设定为自评婚姻状态良好的40岁以下的青年人，但是他们的婚姻也不全是甜蜜的方面，也有苦涩的一面。本研究发现：

1. 青年人的性生活压力大，63.7%的人对自己的性生活不满意，夫妻间关于性的交流和沟通较少。这一点值得高度重视。

“饮食男女，人之大欲存焉”，调查结果显示的绝大多数的青年人对性生活不满意，其他学者的研究也显示“未来中国大概有3000—5000万男性遭受婚姻挤压”（李树茁等，2019），已婚的对性生活不满意的人再叠加上这一批打光棍的男性，可以预测，性生活的问题将会成为已经解决了温饱的中国人将要面对的问题。

婚姻的一个主要功能就是满足个人性的需要，青年人的性观念很开放，对性生活的质量很重视。他们现在处于性需求的高峰时期，如果婚内的性生活不满意，有可能会导致婚外情和婚外性行为的出现，出现一些购买“性服务”的行为，以弥补自己婚内性生活的不足。婚外情、婚外性、卖淫嫖娼行为反过来又会破坏夫妻之间的信任和承诺，导致婚姻质量和婚姻满意度下降。更为极端的是，有可能成为破坏社会和谐稳定潜在危险因素。

2. 子女教养压力大。57.5%的青年人承认子女教养压力大，在子女教育上投入了大量的金钱和精力。在访谈中，几乎所有有孩子的青年人都反映在0—3岁儿童的照顾上，家庭压力尤其是妈妈们面临的压力很大。由于我国目前的0—3岁低幼儿都是由家庭来完成养育任务的，新手妈妈缺乏必要的帮助，存在一定程度的照顾困难，在工作和家庭冲突之间难以平衡。当孩子上学后，各种课外教育费用的支出很大，让许多家庭负担很重。

3. 受教育程度低、经济收入低的人婚姻压力大，引发的婚姻冲突多，他们在冲突中倾向于采用消极的方式，会出现辱骂、压制胁迫对方服从自己、暴力行为等。这一部分青年人将会是发生家庭暴力的高危人群，如果不进行干预和进行社会援助，暴力行为会对家庭和下一代的成长造成极大的伤害。

4. 政府和社会组织对青年人的社会支持不够，占比仅为5.1%，需要大力加强。遇到“急难情况”时，青年人所得到的情感和实质性的帮助极少，71%的人表示无任何来源。所以，支持和保护婚姻家庭要落到实处，未来必须建立一个科学的家庭婚姻社会支持体系，为青年人提供帮助和支持。

5. 青年人的社会支持利用度较低，61.5%的人遇到困难不愿求助。这种观念需要通过婚姻教育来改变，要让青年人认识到可以利用外部的力量和经验来有效解决婚姻问题，缓解心理压力，促进婚姻关系的发展。

青年人的婚姻不仅仅是个人的事情，更是全社会的大事，必须树立明确的关爱意识，支持和保护青年人的婚姻。从国家层面、社会层面、个体层面着手，共同努力，促进婚姻家庭建设。从国家层面，建立和完善家庭保障体系，为构建和谐家庭提供友好型家庭政策。从社会层面，营造一个继承中华民族传统婚姻家庭文化、适应现代生活方式的婚姻家庭氛围，建立新型的婚姻家庭文化，提高全民族的家庭生活质量。从个人层面，转变观念，学习和了解婚姻的知识，加强婚姻心理调适，提高婚姻质量。

全社会都应该行动起来，为青年人提供支持和帮助，从政策、经济、组织、人际、社会性别、心理等方面对青年人的婚姻家庭进行支持。

一　政策支持：制定友好型家庭政策

社会转型时期观念冲突、青年人的边际人心态、过大的工作和生活压力、养老与育幼的重负等，让这一代的青年人处于一种超负荷的运转状态。许多问题，单凭青年人自身的力量是无力解决的，必须依靠国家从政策和制度上给予支持和帮助。

政府历来重视人民生活质量的提升，致力于和谐家庭、和谐社会的建设，政府已经将保护家庭、维护婚姻、关爱儿童、性别平等纳入政策视野，逐步建立和完善中国特色的婚姻家庭政策和法律体系。聚焦于青年人面临的困境和压力，结合中国人的婚姻实际，从中国人的思维方式和处世方式出发，用中国人的思维解决中国人的婚姻问题，制定了一系列具有中国特色的、积极、支持、友好、保护和建设性的家庭婚姻政策法规，给婚姻家庭以切合实际的有效的支持，但是还有一些不完善没有覆盖的地方，一些政策法律在执行的过程中效果不理想，应该引起政府的重视。针对本次调查，本书提出以下建议，希望能增强青年人的婚姻关系，促进社会成员的家庭幸福，让每一个人都能幸福地生活在这个伟大的时代。

（一）婴幼儿的看护及相关政策亟待完善

世界上许多国家认识到家庭、婚姻对社会的影响，建立了比较完善的生育支持组织机构、完备的法律体系、多元化的支撑项目以及良好的家庭友好和生育氛围，从国家层面，在政策制定上突出公共政策中的家庭视角，倡导夫妻共担抚育责任，建立和健全0—3岁托育服务体系，并且将隔代照料纳入托育服务体系，鼓励发挥家庭作用、利用家庭的内部资源，培育理性育儿理念，营造家庭友好氛围，以“善养”推动“敢生”。（杨菊华、杜声红，2017）从政治、经济方面对家庭事务进行干预，制定家庭政策，保护家庭。

我国在新的人口发展形势面前，应该重视发展早期公共服务体系，建立“政府、社区、家庭三位一体的儿童早期发展公共服务体系”。借鉴国际上针对0—3岁儿童早期发展的政策与服务经验，强化国家和政府在儿童早期发展中的福利责任，为年轻的父母提供支持，平衡女性就业与儿童照料之间的冲突和矛盾。加大对儿童发展的公共投入，全面建立儿童保护体系。大力发展早期教育机构和托幼机构，有效解决家长因时间、精力、能力的限制而缺乏对孩子进行科学教育的问题。儿童早期公共服务体系的建立可以帮助我国妇女解决家庭与工作冲突，促进职业男女共同发展。

（二）细化家庭暴力的政策和法律

受教育程度低、经济收入低的人在婚姻冲突中出现明显的暴力行为倾向。妇女儿童是家庭暴力的受害者，我国已经有反对家庭暴力的相关法律，但是在现实的执行中没有切实发挥作用。许多人依然认为这是夫妻打架、是家庭矛盾，从近期的一些恶性刑事案件来看，解决这个问题已经刻不容缓。

对儿童家庭暴力在当代社会依然没有引起重视。许多父母在教育的名义下对儿童实施暴力行为，旁观者不仅意识不到这是一种暴力行为，反而站在传统的观念上认可和默认这种行为。这种家庭暴力对儿童心理健康的伤害极大，严重影响到未来国民的心理健康水平，应该引起足够的重视和警醒。

（三）加强对课外辅助教育机构的监管力度

我国目前的基础教育已经能很好满足对儿童和青少年的培养，但是许多家长受“不能让孩子输在起跑线”上的观念影响，拼命让孩子在课余上各种各样的补习班和兴趣班，让孩子没有时间去探索、去发现，压抑了孩子的天性，过早耗尽了孩子的好奇心和兴趣，对于日后创新思维的培养很不利；同时也给家庭带来了巨大的经济负担。

政府要重视对课外辅助教育机构的监督和管理，科学规范和引导，惩处一些恶意的过度教育行为，让课外辅助机构能真正成为培养和发展孩子潜能和天赋的场所。

二　经济支持：实行家庭补贴和税收优惠政策，减轻抚育压力

为了提高人口质量，实现社会领域的管理，许多国家采取了不同的措施帮助家庭、保护婚姻、保护儿童利益。各国家庭政策的主要发展趋势是稳定家庭、维护家庭成员平等权利以及增加家庭福利。通过家庭政策和相关的法律制度，确保家庭和儿童的利益。在一些国家如法国、挪威和德国等，政府通过制定由各种法律、收入保障和社会服务构成的家庭政策，采用现金帮助、工作福利、家庭服务等手段，保障家庭能够有效照顾儿童，

德国、意大利、法国、美国、日本等国家通过现金补贴的形式对家庭进行经济支持，减轻普通家庭在生育和抚育方面的经济压力，并通过税收减免、子女补贴和特殊家庭补贴等方式提高家庭收入，增强家庭应对各种经济风险能力的有效手段。（宋卫清、艾乐，2008）例如德国为了帮助家庭解决养育子女的费用，采用减免个人所得税，对育儿的家庭发放子女补贴费、育儿金、父母补助金等，几乎支付了家庭抚养孩子成本的46%。美国、日本都是通过税收减免来惠及家庭、减轻家长养育子女的负担，也保障儿童的基本生活要求和健康发展。瑞典、丹麦等国家对单亲家庭设置特殊的政策，政府承担了照料孩子的费用。（盛亦男、杨文庄，2012）许多国家对于低收入家庭的住房需求也推行了相应的政策，确保儿童有一个健康的成长环境。

为了保护家庭的利益，降低青年人的生育压力，各发达国家普遍实行产假、生育补贴和工作保护等政策。通过这些政策，在时间安排、经济支持和工作保障等方面为生育孩子的家庭提供帮助，减少青年人的生育成本，鼓励青年人的生育热情。英国的带薪产假为39周，但是加上无薪假期，母亲的假期长达一年；丹麦的育儿假期为52周；挪威为59周；德国的父母亲职假期为36个月。美国的“家庭假期”规定：任何员工可以因产假、照顾产假、照顾家庭成员生病等原因，向雇主请长达数月的假期，而雇主仍必须保留员工的职位。德国、意大利等国建立了完善的儿童看护体系法案，设置了集看护、教育、营养、健康为一体的照料和保护体系，并确立了明确的管理体系和监督机制。

在后计划生育时代，生育已经不仅是个体的行为，而是关乎中华民族未来的大事。我国应该结合当前的实际，通过家庭补助、税收补贴等方式缓解青年人的经济压力，通过产假、儿童早期教育、母亲工作帮助等方式来帮助女性平衡工作和家庭的关系，通过建立家庭内部支持系统和建立儿童早期公共服务体系等全方位、多层次、系统性的手段，有效减轻青年人婚姻家庭压力，帮助家庭，关爱儿童，提高民族的人口质量。

三　组织支持：有效发挥妇联和政府部门的作用，大力发展家庭服务

充分发挥妇联的作用，加强婚姻家庭社会工作的探索，妇联工作的优势在于，一是有法可依、有章可循，可以从法律和制度层面为婚姻家庭提供支持；二是已经形成了一种自上而下且能通达底层的网络系统，可以确保工作的资源、动力与有效性，使人能感到“国家在场”；三是“思想政治教育＋项目制”的运作方式可以让广大女性积极参与社会发展。（卫小将，2017）

对于国外的家庭政策实施的成功经验，我们可以借鉴但是不能照搬，虽然它们已经发展多年，但在文化、政治、经济等方面仍存有差异，我们必须结合我国实际，探索如何建立我国的家庭服务网络。杨成钢（2015）提出了对原有的计划生育工作转型的思路：由人口计划生育向家庭发展及其相关社会支持和服务转型。我国的计划生育部门具备良好的公共资源禀赋和强大的服务供给能力，其多年来形成的横到边、纵到底的人口管理网络，正好可以转型为针对基层社会家庭发展服务的工作网络；计生部门所掌握的计生人口信息正是家庭服务所需要的基础信息，原来的服务对象也是家庭发展服务的主要对象，原有的工作队伍和工作能力也是家庭发展服务所需要的人力资本。他提出计生部门可以利用其原有的优势资源，建立家庭需求的了解和分析机制；配合国家人口工作的战略转移，设立家庭利益和权益维护机制；针对人民群众的家庭发展需求，帮助家庭解决实际困难，化解家庭矛盾，提高家庭发展能力保障机制；推动更多的惠及家庭项目，在参与社会管理中完成自身的华丽转型。

政府和社会可以为青年人提供更多社会交往平台。依托社区和一些群众团体，有意识地引导和组织社区家庭活动，提供了一种直接的、面对面交流的平台，鼓励大家以家庭为单位参与互动活动，增强亲情和家庭凝聚力，帮助家庭成员和邻里之间建立起归属感和相互信

任感，有效疏导和调节婚姻家庭引发的社会心理问题。也可以通过成立文化团体，组织各种文体活动，鼓励城乡居民参与活动，提高审美修养和健康水平，在活动中进行健康的人际交流的实践。

四　人际支持：打造社区的邻里守望相助的新型人际关系模式

随着社会转型和人口流动的加剧，农业社会中既有的人与人之间的信任机制逐步被打破，延续了数千年的我国传统的邻里帮扶的功能随着居民的城市化已经基本消失，应该在城市的社区中发挥邻里帮扶的作用，塑造新型的社区文化。我国向来推崇“血浓于水、守望相助”的生活逻辑，邻里帮扶对于家庭和邻里矛盾能有效干预和调解，也可以为青年人提供各种生活经验和情感支持，邻里之间的沟通和交流，相互对于过往经验的分享，都可以使青年人习得婚姻家庭中各种生活智慧和应对技巧。还可以通过婚姻心理教育和心理辅导、家庭服务与沟通、小组互助网络与支持、社区倡导与行动、社会保护等手段，提升家庭婚姻的质量。

（一）发挥社区居民的力量，在社区中建立婚姻调节志愿者机构

很多婚姻家庭纠纷是因调解不及时、化解不得力而像雪球一样越滚越大。夫妻在面对压力时，在发生婚姻冲突时，如果有良好的社会支持及时地介入并且提供有效的帮助，婚姻问题就可以及时得到解决，婚姻可以免走弯路，婚姻质量可以不断提高。

在社区设立专门的婚姻家庭纠纷调解中心等调解机构。致力于恢复夫妻双方的和谐关系，对一些因为冲动、缺乏交流沟通、忽视子女利益等婚姻关系问题，通过规劝、调节，让夫妻重归于好。为感情尚未破裂的夫妻进行心理疏导，协助他们从中立的角度分析问题产生的根源，引导夫妻正确认识和解决问题。由于居住的距离优势，社区居民能及时发现和了解夫妻冲突，可以迅速快捷化解矛盾，掌握解决的

自主权和主动权。教育和引导社区居民主动地去发现、认识和化解自己身边的纠纷，邻里互相帮助，共同营建宜居环境。不同地方有着不尽相同的风俗习惯，民间的一些风俗习惯虽然不被法律认可，但是在当地的社会生活中却发挥着有效的作用，社区调解制度可以依据这些风俗习惯，引导双方做出符合公序良俗的协议，有效解决问题。

广泛宣传社区调解的知识技能，积极引导社区居民调解的意识，形成良好的社区舆论环境，提高社区居民自我预防、化解纠纷的能力，促进社区发展和社会和谐。

（二）发展社区公共服务体系，为家庭提供公共支持系统

在社区建设中，把家庭服务作为建设的重要内容，建立社区内的社会支持网络，满足青年人的家庭抚育儿童、赡养老人的需要。例如依托社区建立并普及儿童早期发展支持机构和托老机构，为家庭提供具有可及性的、综合性的服务，包括临时照管服务、医疗保健服务、儿童早期教育指导服务等，这样既可以为年轻的父母提供有针对性的教育和指导，提高他们的养育水平，也可以将他们从繁重的抚育劳动中解脱出来，缓解他们过大的心理压力。

五　社会性别支持：倡导男女共同承担家庭责任

提倡性别平等，鼓励女性就业，倡导男女共同照顾家庭。欧盟理事国的家庭政策目标共通之处是：通过促进性别平等，改善工作和家庭平衡来推动妇女就业，使妇女不因为家庭生活而放弃工作和职业发展。各国都制定和实施了旨在促进妇女发展和性别平等的家庭政策，以缓解女性工作与家庭冲突。许多发达国家的家庭政策导向是鼓励妇女就业，除倡导女性和男性一样平等的工作外，同时通过强制性立法改变传统的性别分工，在家庭内部的事务中，提倡男女共同担负起照料儿童的责任，对父母在儿童发展中的作用重新定位，在社会上大力提升夫妻共同照顾的价值，倡导男性和女性一样平等地参与育儿养

老、家务等家庭工作。瑞典的男性有陪产假，育儿假中也专门有给男性的配额，通过政策让男性参与抚养幼儿；女性则享有带薪的孕产假、育儿假。为鼓励女性就业，有灵活的工作安排政策、完善的儿童保育体系和优惠的税收政策来保障女性在家庭、工作和社会生活中与男性平等。英国政府大力推行家庭休假制度和弹性工作时间，以鼓励职工在兼顾工作的同时能行使家庭责任，真正做到家庭和工作两不误。

近几年青年人的社会性别观念正在发生变化，男女的性别设定不再成为限制个体发展的因素。我国传统的性别分工模式认为“男性是社会的，女性是家庭的”，对男女内外分工作了具体的规定“男不言内，女不言外”，即男性以家庭之外的活动空间为主，女性以家庭内部活动空间为主。男女从事的事务也有区别，女性主要从事家务，男性则以家庭外的社会事务为主。越来越多的青年人正在打破这一传统的机械的性别模式，对男女在家庭中的角色定位中性化，以对家庭的贡献最大化为衡量的标准，不再拘泥于性别，如果女性为家庭带来的经济收益较大，一些男性不介意在家庭里从事照顾孩子的工作。2019年调查的数据显示，男性跟女性投入家庭的时间差距从15%缩减为7%，表明男性正在逐渐归回家庭。

男女共同承担家庭责任，就是在全社会营造一种良好的重视家庭的氛围，将家庭生活质量提高作为一项重要工作，要求家庭成员尤其是父亲承担好自己在家庭中的角色和义务，夫妻共同为家庭付出，兼顾家庭和工作的平衡，促进家庭的健康发展。父母对儿童的关爱、教育能力，对于促进儿童的身心健康发展至关重要。针对当前青年人婚姻家庭的迫切需求，帮助年轻的家长提升自身的养育能力，大力开展亲子教育培训，倡导科学的有利于儿童成长发展的教育理念。通过为家长提供亲职教育和辅导来改善儿童的福利，加强对儿童父母的支持，尤其是鼓励男性参与家务和育儿活动，普及家庭教育的科学知识，为儿童的成长提供爱的环境和氛围。

六　心理支持：大力开展婚姻教育和婚姻心理咨询服务

婚姻教育和婚姻心理咨询都是从专业的角度对夫妻的婚姻关系进行科学的教育和指导，这两种方式对于解决婚姻问题、提高婚姻质量都是行之有效的方法。

（一）开展婚姻教育，普及科学的婚姻知识

许多青年人虽然已经结婚了，但是婚姻的相关知识还很匮乏。这次调查结果中的“63.7%的青年人对自己的性生活不满意，夫妻间关于性的交流和沟通较少”，说明许多青年人缺乏性知识。虽然已经是夫妻，但是出于传统的“以性为耻”观念，即使夫妻之间也不进行性交流，羞于谈性，那么怎么可能获得高质量的性生活？

帮助青年人认识和了解婚姻，做好心理准备去面对婚姻生活，开展婚姻教育就是一种有效的方式。婚姻教育可以分为婚前的准备性教育和婚姻中的指导性教育。婚前教育是预防性、发展性的教育取向，目标有：帮助准备结婚的夫妻形成合乎二人的恰当的婚姻与角色期待；学习婚姻中沟通与问题解决的策略和技巧；培养夫妻关系的亲密感；提升婚姻关系稳定性与质量。通过婚前教育普及婚姻知识，使其提前认识到婚姻关系的特点，并通过系统学习婚姻关系的内涵和特点达到提前预防婚姻问题的效果。对青年人的婚姻进行必要的指导，引导他们审视自己对婚姻的认知与期待以便更好地适应婚姻生活。

在婚姻中的指导教育是针对已婚人群进行的婚姻教育，主要是对婚姻中出现的问题开展教育，内容有：夫妻性爱、亲子教育、处理亲属关系、夫妻冲突的调适和危机处理、家庭可支配财务管理、家庭暴力、伦理教育、离婚教育等。通过教育辅导，协调夫妻间的交流与沟通模式，对婚姻冲突进行调解和援助，对家庭暴力进行干预、提供庇护和追究法律责任，促进婚姻关系和家庭的和谐稳定。

我国缺乏相应的婚姻、家庭教育，从恋爱到婚姻关系，亲密关系发生了很大的变化，而许多青年人并没有心理准备，也没有相应的知识和认识，怀揣着一腔美好的期望进入婚姻后却发现并不如想象中那样美好，在婚姻关系出现了问题之后，不知如何去面对和解决冲突，一言不合就离婚，离婚之后进入新的婚姻，发现一切问题又重新出现了。社会的急速变迁使得每个人的个性本身也会有较大的落差，婚姻的自主性发展，需要年轻人真正了解自己及其伴侣，并对婚姻有着正确的认识。要发扬中国传统婚姻家庭文化中注重婚姻承诺的传统婚姻道德，把“白头偕老”作为青年人幸福婚姻的理想。引导青年人建立符合社会主义核心价值观的婚姻家庭观念，尊重青年人的个体自由，在平等、相互尊重的基础上，建立忠诚、互敬互爱的婚姻关系。

（二）大力开展婚姻心理咨询，科学解决婚姻问题

当婚姻出现问题时，夫妻双方就要设法消除或减少导致婚姻问题的因素，但有时候夫妻双方难以进行有效的沟通合作，这时就需要专业的婚姻辅导人员进行协调帮助。婚姻心理咨询辅导就是面对婚姻问题进行专业的指导和技术支持，达到引导夫妻认识自我，进行心理调适，让婚姻生活更美满持久。

许多青年人缺乏婚姻知识，对自己和配偶的心理活动不了解，以为自己感知到的就是一切，其实婚姻中的每一件事情和每一种观念都不是孤立的，都有其丰富的内涵以及复杂的背景，都有另外一种解读。在心理咨询师的引导下，以旁观者的角度客观理智地看待自己的婚姻关系，青年人重新认识和解读婚姻。婚姻心理咨询的目的是一种引导，引导夫妻以一种“他者”的角度审视自己的婚姻，认识自己的配偶，认识自己，重新定义自己的婚姻，重新定义自己与配偶的关系。引导夫妻认识自己在这段婚姻关系中自我的感受，从而体会到婚姻的真谛，谋求双方婚姻关系的健康发展，让夫妻共同成长。

婚姻心理咨询就是引导青年人度过婚姻生活的各个阶段，处理各个阶段的生活课题。当出现压力和冲突时，婚姻心理咨询可以运用心理学的知识和技术，应用各种婚姻辅导的模式，配合文化的变迁与社会的现代化，帮助青年夫妻更科学地认识自己的处境，做出适当的调整适应，激发夫妻的潜力，更有勇气去面对婚姻、面对工作和生活。婚姻心理咨询让人更关注婚姻生活的质量，更好地满足夫妻双方的心理需要，避免伤害婚姻。让每一对夫妻都能保持健康幸福的婚姻关系，珍惜婚姻，享受美满的婚姻生活。

青年人的婚姻关乎民族的延续和国家的发展，关乎社会的和谐稳定，只有全社会行动起来，关爱和支持青年人，共同为他们的成长提供帮助，才能让青年人发挥自己的潜能，建设更加富强的国家，民族才有美好的未来。

参考文献

一　中文著作

风笑天：《社会研究设计与写作》，中国人民大学出版社 2014 年版。

国家卫生计生家庭司：《中国家庭发展报告》，中国人口出版社 2015 年版。

李涛：《心理学视野中的婚姻承诺》，科学出版社 2007 年版。

廉思：《中国青年发展报告 NO. 3——阶层分化中的联姻》，社会科学文献出版社 2017 版。

王俊秀、陈满琪：《中国社会心态研究报告 2017：社会阶层与获得感》，社会科学文献出版社 2017 年版。

王俊秀、杨宜音：《中国社会心态研究报告（2015）》，社会科学文献出版社 2015 年版。

王宇中：《当代中国人幸福婚姻结构探微》，河南人民出版社 2013 年版。

魏颖：《杭州妇女发展报告 2015：女性与家庭文化》，社会科学文献出版社 2015 年版。

谢耘耕：《中国民生调查报告 2015》，社会科学文献出版社 2015 年版。

徐安琪、刘汶蓉等：《转型期的中国家庭价值观研究》，上海社会科学院出版社 2013 年版。

徐安琪、叶文振：《中国婚姻研究报告》，中国社会科学出版社 2002 年版。

徐安琪、叶文振：《中国婚姻质量研究》，中国社会科学出版社 1999 年版。

徐安琪、张亮等：《风险社会的家庭压力和社会支持》，上海社会科学院出版社 2007 年版。

赵钦清：《婚姻家庭社会工作服务指南》，中国社会出版社 2016 年版。

周晓虹：《现代社会心理学》，上海人民出版社 1997 年版。

二 中文译著

安东尼·吉登斯：《亲密关系的变革——现代社会中的性、爱和爱欲》，陈永国、汪民安等译，社会科学文献出版社 2001 年版。

戴维·迈尔斯：《社会心理学》，侯玉波、乐国安、张智勇等译，人民邮电出版社 2016 年版。

克里斯托弗·彼得森：《打开积极心理学之门》，侯玉波、王非等译，机械工业出版社 2016 年版。

罗伯特·斯腾伯格、凯琳·斯滕伯格：《爱情心理学》，李朝旭等译，世界图书出版公司 2010 年版。

罗兰·米勒、丹尼尔·珀尔曼：《亲密关系》，王伟平译，人民邮电出版社 2011 年版。

莎伦·布雷姆等：《亲密关系》，郭辉、肖斌译，人民邮电出版社 2005 年版。

维吉尼亚·萨提亚：《新家庭如何塑造人》，易春丽、叶冬梅等译，世界图书出版社 2018 年版。

约翰·戈特曼、娜恩·西尔佛：《爱的博弈》，穆君、伏维译，浙江人民出版社 2014 年版。

三 中文期刊

阿布都热西提·基力力、王霞：《新手妈妈社会支持网络的多元化：一个文献综述》，《兰州学刊》2013 年第 9 期。

安云凤：《中国传统婚姻与性道德论析》，《道德与文明》2005 年第 3 期。

毕爱红、胡蕾、牛荣华等：《已婚成人婚姻冲突应对方式与婚姻质量、婚龄之间的关系研究》，《中国性科学》2014 年第 7 期。

曹锐：《社会支持网络的性别差异——基于 CGSS2005 调查数据的实证分析》，《中华女子学院山东分院学报》2010 年第 5 期。

陈浩彬、苗元江：《积极心理学：为幸福人生奠基》，《教育导刊》年 2008 第 11 期。

陈红香、郑建梅：《父母婚姻冲突对儿童同伴关系的影响》，《中国学校卫生》2012 年第 3 期。

陈秋燕：《压力概念的内涵阐释》，《福建师范大学学报》（哲学社会科学版）2016 年第 2 期。

程菲、郭菲、陈祉妍等：《我国已婚人群婚姻质量现况调查》，《中国心理卫生杂志》2014 年第 9 期。

程虹娟、张春和、龚永辉：《大学生社会支持的研究综述》，《成都理工大学学报》（社会科学版）2004 年第 1 期。

池丽萍：《婚姻会使人幸福吗：实证结果和理论解释》，《首都师范大学学报》（社会科学版）2014 年第 1 期。

池丽萍：《认知评价在婚姻冲突与儿童问题行为之间的作用：中介还是缓冲》，《心理发展与教育》2005 年第 2 期。

池丽萍：《中国人婚姻与幸福感的关系：事实描述与理论检验》，《首都师范大学学报》（社会科学版）2016 年第 1 期。

池丽萍、王耘：《婚姻冲突与儿童问题行为关系研究的理论进展》，《心理科学进展》2002 年第 4 期。

池丽萍、俞国良：《认知评价在婚姻冲突与青少年自尊关系间的中介作用》，《心理科学》2008 第 5 期。

邓林园、张锦涛、方晓义等：《父母冲突与青少年网络成瘾的关系：冲突评价和情绪管理的中介作用》，《心理发展与教育》2012 年第 5 期。

范航、朱转、苗灵童等：《父母婚姻冲突对青少年抑郁情绪的影响：一个有调节的中介模型》，《心理发展与教育》2018 年第 4 期。

风笑天：《社会变迁背景中的青年问题与青年研究》，《中州学刊》2013 年第 1 期。

风笑天：《谁和谁结婚：大城市青年的婚配模式及其理论解释》，《广西民族大学学报》（哲学社会科学版）2014 年第 4 期。

冯春苗、陈捷、张胸宽：《新世纪以来青年婚姻变迁状况研究》，《青年探索》2018 年第 3 期。

贺寨平：《国外社会支持网研究综述》，《国外社会科学》2001 年第 1 期。

侯娟、方晓义：《婚姻压力与婚姻质量：婚姻承诺和夫妻支持的调节作用》，《心理与行为研究》2015 年第 1 期。

侯娟、方晓义：《婚姻研究的新趋势：从消极因素到修复性因素的转变》，《上海师范大学学报》（哲学社会科学版）2015 年第 1 期。

侯娟、方晓义、谢庆红等：《婚姻承诺与婚姻质量的关系：夫妻牺牲行为的中介作用》，《心理与行为研究》2015 年第 2 期。

黄桂霞：《女性生育权与劳动就业权的保障：一致与分歧》，《妇女研究论丛》2019 年第 5 期。

黄列：《家庭暴力的理论研讨》，《妇女研究论丛》2002 年第 3 期。

黄迎春、王华昕、李永鑫：《城市居民婚姻压力、社会支持与离婚意向的关系》，《中国健康心理学杂志》2016 年第 3 期。

黄盈盈、潘绥铭：《“单性别成长”的独生子女婚恋状况的对照研究——全国 14—30 岁总人口随机抽样调查分析》，《中国青年研究》2014 年第 6 期。

贾茹、吴任钢：《不同类型婚姻冲突解决方式对婚姻的影响》，《中国性科学》2012 年第 5 期。

贾茹、吴任钢：《夫妻冲突应对方式的现状及其在依恋类型与婚姻质量间的中介作用分析》，《中国性科学》2012 年第 12 期。

琚晓燕、谢庆红、曹洪健等：《夫妻互动行为差异及其对婚姻质量的影响——基于一项观察研究》，《中国临床心理学杂志》2013 年第 5 期。

李超海：《错位婚姻家庭中小孩抚养和婆媳冲突研究——以广州“80 后”青年白领为例》，《青年研究》2011 年第 4 期。

李方：《社会性别视野下的差异平等——聚焦女性婚姻家庭权利》，《东南学术》2010 年第 4 期。

李叔君、严志兰：《在承诺与契约之间：婚姻关系中的性别角色建构——以新婚姻法修改为例》，《中共福建省委党校学报》2012 年第 3 期。

李树茁、孟阳、杨博：《贫困、婚姻与养老——农村大龄未婚男性家庭发展的风险与治理》，《南京社会科学》2019 年第 8 期。

李涛、王庭照：《关系保持策略量表在中国人群中的初步试用》，《统计与信息论坛》2010 年第 3 期。

李涛、王庭照、徐光兴：《婚姻关系中的自尊、信任与婚姻承诺》，《心理科学》2010 年第 6 期。

李晓敏、方晓义、琚晓燕等：《新婚夫妻冲突解决与日常沟通对婚姻质量的影响》，《中国临床心理学杂志》2016 第 1 期。

李艺敏、吴瑞霞、李永鑫：《城市居民的婚姻倦怠状况与婚姻压力、离婚意向》，《中国心理卫生杂志》2014 期第 8 期。

李拥军、桑本谦：《婚姻的起源与婚姻形态的演变——一个突破功能主义的理论解释》，《山东大学学报》（哲学社会科学版）2010 年第 6 期。

李永鑫、吴瑞霞：《城市居民婚姻压力问卷编制及信效度检验》，《中国临床心理学杂志》2009 年第 1 期。

梁亮、吴明证：《婚姻关系中的情绪表达和情绪表达冲突》，《应用心理学》2009 年第 4 期。

梁洨洁：《西方社会性别研究与进程评介》，《广西民族大学学报》（哲学社会科学版）2007 年第 2 期。

刘爱玉、庄家炽、周扬：《什么样的男人做家务——情感表达、经济依赖或平等性别观念?》,《妇女研究论丛》2015 年第 3 期。
刘继同:《当代中国婚姻家庭政策历史经验、结构特征、严峻挑战与发展方向》,《人文杂志》2018 年第 4 期。
刘文、姜鹏、邹庆红:《“80 后”的婚姻质量现状及其与子女气质、社会支持关系的研究》,《中国青年研究》2013 年第 3 期。
刘湘玲、王俊红:《问题少年的人格、应对方式与父母婚姻冲突的相关研究》,《黑龙江教育学院学报》2010 年第 6 期。
刘宣文、琚晓燕、唐水玲等:《夫妻问题解决和社会支持、依恋安全性与婚姻质量的关系》,《心理科学》2015 年第 1 期。
龙书芹:《当代中国的家庭婚姻伦理及其群体差异性——以江苏省为例》,《东南大学学报》(哲学社会科学版)2015 年第 1 期。
卢淑华:《婚姻观的统计分析与变迁研究》,《社会学研究》1997 年第 2 期。
罗小锋:《婚姻承诺理论视角下农民工婚姻关系的维系》,《青年研究》2020 年第 2 期。
马春华、石金群、李银河等:《中国城市家庭变迁的趋势和最新发现》,《社会学研究》2011 年第 2 期。
马梅芬、朱蕾、杨小钧等:《父母婚姻冲突与初中生学业倦怠的关系:共同教养的中介作用》,《心理发展与教育》2017 年第 1 期。
秦晨:《“边际人”及其“中国式相亲”——转型期中国青年的婚恋观与择偶行为》,《中国青年研究》2017 年第 7 期。
邱吉、孙树平、周怀红:《当前社会心态的考察分析与实践引导》,《中国特色社会主义研究》2012 年第 2 期。
任俊、张义兵:《积极心理学运动及对我国构建和谐社会的启示》,《学术论坛》2005 年第 12 期。
尚文、张进辅:《军嫂的婚姻质量、自我和谐与社会支持》,《中国心理卫生杂志》2013 年第 5 期。
盛亦男、杨文庄:《西方发达国家的家庭政策及对我国的启示》,《人口研究》2012 年第 4 期。

宋卫清、丹尼尔·艾乐：《福利国家中的社会经济压力和决策者——德国和意大利家庭政策的比较研究》，《欧洲研究》2008 年第 6 期。

宋学勤：《中国共产党引领婚姻家庭建设的策略选择与社会意义》，《江海学刊》2012 年第 2 期。

苏彦捷、高鹏：《亲密关系伴侣在冲突中的行为及其归因》，《北京大学学报》（哲学社会科学版）2005 年第 4 期。

孙玉杰：《当代青年“边际人”心态初探》，《青年研究》1994 年第 4 期。

唐海波、胡青竹：《亲密关系中的二元压力与应对研究综述》，《社会心理科学》2015 年第 1 期。

佟新、戴地：《积极的夫妻互动与婚姻质量——2011 年北京市婚姻家庭调查分析》，《学术探索》2013 年第 1 期。

童辉杰、黄成毅：《中国人婚姻关系的变化趋势：家庭生命周期与婚龄的制约》，《湖南社会科学》2015 年第 4 期。

汪幼枫、陈舒：《全球化时代传统婚姻家庭危机及其应对》，《江苏行政学院学报》2017 年第 3 期。

王贝、陆婧晶、陆昌勤：《工作与家庭冲突：压力的交叉传递效应》，《心理与行为研究》2012 第 2 期。

王冰、刘萍：《“80 后”中国女性婚姻观念变动初探》，《中共郑州市委党校学报》2007 年第 2 期。

王存同、余姣：《中国婚姻满意度水平及影响因素的实证分析》，《妇女研究论丛》2013 年第 1 期。

王东、张慧霞：《性社会学视角下的 80 后一代——性脚本视野中的考察》，《西北人口》2008 年第 4 期。

王集权、黄明理、罗高峰：《当代公民婚姻道德观状况实证研究——基于对江苏省的调查》，《道德与文明》2008 年第 5 期。

王淼、李欢欢、包佳敏等：《父母控制、父母婚姻冲突与中学生心理危机的关系：歧视知觉的中介作用》，《心理科学》2020 年第 1 期。

王晓萍：《社会文化变迁背景下的婚姻与婚前准备教育》，《江苏社会科学》2010 年第 4 期。
王智波、李长洪：《好男人都结婚了吗？——探究我国男性工资婚姻溢价的形成机制》，《经济学》（季刊）2016 年第 3 期。
卫小将：《融合与拓展：中国妇女与婚姻家庭社会工作研究》，《国家行政学院学报》2017 年第 2 期。
肖武：《中国青年婚姻观调查》，《当代青年研究》2016 年第 5 期。
邢颖、李宁宁、唐耀辉等：《已婚成人社会支持、应对方式与婚姻满意度的关系》，《中国健康心理学杂志》2009 年第 5 期。
徐安琪：《孩子的经济成本：转型期的结构变化和优化》，《青年研究》2004 第 12 期。
徐安琪：《家庭价值观的变迁特征探析》，《中州学刊》2013 年第 4 期。
徐安琪：《经济因素对家庭幸福感的影响机制初探》，《江苏社会科学》2012 第 2 期。
徐安琪、叶文振：《家庭生命周期和夫妻冲突的经验研究》，《中国人口科学》2002 年第 3 期。
徐福芝、陈建伟：《青年幸福感及影响因素研究——基于 CGSS2015 的实证分析》，《调研世界》2019 第 12 期。
徐红红、胡佩诚：《年轻已婚女性人格、社会支持与婚姻质量的相关研究》，《中国健康心理学杂志》2010 年第 6 期。
许岩：《父亲的婚姻满意度及社会支持对其参与儿童教养的影响》，《山东教育学院学报》2010 年第 1 期。
闫玉、姚玉香：《性别文化视阈下我国婚姻伦理的失范与重建》，《武汉大学学报》（哲学社会科学版）2013 年第 1 期。
杨阿丽、方晓义：《夫妻生活事件、归因方式及其与婚姻冲突的关系》，《心理科学》2010 年第 1 期。
杨阿丽、方晓义：《婚姻冲突、应对策略及其与婚姻满意度的关系》，《心理学探新》2009 年第 1 期。
杨成钢：《后计划生育时代的人口工作需要尽快向家庭发展转型》，

《人口与计划生育》2015 年第 12 期。
杨凤：《社会性别的马克思主义诠释》，《妇女研究论丛》2005 第 5 期。
杨菊华、杜声红：《“干得好不如嫁得好”的理论思考》，人文杂志 2017 年第 10 期。
杨善华：《城市青年的婚姻观念》，《青年研究》1988 年第 4 期。
叶南客：《边际人：现代青年生活形态的典型特征》，《青年研究》1990 年第 2 期。
翟学伟：《爱情与姻缘：两种亲密关系的模式比较——关系向度上的理想型解释》，《社会学研究》2017 年第 2 期。
张会平：《女性家庭经济贡献对婚姻冲突的影响——婚姻承诺的调节作用》，《人口与经济》2013 年第 5 期。
张锦涛、方晓义、戴丽琼：《夫妻沟通模式与婚姻质量的关系》，《心理发展与教育》2009 年第 2 期。
张亚林、曹玉萍、杨世昌等：《湖南省家庭暴力的流行病学调查——研究方法与初步结果》，《中国心理卫生杂志》2004 年第 5 期。
张羽、邢占军：《社会支持与主观幸福感关系研究综述》，《心理科学》2007 年第 6 期。
张志永：《1978 年以来当代中国婚姻家庭问题研究的回顾与思考》，《河北师范大学学报》（哲学社会科学版）2011 年第 2 期。
赵春梅、杨伯溆：《父母冲突对初中生电子游戏使用的影响研究》，《青年研究》2008 年第 8 期。
赵梅：《婚姻冲突影响儿童心理发展的机制——对认知情景模型的研究支持》，《山东社会科学》2005 年第 6 期。
赵梅：《婚姻冲突影响儿童心理发展的机制——对认知情景模型的研究支持》，《山东社会科学》2005 年第 6 期。
郑振华、彭希哲：《婚姻满意度、婚姻冲突与主观幸福感——上海市不同生育状况“80 后”家庭的比较研究》，《青年研究》2019 年第 1 期。

中国妇女杂志社：《婚姻关系中的亲密状况调查报告 2017》，《皮书数据库》2017 年。

中国妇女杂志社、华坤女性生活调查中心：《第 12 次中国城市女性生活质量调查报告（2016 年度）》，《皮书数据库》2017 年。

钟梦宇、贺琼、兰菁等：《新婚夫妻婚姻质量对婚姻稳定性的影响：婚姻承诺的中介作用》，《中国临床心理学杂志》2016 年第 6 期。

周晓虹：《中国经验与中国体验：理解社会变迁的双重视角》，《天津社会科学》2011 第 6 期。

朱考金、杨春莉：《当代青年的婚姻成本研究》，《中国青年研究》2007 年第 4 期。

祖嘉合：《社会性别理论为女性研究展示新视角》，《河南师范大学学报》（哲学社会科学版）2001 年第 2 期。

左际平：《从多元视角分析中国城市的夫妻不平等》，《妇女研究论丛》2002 年第 1 期。

四　学位论文

姜兴中：《边际人的文化认同与人格健康发展研究》，硕士学位论文，海南大学，2012 年。

李芳萍：《婚姻归因方式、应付方式对婚姻承诺的影响》，硕士学位论文，西北师范大学，2008 年。

李涛：《婚姻承诺的心理学研究》，博士学位论文，华东师范大学，2006 年。

罗鹏峰：《“80 后”青年婚姻压力对婚姻承诺和婚姻满意度的影响》，硕士学位论文，西安石油大学，2014 年。

王玉娇：《“80 后”青年婚姻冲突应对方式及婚姻关系保持策略探析》，硕士学位论文，西安石油大学，2014 年。

闻锦玉：《职业女性工作家庭冲突中社会支持的研究》，硕士学位论文，南京师范大学，2008 年。

徐晨质：《婚姻承诺、承诺行为与婚姻满意度的关系研究》，硕士学位论文，杭州师范大学，2012 年。
闫玉：《当代中国婚姻伦理的演变与合理导向研究》，博士学位论文，吉林大学，2008 年。
杨薇：《军人婚姻压力的调查、测量及其对婚姻质量的影响》，博士论文，第二军医大学，2017 年。
张姝婧：《已婚人士婚姻幸福感的内容结构及其相关研究》，硕士学位论文，河南大学，2012 年。

五　外文专著

Ellemers, N. , Spears, R. , Doosje, B. , *Social identity context, commitment, content*, Blackwell Publishers Ltd. , 1999.

Daniel J. , Canary and Laura Stafford, *Communication and relational maintenance*, JAI Press, 1994.

Jeffrey M. , Adams and Warren H. Jones, *Handbook of Interpersonal Commitment and Relationship Stability*, Kluwer Academic/Plenum Puublisher, 1999.

Stanley, S. M. , Markmen, H. J. , Whitton, S. W. . *Communication, conflict, commitment: insights on the foundations of relationship success from a national survey*, Family Process, 2002.

Stafford, L. , Dainton, M. , Haas, S. , *Measuring routine and strategic relationship maintenance: scale revision, sex versus, Gender roles, and the prediction of relational characteristics.* Communication Monographs, 2000.

Tzeng, O. C. S. , *Measurement of Love and Intimate Relations*, Praeger Publishers, 1993.

六　外文期刊

Amy J. Rauer, Brenda L. Volling, "The Role of Husbands' and Wives' Emotional Expressivity in the Marital Relationship", *Sex Roles*, Vol. 52, No. 10, May 2005, pp. 577 – 587.

Amy Rauer, Branda Volling. "More than One Way to be Happy: A Typology of Marital Happiness", *Family Process*, Vol. 52, No. 3, March 2013, pp. 519 –534.

April A. Buck, Lisa A. Neff, "Stress Spillover in Early Marriage: The Role of Self – Regulatory Depletion", *Journal of Family Psychology*, Vol. 26, No. 5, October 2012, pp. 698 –708.

Carl A Ridley, Mari S Wilhelm, Catherine A Surra, " Married Couples' Conflict Responses and Marital Quality", *Journal of Social and Personal Relationships*, Vol. 18, No. 4, August 2001, p. 517.

Charlenee Chester, Alysia Y. Blandon. "Dual trajectories of maternal parenting stress and marital intimacy during toddlerhood", *Personal Relationships*, Vol. 23, No. 2, June 2016, pp. 265 –279.

Chiungya Tang, "Routine housework and tripartite marital commitment", *Personal Relationships*, Vol. 19, No. 3, September 2012, pp. 483 –503.

Crystal Dehle, Debra Larsen, John E. Landers, "Social Support in Marriage", *The American Journal of Family Therapy*, Vol. 29, No. 4, July 2001, pp. 307 –324.

Daniel J Weigel, "A dyadic assessment of how couple indicate their commitment to each other", *Personal Relationships*, Vol. 15, No. 1, March 2008, pp. 17 –39.

Danika N. Hiew, W. Kim Halford, Fons J. R. van de ViJer, Shuang Liu, "Relationship Standards and Satisfaction in Chinese, Western, and Intercultural Chinese – Western Couples in Australia", *Journal of Cross – Cultural Psychology*, Vol. 46, No. 5, May 2015, pp. 684 –701.

Davis, Jody L., Rusbult, Caryl E, "Attitude alignment in close relationships", *Journal of Personality and Social Psychology*, Vol. 81, No. 1, July 2001, pp. 65 –84.

Fatma Tosun, Bulent Dilmac, " Predictor Relationships between Values Held by Married Individuals, Resilience and Conflict Resolution Styles:

A Model Suggestion", *Educational Sciences: Theory & Practice*, Vol. 15, No. 4, August 2015, pp. 849 – 857.

Givertz Michelle, Segrin Chris, Woszidlo Alesia, "Direct and indirect effects of commitment on interdependence and satisfaction in married couples", *Journal of family psychology : JFP : journal of the Division of Family Psychology of the American Psychological Association*, Vol. 30, No. 2, March 2016, pp. 214 – 220.

Hicks Angela M., Diamond Lisa M., "How was your day? Couples affect when telling and hearing daily events", *Personal Relationships*, Vol. 15, No. 2, June 2008, pp. 205 – 228.

Jeffrey M. Adams and Warren H. Jones, "The conceptualization of marital commitment: an integrative analysis", *Journal of Personality and Social Psychology*, Vol. 72, No. 5, May 1997, pp. 1177 – 1196.

Joanne Davila, Thomas N. Bradbury, Catherine Cohan, "Marital Functioning and Depressive Symptoms: Evidence for a Stress Generation Model", *Journal of Personality & Social Psychology*, Vol. 73, No. 4, October 1997, pp. 849 – 861.

Jody Koenig Kellas, Erin K. Willer, April R. Trees, "Communicated Perspective – Taking During Stories of Marital Stress: Spouses´Perceptions of One Another's Perspective – Taking Behaviors", *Southern Communication Journal*, Vol. 78, No. 4, September 2013, pp. 326 – 351.

Johnson, D. J., Rusbult, C. E., "Resisting temptation: Devaluation of alternative partners as a means of maintaining commitment in close relationships", *Journal of Personality and Social Psychology*, Vol. 57, No. 6, June 1989, pp. 967 – 980.

Johnson, M. P., Cacghlin, J. P., Huston, T. L., "The tripartite nature of marital commitment: personal, moral, and structural reasons to stay married", *Journal of Marriage and the Family*, Vol. 61, No. 1, February 1999, pp. 160 – 177.

Karimi Reza, Bakhtiyari Maryam, Masjedi Arani Abbas, "Protective factors of marital stability in long – term marriage globally: a systematic review", *Epidemiology and health*, Vol. 41, No. 3, June 2019, p. 23.

Miller, C., Bailey, R. C., "Dating commitment and within – person perceptual congruency", *Social Behavior and Personality*, Vol. 30, No. 4, April 2002, pp. 383 – 389.

Rebecca L. Brock, Erika Lawrence, "A Longitudinal Investigation of Stress Spillover in Marriage: Does Spousal Support Adequacy Buffer the Effects?" *Journal of Family Psychology*, Vol. 22, No. 1, February 2008, pp. 11 – 20.

Regina C. Lapate, Carien M. Reekum, Stacey M. Schaefer, Lawrence L. Greischar, Catherine J. Norris, David R. W. Bachhuber, Carol D. Ryff, Richard J. Davidson, "Prolonged marital stress is associated with short - lived responses to positive stimuli", *Psychophysiology*, Vol. 51, No. 6, June 2014, pp. 499 – 509.

Robin Goodwin, Duncan Cramer. "Marriage and social support in a British – Asian community", *Journal of Community & Applied Social Psychology*, Vol. 10, No. 1, February 2000, pp. 49 – 62.

Rusbult, C. E., Lange, P. A. M., Wildschut, T., Yovetich, N. A., Verette, J., "Perceived superiority in close relationship: why it exists and persists", *Journal of Personality and Social Psychology*, Vol. 79, No. 4, October 2000, pp. 521 – 545.

Rusbult, C. E., Verette, J., Whitney, G. A., Slovik, L. F., Lipkus, I., "Accommodation processes in close relationships: theory and preliminary empirical evidence", *Journal of Personality and Social Psychology*, Vol. 60, No. 1, January 1991, pp. 53 – 80.

Rusbult, C. E., P. A. M. Van Lange., "Interdependence, interaction, and relationship", *Annual Review of Psychology*. Vol. 54, No. 1, January 2003, pp. 351 – 375.

Stanley, S. M.; Amato, P. R.; Johnson, C. A.; Markman, H. J., "Premarital education, marital quality, and marital stability: Findings from a large, random household survey", *Journal of Family Psychology*. Vol. 20, No. 1, March 2006, pp. 117 – 126.

Tammy L. Zacchilli, Clyde Hendrick, Susan S. Hendrick, "The romantic partner conflict scale: A new scale to measure relationship conflict", *Journal of Social and Personal Relationships*, Vol. 26, No. 8, December 2009, pp. 1073 – 1096.

Tess Byrd O' Brien, Anita Delongis, Georgia Pomaki, Eli Puterman, Amy Zwicker, "Couples Coping with Stress", *European Psychologist*, Vol. 14, No. 1, January 2009, pp. 18 – 28.

Thomas Ledermann, Guy Bodenmann, Myriam Rudaz, Thomas N. Bradbury, "Stress, Communication, and Marital Quality in Couples", *Family Relations*, Vol. 59, No. 2, April 2010, pp. 195 – 206.

UllaKinnunen, Taru Feldt, " Economic stress and marital adjustment among couples: analyses at the dyadic level", *European Journal of Social Psychology*, Vol. 34, No. 5, September 2004, pp. 519 – 532.

van Eldik W M, Prinzie P, Deković M, et al., "Longitudinal associations between marital stress and externalizing behavior: Does parental sense of competence mediate processes?" *Journal of Family Psychology*, Vol. 31, No. 4, June 2017, pp. 420 – 430.

七 外文学位论文

Edward, G. C., Emotional intelligence, level of commitment, and network of social support as predictors of marital satisfaction, Unpublished doctoral dissertation, Ph. D. dissertation, Hofstra University, 2001.

Jason W. A., An exploration into the role of commitment in persuasion, Ph. D. dissertation, The University of Wisconsin – Madison, 2004.

Harris, S. S., Marital commitment and religiosity in a sample of adults in

Utah, Ph. D. dissertation, Utah State University, 2005.

Lynn, B. A., Relationship commitment and its association with relationship maintenance: an application of the commitment framework, Ph. D. dissertation, The University of Arizona, 2003.

Sony, L., Perception of commitment, Ph. D. dissertation, University of North Texas, 2004.

Tamas, M. E., Living happily ever after: an analysis of interpersonal commitment beliefs, Ph. D. dissertation, Clark University, Massachusetts, 2005.

后　记

我父亲是一个善良的人，他总是对我说："不要把人都想得太坏，世界上还是好人多。"有时候他吃亏了，会自我安慰道："吃亏是福！我又不是吃不上、喝不上，便宜就让人家占去吧！"

在我父母50多年的婚姻中，他们也会争争吵吵，但是最终都是我妈赢。我嘲笑我爸：我妈永远是对的；如果我妈错了，参见第一条！我爸的解释是："你妈是个有本事的人，我尊重她。"

我家的氛围很轻松，彼此之间可以随意开玩笑，在一起吃饭的时候总是欢声笑语，一派热闹的景象。我丈夫当年第一次上门的时候很不习惯，我们觉得他拘谨的样子很好笑，他觉得你们家怎么这么随意、没有规矩。但是没多久，他就喜欢上了这种气氛，会机智地回应我们开的玩笑了。

父母的婚姻模式对我影响很大，我的婚姻生活也简单平实，没有钱但是很快乐。女儿出生后，更是每天都幸福甜蜜。以至于后来女儿的同学来家里玩，很惊讶地对女儿说："你爸妈怎么这么好玩?!"父母培养了我活泼开朗的性格，我的婚姻让我的女儿感到幸福。幸福就这样一代一代传递着。

现代人将很多事情复杂化了，似乎科学技术发展了，其他的一切都要随之改变。其实，互联网、高铁时代的婚姻和茅屋牛车年代的婚姻没有区别，不同的时代有不同时代的生活压力，婚姻的本质其实是一样的。如果以不断变化的标准来要求婚姻，那么就会离幸福的婚姻越来越远。

善良是一种珍贵的美德，在婚姻家庭关系中尤为重要。与人为善，善待你的丈夫（妻子），善待你的父母，善待你的子女，善待你的亲戚和朋友，才能收获美好的关系。即使在你的善良没有得到回报时，依然心存善念，这是在善待自己。

在婚姻中，做一个善良的人，积极生活，让爱人和家人幸福！让自己幸福！

本书是国家社科基金项目“社会转型中的当代青年婚姻心理研究”的成果，研究期间得到了课题组成员、同行、学生们的大力支持和帮助，在此表示感谢。同时非常感谢所有无私分享自己婚姻感受的被试们，谢谢！

本书出版获得西安石油大学优秀学术著作出版基金的资助，深表感谢！

李　涛

2021 年 8 月 2 日